琉球王国は誰がつくったのか

倭寇と交易の時代

吉成直樹

七月社

［カバー図版］「琉球国之図」（申叔舟『海東諸国紀』一四七一年）

琉球王国は誰がつくったのか

倭寇と交易の時代

目次

はじめに

一　古琉球史研究の前提を見直す

本書では、琉球弧のグスク時代の開始期から琉球国の成立期頃までの歴史過程のいくつかの画期について、新たな知見を交えて、改めて論点を整理しながら検討することを目的としている。古琉球がグスク時代開始期（十一世紀半ば）から琉球への島津侵攻（一六〇九年）までを指すとすれば、グスク時代開始期から琉球国の形成（十五世紀前半）までの時期は、古琉球の前半に相当することになる。この時期を本書では「グスク時代」と呼ぶことにしたい。

それらの画期について検討する際に、ここでは従来の古琉球史研究のいくつかの前提、特にグスク時代以降農耕が始まるが、それはただちに農耕社会の成立を意味するという前提を検討し、それを支えている根拠が妥当なものかどうか、もしその前提が成り立たないとすれば、どのような歴史像を描くことができるのかについて考えていくことにしたい。

すでに論じたことがあるように（吉成・高梨・池田、二〇一五）、古琉球史研究においては社会の発展を内的な発展の結果とみなす特徴があるが、この内的発展論の立場を支えているのは「農耕の開始＝農耕社会の成立」（ここでは「農耕社会論」と呼ぶことにする）という考えであると言ってもよく、その前提が成り立たないとすれば、歴史像の大きな修正を余儀なくされることになる。

農耕社会論は、グスク時代を考える際の歴史過程の理解の仕方を規定してきた。したがって、たとえば三山時代とは農耕社会の成立によって余剰を蓄えて力を持つようになった按司たちの抗争の結果、三人の王たちを中心に三つの勢力が統合されて生まれた時代であるという理解の仕方が成り立たなくことは、容易に予測することができる。

農耕社会論の枠組みをはずして考えると、三山時代や琉球国は、おもに海商や倭寇を含む交易者たちが活発に活動した結果、生みだされたことが明らかになり、三山の「国家」や各「王」たちの実体もより鮮明になるのである。

また、琉球国の形成に至る過程は、朝貢に招諭し、琉球を歴史の舞台に登場させた中国（明）が大きな役割を果たしたばかりではなく、九州・本土地域や奄美群島も重要な鍵を握っていたことが明らかになる。ことに、九州・本土地域が持っていた意味は、従来の研究に新たな展望をもたらすように思われる。

このように交易に視点を置いて社会の発展過程を描くことを、本書では「交易社会論」と呼ぶことにするが、この見方によって従来の農耕社会論では見落としていた事実をすくいあげることができる。農耕社会論の立場をとると、どうしても内的発展論の見方を重視することになり、外部からの移住、移民を含むインパクトを十分に評価できないからである。

二　沖縄研究と「内面化された琉球王国」

グスク時代から琉球国の形成にいたる過程を内的な発展として描くことに強く傾斜してしまう理由には、古琉球史研究の持つ特殊性がある。

池田榮史が早くから指摘しているように、考古学研究より先行して文献史学から提示された「琉球王国論」の論調に引きずられるように、知らず知らずのうちに、考古学的調査成果を検討する際には、つねにその後の「琉球王国」につながる歴史的展開を前提とした解釈論が通例化してしまった（池田、二〇〇五、一）。新たな考古資料は「琉球王国」にいたる歴史的な道筋に沿って並べられるだけのものになり、従来の考えを覆しうる史資料であっても十分に生かしきれないという方法上の制約をもたらしたのである。

「琉球王国論」がなぜ沖縄の人びとを魅了するのかという点については、その後に発表された「琉球国以前——琉球・沖縄史研究におけるグスク社会の評価をめぐって」（池田、二〇一二）が最も理解しやすい記述になっているので、いささか長くなるが以下に引用したい。

> 太平洋戦争末期には日本本土決戦の前哨戦として、沖縄島を中心とした地上戦が起こり、多大な住民の被害者を出した。さらに沖縄戦後の沖縄県は日本の行政下から離れ、二七年間にわたる米軍支配を経験した。これは地元の人々の意向を問うこともなく国際関係上の要求から否応無しに進められたものであった。これらの経験は、沖縄の人々にとって国家としての日本、あるいは琉球の存在を問うことに繋がった。その結果、日本とは異なった国家であった琉球国への憧憬を含む強い関心が喚起され、研究が進められる状況を生み出した。
>
> その動きの中で、琉球国の形成過程に関する理解論が構築されていったが、そこで導き出された内容は基本的に琉球列島での内的発展によって琉球国の成立を説くものであった。この考え方は明治政府による沖縄県の設置以降、琉球と日本の親近的な関係を説明してきた基本的な考え方である「日琉同祖論」とはいささか異なり、琉球と日本の歴史的文化的相違を重視する歴史観に立脚する。そこには住民の意思とは関係のないところで定められてきた琉球列島の処遇に対して、自らの存在の拠り所を求める人々の切実な心情の反映が見られるのである。
>
> （池田、二〇一二、二七八。引用中の傍点は筆者による。特記しない限り以下同じ）

こうした心情のことを、来間泰男は「愛郷心」と呼ぶ。来間は従来の歴史叙述を批判し、次のように述べる。

それを従来のように、沖縄社会の内からの成熟の延長線上に描くか、それとも「根拠の薄い愛郷心」を捨てて、考古学の成果を踏まえた客観的資料に基づいて、外からの影響をしっかり捉えて描くか。私は後者を採る。

（来間、二〇一三a、iv。傍線原文）

つまり、従来の琉球史研究では内的発展論で歴史過程を描くことが多く、それは「愛郷心」によるが、その「愛郷心」は議論を展開するためには根拠の薄いものであり、客観的に考古資料を検討すれば、どうしても外的な影響を考慮せざるを得ないはずであるというのである。来間の言う「愛郷心」が研究に強く作用するのは、やはり池田の指摘するような本土からの差別的な処遇が根にあるからだと考えてよい。

池田は「自らの存在の拠り所を求める人々の切実な心情」と表現し、来間は「愛郷心」と表現するが、いずれにしろこうした心情のもとに琉球史研究は内的な発展を重視して歴史を描いてきた。沖縄諸島を中心とする琉球国の成立を描くにあたり、九州や奄美群島の歴史がほとんど考慮されてこなかった理由はこの点にある。内的発展の歴史過程を経て形成されたと考えられている琉球の三山を、歴史の舞台に登場させる役割を果たした中国が大きく扱われるのは当然のことである。

もっとも「内的な発展」と「外からの影響」のどちらも琉球国の成立に作用していると考えるべきであるが、ここで問うているのはどちらがより強く作用しているかである。外からの影響や衝撃が明らかに強いと考えられるにもかかわらず、それを無視あるいは軽視するのは公平ではない。

従来の研究において、沖縄諸島以南のグスク時代の開始にあたって喜界島（城久《ぐすく》遺跡群）をはじめとする奄美群島の果たした役割が理解されるようになるまで時間がかかり、ようやく共通の認識になりつつあるにもかかわらず、依然としてこれをさほど考慮していない研究が存在するのも、これまで述べてきた点に大きくかかわるものと考えられる。

ただ、「自らの存在の拠り所を求める人々の切実な心情」や「愛郷心」にしても、それだけで従来の研究のあり方を十分に説明することができるかという疑問がある。古琉球史の研究では、内的発展の過程として琉球国の成立を描くあり方が根強く継承されていることを考えれば、心情の次元よりももう少し根が深く、こころの深くに内面化されている強固なものであるように思われる。もしそうであれば、多くの考古学・歴史学研究者のみならず沖縄の人びとによっても共有化されてきたことになる（池田、二〇〇四、二七八）。人びとの憧憬の対象となる「琉球王国論」がどのように形成され、どのようにして人びとに内面化されたのかが問われなければならない。

結局、本書にはふたつの課題がある。ひとつは「琉球王国論」の枠組みから離れると琉球国の成立にいたる過程はどのように描けるのかという課題であり、もうひとつは史資料を扱う方法さえ制約する「琉球王国論」は、どのように人びとのこころの中に内面化されたのかという課題である。後者の共有化、内面化された歴史観を、本書では「内面化された琉球王国」と呼ぶことにしたい。

なお、本書において、流れが途切れるためそこで論じることができない議論については、巻末に【補論】として置くことにした。

第一章

グスク時代開始期から琉球国形成へ

通説の批判的検討

本章ではグスク時代開始期——正確に言えば、グスク時代の前段階にあたる弥生時代並行期以降の貝交易時代——から琉球国形成にいたる歴史過程ついて、最新の研究成果を踏まえて検討することにしたい。その作業の中で、「はじめに」でもふれたように本書のもっとも大きなテーマである「農耕の開始は農耕社会の成立を意味する」という大前提が妥当なものかどうか検討する。その前提が成り立たないとすれば、どのような新たな歴史像を描くことができるか、その見取図を提示したい。

一　グスク時代開始期

1　喜界島・城久遺跡群の性格

喜界島に土師器《はじき》と須恵器《すえき》が中心で在地式の兼久式土器《かねくしきどき》が認められない特殊な遺跡があると予見していたのは池端耕一であったが（池端、一九九八）、その予見通りに、その後の琉球史像を転換させることになる城久《ぐすく》遺跡群が発見された。

城久遺跡群の発掘調査は二〇〇二年度に開始されるが、二〇一五年に最終報告書である『城久遺跡群――総括報告書』（喜界町教育委員会、二〇一五年）が刊行され、それまでの報告書とあわせて遺跡群全体の概要を知ることができるようになった。この過程を通して、城久遺跡群は沖縄諸島以南のグスク時代の幕開けに大きな役割を果たしたと考えられるようになったのである。

城久遺跡群（山田中西・山田半田・半田口・小ハネ・前畑・大ウフ・半田・赤連の各遺跡の総称）は、海成段丘面上の高所（九〇～一六〇メートル）で営まれた広大な遺跡群であり、在地の兼久式土器などがほとんど出土しない「非在地的遺跡群」である。

遺跡群全体としてみた場合、出土遺物として際立つのは、国産品では土師器・須恵器・滑石製石《かっせきせいいし》鍋《なべ》・灰釉陶器・布目圧痕土器（焼塩土器）、船載品では白磁・越州窯系青磁・初期高麗青磁・高麗無釉陶器などであり、在地産品ではカムィヤキ（類須恵器）が大量出土する。滑石製石鍋は長崎県西彼杵《にしそのぎ》半島で十一世紀後半から十二世紀にかけて生産され、流通した石鍋である（鈴木、二〇〇八）。また、カムィヤキは、奄美群島の徳之島で十一～十四世紀に生産された高麗陶器の陶芸技術によって製作された陶器である。◉1 この製作にあたっては高麗から陶芸技術者が徳之島に渡来したものと考えられている。

最終報告書によると、この遺跡群の帰属年代は出土遺物から三期に分類されており、第Ⅰ期は九世紀～十一世紀前半、第Ⅱ期は十一世紀後半～十二世紀前半、第Ⅲ期は十二世紀中頃～十五世紀とされる（喜界町教育委員会、二〇一五、九七）。第Ⅱ期の開始期は城久遺跡群の最盛期にあたり、また琉球弧のグスク時代の開始期にも一致する。

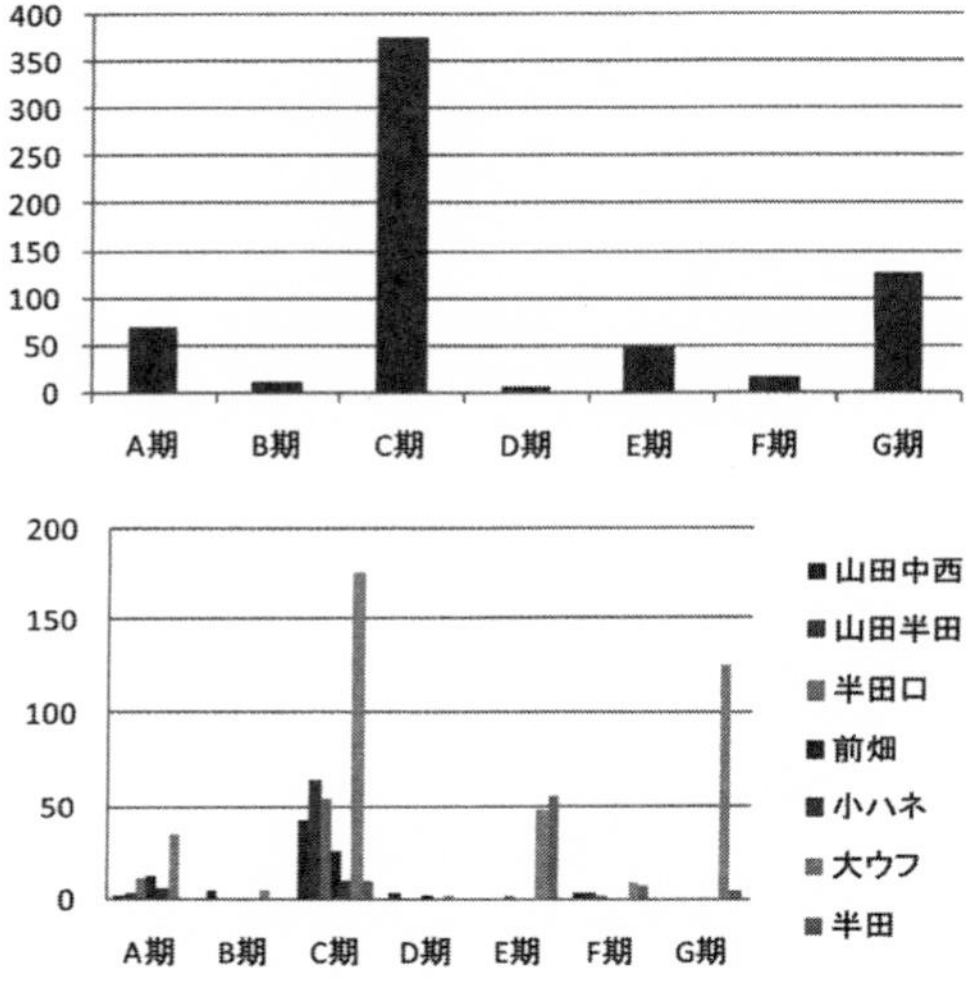

図①　城久遺跡群出土陶磁器（上：全体、下：遺跡ごと）（喜界町教育委員会、2015、43）

　ただし、第Ⅲ期の十二世紀中頃〜後半（報告書ではD期）、十三世紀前後〜十三世紀前半（同E期）、十三世紀後半〜十四世紀前半（同F期）では船載陶磁器の出土は低調であり、特にD期では白磁碗Ⅶ類、同安窯系青磁碗、龍泉窯系青磁碗Ⅰ類がわずかに出土するばかりできわめて低調であるという（喜界町教育委員会、二〇一五、四三）。なお、図①は城久遺跡群全体の出土陶磁器量をグラフにしたものであるが、D〜F期は出土量が僅少であることがよくわかる。なお、A期は八世紀末〜十世紀、B期は十世紀後半〜十一世紀、C期は十一世紀後半〜十二世紀前半、G期は十四世紀初頭〜後半とされる。この帰属年代の問題は、後に検討する課題にも深く関係することになる。

　現段階で確認されている遺跡群の面積はおよそ十三万平方メートルとされるが、喜界島の台地上には城久遺跡群のほかにも類似する遺跡群が海成段丘上に広く営まれていたと考えられている。第Ⅱ期の城久遺跡群は琉球弧における遺跡としては屈指の規模である。また、三百棟以上の掘立柱建物跡が確認され、山田半田遺跡から検出されている大型建物跡は規模、構造からみても単なる集落跡ではないことをよく表しているという（高梨、二〇〇八）。

城久遺跡群では土葬、火葬、焼骨再葬などが認められる。ここでいう焼骨再葬とは、第一次葬において遺体を骨化させ、第二次葬として骨を火葬に付して蔵骨器に納骨し、カムィヤキの小壺、中国白磁碗、ガラス玉などを副葬品として埋葬する葬法である。十一世紀後半から十二世紀中頃の、焼骨再葬墓の例を日本に求めることができず、陶磁器やほかの遺物の動きを見たときに、日本の墓制と捉えるよりも周辺諸国の事情を知る必要があるという（狭川、二〇〇八、一九九～二一二）。城久遺跡群にみられる焼骨再葬制は、城久遺跡群の第Ⅱ期にあたり、後述するように交易拠点として大きな役割を果たしていた時期である。城久遺跡群で、こうした多様な葬制が認められるという事実は、この交易拠点の「多民族性」を物語るものにほかならない。

城久遺跡群の第Ⅰ期と第Ⅱ期については、おおむね次のような役割を果たしていたと考えられている。

第Ⅰ期は、多褹《たね》嶋の廃止（八二四年）にともなって南島の朝貢確保のために「キカイガシマ」＝喜界島を拠点化したとする見解が有力であり（池田、二〇〇六b）、城久遺跡群の形成期であるこの時代の主体は、国家、大宰府との関連のなかで理解されている。[◉2]

城久遺跡群は、やがて十一世紀後半から十二世紀前半（第Ⅱ期）の最盛期を迎えることになる。この時代には、喜界島の交易拠点が、国家的な管理をはなれ、活発な交易を展開していたと考えられる。この時期はまた、琉球弧全域を覆う交易ネットワークの形成、広域土器文化圏の形成に、喜界島の交易拠点が大きな役割を果たした時期である。喜界島の隆盛は、この頃から盛んになる日宋貿易の支流が琉球弧にも及んだ結果であると考えられる。

2　城久遺跡群の「民族構成」と本土からの認識

本土に残されている史料によれば、六八三年に阿麻弥人が多祢人、掖玖人とともに禄を賜る（『日本書紀』）。同時にみえる大隅隼人、阿多隼人の朝貢に伴われて来朝したものとされる（鈴木、二〇〇七、二〇一〇）。六九九年には奄美は多祢、夜久、度感などの人びととともに朝宰（朝廷の使者）にしたがって方物を貢ぎ、王権は朝貢して来た人びとに位階を授け、物を賜わった（『続日本紀』）。七一四年十二月には南島の奄美、信覚、求美などの人びとが平城京に至り、七一五年の元日には奄美、夜久、度感、信覚、求美などが朝貢し、朝賀に参列した。七二〇年、七二七年に多くの南島人が朝貢し、位を授かった（『続日本紀』）。

こうした記事の後の時期にあたる八世紀（天平年間頃）の木簡二点が大宰府跡から発見され、「権美嶋」「伊藍嶋」の記載があることから、奄美大島、沖永良部島から朝貢が続いていたことを知ることができる。

これから二〇〇年余り記録から遠ざかった後、奄美大島は大きく姿をかえて再び登場することになる。

九九七年、大宰府は「奄美嶋者」が大宰府管内に乱入し、人や物を略奪したと平安京に報告する。「奄美嶋者」が薩摩、筑後、筑前、壱岐、対馬を襲い、筑前だけでも三百人にもおよぶ者を掠奪した事件の当事者としてである。しかも、その「先年」にも「奄美嶋人」が来て、大隅国人四百人を連れ去ったことがあるというのである（藤原実資の日記『小右記』）。なお、九九七年の事件について藤原行成の日記『権記《ごんき》』では「南蛮賊徒」が「肥前、肥後、薩摩等の国で、人を強奪した」ことになっている。九九八年、大宰府は「貴駕島」に南蛮の追補を下知し、九九九年には大宰府が南蛮賊徒を追討したことを言上する。この「貴駕島」が「キカイガシマ」の初出である。

九九七年の「南蛮賊徒（奄美嶋人）」の大宰府管内襲撃事件で「貴駕島」が南蛮賊徒を征討したにもかかわらず、一〇二〇年、一〇五四年と、南蛮賊徒は薩摩などへの襲撃事件を再三にわたって起こしている（永山、二〇〇八）。

十世紀末の事件では、喜界島は大宰府に奄美嶋人の征討を命じられる側であり、奄美嶋人は征討される側である。その点では対立的な関係（この段階では喜界島は「日本」の「内」であり、奄美嶋は「外」ということになる）にあったと言える。

ところが、十一世紀代に喜界島の交易拠点が再編されると性格を大きく変え、喜界島もまた「日本」の「外」に位置づけられるようになるのである。

たとえば、『長秋記』一一一一年の記事から、喜界島の者が紀伊国に漂着したところ、外交事案の決定に必要な陣定の議題となっており、喜界島が宋や高麗と同じく外国として認識されていたことがわかる。また『吾妻鏡』一一八七年の条には、一一六〇年頃に勅勘を受けて喜界島に逐電した阿多忠景の追討に行ったが失敗に終わった故事が引かれるが、逐電した先は勅勘の効力の及ばない場所であったはずで、この頃の喜界島もまた「日本」の範囲外と考えられていたことを示す（永山、二〇〇八、一三〇～一三一）。

九九七年の「南蛮賊徒（奄美嶋人）」の大宰府管内襲撃事件の当事者については、これまでもいくつかの見解が提出されてきた。それは「奄美嶋人」が、三百人（九九七年）、四百人（九九七年の「先年」）を掠奪するには、構造船を使用し、相応の武器を持っていなければ、単独でこのような大規模な襲撃事件を引き起こすことはできなかったと考えられるからである（田中、二〇〇七、一七四）。

そのなかで有力と考えられるのは「南蛮賊徒（奄美嶋人）」と朝鮮の連携の可能性である。奄美海賊が襲撃を行った際に、大宰府からの最初の報告では高麗国人の仕業と間違えられたのみならず（『小右記』）、大宰府の報告によれば、西海道の人びとは襲来者を奄美嶋人であると認識しながら、高麗兵船の接近が噂されていたといい（田中、二〇〇七、三〇）、奄美嶋人と高麗との緊密な関係を窺うことができるのである。村井章介は、十世紀末の奄美海賊の大宰府管内襲撃事件が朝鮮半島の目前の対馬まで及んでいた事実は、奄美海賊と朝鮮との連携、さらにいえば奄美海賊への朝鮮人の参与まで視野に入れる必要があることなどを指摘するのである[3]（村井、二〇一三、三四二～三四三）。

なお、城久遺跡群第Ⅱ期の交易拠点としての国際性に注目すれば、広域的な活動を行う、多民族的な海商・交易者集団の拠点ということになり、これは「日本」の内にはなりえない性格を本来的に持っていたと考えられる。多民族性は先に述べた城久遺跡群第Ⅱ期にみられる葬制の多様性にも表現されている。この「日本」の外としての性格は、源頼朝の喜界島の征討によって「日本」の内へと組み込まれることになる。

こうしてみると、城久遺跡群の第Ⅱ期にあたる十一世紀半ば～十二世紀前半においては、ことさら喜界島と奄美嶋を対立的な関係として考える必要はない（吉成、二〇一五）。城久遺跡群から初期高麗青磁や高麗無釉陶器が出土し、また徳之島では高麗の陶工が渡来し、カムィヤキの製作を行っていることにみられるように、奄美嶋人と高麗の結びつきが、奄美の北三島に拡大している様相を窺うことができる。

3　城久遺跡群の前段階

貝交易の時代

城久遺跡群は突如として出現したのではなく、その前段階として、あるいは並行して九州・本土地域と琉球弧を結ぶ貝交易の時代があった。

北部九州で稲作農耕を基盤とする農耕社会が成立しはじめた時期に（弥生前期後半）、北部九州・西北部九州を主要な消費地とする南海産大型貝類を用いた貝輪（貝製のブレスレット）の使用がはじまり、沖縄諸島からゴホウラ、イモガイ、オオツタノハなどの貝殻が搬出された。やがて貝輪装着の習俗は北九州で拡大、西日本で盛行するようになるが（弥生中期後半）、国内で銅器が生産され始めると、南海産大型貝類製の貝輪は銅器で模倣製作されるようになる。ゴホウラ、イモガイ産地の沖縄諸島では弥生時代並行期に九州地方から搬入された外来遺物が多数出土するようになる（高梨、二〇〇九、九六〜九七）。

弥生時代に衰退した南海産大型巻貝類製の貝輪装着の習俗は畿内政権の形成過程で西日本を中心にふたたび盛行するが（弥生後期終末）、やがて石製腕輪や銅製腕輪などの模倣品に転換し（古墳時代前期後半）、古墳時代中期には終焉を迎える。しかし、豊後・肥後・日向地域では古墳時代中期以降も貝輪装着が継続し、弥生時代以来のゴホウラ、イモガイが使用されていた。また、イモガイの螺頭部分を利用した馬具が盛行し、六世紀後半から東日本を中心に全国で消費されるが、七世紀後半には終息する（高梨、二〇〇九、九八）。

新里貴之によると、九州・本土地域で弥生中期中頃〜後期前半に消費のピークを迎えるゴホウラやイモガイは、弥生後期終末〜古墳中期には消費がかなり落ち込むが、それとは逆に同時期には大隅諸島の種子島（広田遺跡）ではオオツタノハ、ゴホウラ、イモガイの大量消費の時代になる。このうちオオツタノハは、大隅諸島、トカラ列島、奄美群島が主要な供給地であった（新里、二〇一八、三八〜三九）。つまり、南西諸島内に供給と需要の関係が生じていたことになる。

沖縄諸島を起点とするイモガイ、ゴホウラなどの大型巻貝の交易期と重複しつつも、それを継承するように、古墳時代並行期から、奄美大島を中心とするヤコウガイ交易が活発化する。奄美群島はゴホウラ、イモガイの交易段階では交易の仲介者（オオツタノハについては種子島への供給地）、ヤコウガイ交易段階では供給地の役割を果たしていたのである。

寒冷であるほど美しい真珠層を作るとされるヤコウガイが生息する北限が琉球弧である。ヤコウガイは螺鈿《らでん》や貝匙《かいさじ》の材料として利用された。

こうしたヤコウガイの貝殻がどこからもたらされたかについて明らかにする契機をもたらしたのが、奄美大島北部の東海岸に集中して分布する「ヤコウガイ大量出土遺跡」の発見と再評価であった。高梨修は、これらのヤコウガイの集積する遺跡群を、それまで考えられていたような食料残滓ではなく、貝匙や螺鈿の材料、有孔製品などを製作した跡であることを明らかにし、「ヤコウガイ大量出土遺跡」の名称を与えたのである（高梨、二〇〇五）。小湊フワガネク遺跡群（七世紀前半）、土盛マツノト遺跡（九世紀後半〜十世紀前半）、用見崎遺跡（七世紀後半）、和野長浜金久遺跡（九世紀後半）、万屋泉川遺跡（十世紀後半〜十一世紀前半）などである。

こうした「ヤコウガイ大量出土遺跡」の帰属年代はおおむね五〜十一世紀頃である。奄美の在地式土器である兼久式土器の時代は六・七〜十一世紀であり、兼久式土器の時代と比べ、始点はやや早いが時期的にほぼ重なっている。

沖縄諸島でも久米島でヤコウガイ大量出土遺跡（清水貝塚、北原貝塚）が存在しているが、古墳時代並行期から十一世紀頃まで継続する奄美群島よりも相当早く、古墳時代並行期でほぼ終焉を迎える（具志川村教育委員会編、一九九四／久米島自然文化センター編、二〇〇九）。琉球弧の中で奄美群島が貝交易の中心になるのである。

イモガイ、ゴホウラなどに引き続き（韓国・慶尚南道金海道の礼安里七十七号古墳からイモガイ貝符が出土している）、ヤコウガイもまた朝鮮半島への搬出が継続される。ヤコウガイの貝匙は、五世紀後半に位置づけられる高霊《コリヨン》の池山洞《チサンドン》古墳群四十四号墳の副葬品など、五～六世紀代の朝鮮半島の新羅、大伽耶の王陵の副葬品として四点が出土しており（神谷、二〇一一）、琉球弧と朝鮮半島とを結ぶ貝交易ルートが存続していたのである。

熊本県菊池川下流域は肥後型石室が分布するが、そのうちのひとつである伝佐山古墳からは繁根《はね》木《き》型のゴホウラの貝釧《かいくしろ》（貝輪）と大伽耶産の垂飾付耳飾、大坊古墳からは大伽耶と百済産の垂飾付耳飾が出土している。江田船山古墳の副葬品の前半期の長鎖式垂飾付耳飾、帯金具、馬具は大伽耶産であり、後半期の冠、耳飾、飾履（金銅製沓）蓋杯などは百済産であるという（朴、二〇〇七）。これらの古墳では南海産の貝釧と朝鮮半島産の金属製品などが出土しており、琉球弧や朝鮮半島との間で交流が行われていたことを知ることができる。朝鮮半島の南西端に位置する海南郡造山古墳から出土している繁根木型の貝釧は、関行丸古墳や、王塚古墳の周辺に位置する艫山古墳、江田船山古墳に隣接する伝佐山古墳で出土していることから、これら九州（肥後）の集団によって搬入された可能性がきわめて高いという（朴、二〇〇七）。

こうした事例を見る限り、琉球弧と朝鮮半島を結ぶ交易ネットワークの有力な中継点として九州西岸地域、ことに肥後の沿海地域が考えられる。時代は遥かに懸け離れるが、曽畑式《そばたしき》土器の時代（縄文時代前期）にも琉球弧北部との間に交渉（移住を含む）のあった地域である。

こうした貝交易の展開過程の中で奄美群島の喜界島に城久遺跡群が営まれることになるが、貝交易時代の土器の変遷について簡単にふれておきたい。

琉球弧への搬入土器と在地式土器

ここでは貝交易の時代のうち、弥生時代～古墳時代並行期（貝塚時代後期第Ⅰ期）の土器様式について概観しておきたい。

新里貴之によれば、琉球列島の土器様式構造は安定した主要器種が甕形（深鉢型）に限定されている点や、古墳時代並行期になっても食器組成や祭祀行為に須恵器・土師器を導入しない構造という点において南九州と明確に区分される、南島型土器様式であるという。形態・文様・器面調整などから琉球列島内の違いに着目すると、在地脚台甕を主体とする大隅諸島・奄美諸島と、無文尖底系甕を主体とする沖縄諸島に二分される。施文部位、突帯などの文様、器面調整（ハケメ）等の要素が南九州弥生土器・成川式土器に類似度が高い大隅諸島、口縁部形態などが南九州弥生土器に類似しながらも甕型土器の外面の口縁部周辺を独自の突帯や沈線文などで飾りハケメ調整を行わない奄美諸島、奄美諸島の文様要素と一部が類似した沖縄諸島という様式構造になるという（新里、二〇一八、三二）。ごく単純化して言えば、この時期の大隅諸島～奄美諸島～沖縄諸島の土器様式は、北ほど弥生式土器からの影響が強く、沖縄諸島ではほとんどその影響を受けていないということになる。

これに対して、搬入土器や外来品の出土状況をみると、琉球列島外からもたらされる土器には、九州系の弥生土器と南九州系の成川式土器があり、琉球列島内では、奄美諸島の沈線文脚台系土器が沖縄諸島にもたらされている。琉球列島を大隅諸島、トカラ・奄美諸島、沖縄諸島に区分して九州系弥生土器、南九州系成川式土器の搬入量を比較してみると、沖縄諸島への搬入量が最も多いという。沖縄諸島には弥生時代前期末~中期前半に甕形・壺形が最も多量にもたらされ、弥生時代中期後半以降になると外来土器の搬入そのものが低迷するようになる（低迷期は壺の搬入が中心になる）。また、奄美諸島の沈線文脚台系（弥生系、スセン當式土器）の沖縄諸島への搬入は弥生時代中期前半がピークになり、時代を追うごとに減少する傾向にあるが、九州弥生土器とは異なり、甕形を主体に持ち込まれているという。つまり、弥生時代前半までは南九州系弥生土器の甕形・壺形と、奄美系の甕形が主体的にもたらされており、弥生時代中期後半には奄美系甕形がわずかに認められ、壺形は南九州系が目立つようになる。弥生時代後期~終末期には南九州系土器の沖縄・奄美への搬入は激減するが、琉球列島全域に壺形が主体となってもたらされるようになり、沖縄諸島では奄美系甕形が目立つようになるという（新里、二〇一八、三三~三四）。

新里は以上のように述べたあと、これらの土器の動きを集団の動きの反映と捉えた場合、弥生時代前期末~中期前半まで南九州と奄美の集団が沖縄を目指して移動しており、弥生時代中期後半となると移動は減少し始め、弥生後期以降は全体的な移動は低調になるが、奄美集団の動きが目立ち始めることになるという（新里、二〇一八、三四）。

南九州の弥生系土器の出土は沖縄諸島と南九州を結ぶ仲介交易者の動き、奄美系甕形の出土は奄美の仲介交易者の動きを示すということになる。

また、外来品としては鉄器類（袋状・板状鉄斧、ヤリガンナ、釣針など）、青銅器類（明刀銭、三稜鏃、両翼鏃、銅剣茎、方格規矩鏡片、五銖銭）、石器類（ノミ状石斧、砥石）、玉類（ガラス玉、管玉）、鉄鉱石などがあり、弥生時代～古墳時代並行期では沖縄諸島への搬入が圧倒的に多いという。北部九州地域で王墓にも副葬されるようなヤリガンナや、破鏡にしてまで日本列島で流通する後漢鏡が出土しているのは、この交易が遠隔地間の重要な結びつきであった可能性を示すとともに、中継地域である薩摩半島沿岸部や大隅諸島、奄美諸島ではほとんど確認されないことから、主要交易地である沖縄諸島への交易品であったことは明確であるという（新里、二〇一八、三五）。

弥生時代並行期～古墳時代にかけての交易の状況を、新里は、搬入土器や外来品（交易品）の状況と重ね合わせて論じ、主要消費地である九州北部と、主要供給地である沖縄諸島を対置し、「採取―集積―製作（沖縄諸島）―流通（琉球列島～南九州）―消費（九州北部・西北部）」とすれば、一連の流れがおおむね理解でき、搬入土器や外来品の状況が年代的にほぼ同期しているとし、次のように述べる。

このように考えていくと貝塚時代後Ⅰ期（弥生時代〜古墳時代並行期——筆者注）の土器相は、石器や金属器など大陸系遺物がほとんど伴わないにも関わらず弥生土器様式圏である大隅諸島、貝交易の仲介者集団であり形態属性として弥生土器化するトカラ・奄美諸島、南海大型貝の主要供給地として、情報はもたらされながら弥生土器に同調しない沖縄諸島、というように、島嶼部集団の対応姿勢のあらわれが異系統土器間に反映されているものと評価できる。その構造は古墳時代並行期になってもほとんど変わることはなかった。（新里、二〇一八、四〇〜四一）

そして、弥生時代の各島嶼群の在地土器様式を次のように要約する。

弥生時代、南海産大型貝のうち、ゴホウラ・イモガイの主要な供給地は沖縄諸島であり、これは無文尖底系土器群の分布範囲に合致する。また、オオツタノハの主要な供給地と考えられる種子島近海やトカラ列島、奄美諸島は、肥厚口縁脚台系・沈線文脚台系土器群の分布範囲と概ね合致している。古墳時代における南海産貝交易の核（最大消費地・対日本列島の窓口）としての大隅諸島、オオツタノハ供給地であり、交易の仲介者集団としての奄美諸島、ゴホウラ・イモガイ供給地としての沖縄諸島というように、貝交易と在地式土器様式が無関係であるとは考えにくく、貝交易に関わる島嶼地域の、最もローカルな領域が土器様式圏として表象されており、各島嶼部の交易集団の往来のなかで、土器が搬入され、そして土器情報も伝達されたかた

ちでつくられてきたものである、と考えることができよう。（新里、二〇一八、四一～四二）

以上のように弥生時代～古墳時代の貝交易の様相が明らかになってきたが、貝交易の主要供給地であり、弥生時代～古墳時代の土器や外来品を最も受容している沖縄諸島が弥生文化（土器）に同調しないことは何を意味しているだろうか。「土器の動きが集団の動き」だとした場合、沖縄諸島では交易集団がやってきても交易するにとどまり、在地化することはなかったということだろうか。新里貴之の議論にはヤコウガイ交易が視野に入っていないが、その時代（五～十一世紀頃）を含めた土器の変遷については後述する。

4 城久遺跡群とグスク時代の幕開け

外来者の移住によるグスク時代の幕開け

琉球弧のグスク時代は、十一世紀代から琉球弧全域が同一の土器文化圏を形成し、それとともにひとつの交易圏をつくったことが契機になって始まる。この時代の幕開けとともに穀物栽培が始まり、鉄器の使用が徐々に浸透する。

グスク時代より前の生活遺跡は海岸線に沿った低地に立地していたが、グスク時代の遺跡はおおむね石灰岩の丘陵地帯やその斜面に形成されることになる。土地利用面で大きな変化があった。

グスク時代に起こった変化として、琉球弧全域に「グスク」「スク」と呼ばれる構造物が登場することがあげられる。ただし、グスク時代の象徴とも言える城壁や基壇建物を持つ大型グスクは、グスク時代開始とともに徐々に小中規模のグスクから大型化したのではなく、十四世紀代に入ってから造営されたものである。換言すれば、最初から大型グスクとして造営されるということである。

こうして始まる沖縄諸島以南のグスク時代は、喜界島とその周辺諸島に居住していた人びとが沖縄諸島以南に移住することが契機になったと考えられる。その重要な根拠になるのは、グスク時代に「グスク土器」が琉球弧全域に広がり、琉球弧がはじめて同一土器文化圏にまとまる起点になったのが喜界島であったと考えられることである。グスク土器を形成し、それを展開させたのが喜界島であった。

琉球弧の縄文晩期並行期以降の各諸島の土器変化を時系列的に概観すると、土器文化の変化はつねに北から南へとおよんでおり、また最も大きな画期はグスク時代開始期頃である。

高梨修は、中世並行期前半は、カムィヤキ、白磁、滑石製石鍋を中心的構成要素とする容器群が琉球弧の各諸島に波及、無土器時代の先島まで強い影響を及ぼし、奄美群島・沖縄諸島・先島諸島に同一の器種構成を共有する広域的土器（容器）分布圏がはじめて形成される一大画期になったことを指摘する（高梨、二〇〇九、九四〜九五）。これらの土器がグスク土器であるが、甕、壺、鉢等を主要器種とし、壺はカムィヤキを、鉢は滑石製石鍋を模倣したものが含まれており、外来容器の影響を受けて成立した土器である（喜界島でも出土する）。なお、カムィヤキには碗もあるが、これは白磁碗を模倣したものであるという（高梨、二〇〇九、九五）。

琉球弧の広域土器文化圏の土器のオリジナル（滑石製石鍋、カムィヤキ、白磁）が、集中的に搬入され、大量に出土するのが城久遺跡群であることから、この遺跡群こそがこの時期の琉球弧における土器文化の展開の起源であると考えられるのである（高梨、二〇〇九、九五）。

この土器文化は、前段階の土器文化を一新させ、また無土器時代が続いた南部琉球においても突然にこの土器文化が成立していることから、人間集団の移動を伴っていたと考えられる。滑石製石鍋、中国産白磁碗、カムィヤキの壺などのオリジナルが不足したために、それらを模倣品した土器が製作されたのである（高梨、二〇〇九、一一三〜一一四）。

カムィヤキをめぐってはヤコウガイなどの南海物産の対価として利用されたのではないかという考えがあった。しかし、中世日本の「供膳・煮沸・貯蔵」という器種構成と同じように（新里貴之、二〇一〇）、カムィヤキの壺が容器類のセットの一部を成していたとすれば、それだけが単独でヤコウガイなどの南海物産の対価となったとは考えにくい。喜界島を中心とした地域から移住した人びとに伴って移動したと考えるべきである。沖縄諸島以南において、出土遺物が希薄にしか存在していないことも、そのことを裏づけている。

この移住の目的は、ヤコウガイ、赤木などの南海物産の調達であった。そして、この時期以降、しばらくの間、喜界島を拠点とする南海物産の調達システムが沖縄諸島以南へと展開し、またそれに伴う交易ネットワークも形成されたと考えられる。

このようにしてグスク土器が成立するが、沖縄諸島ではその前段階（貝塚時代後期後半）の土器は、奄美群島の兼久式土器の影響を受けて成立した「くびれ平底土器」である。池田榮史によれば、グスク土器とくびれ平底土器とでは製作法がまったく異なっており、同じ製作者によって作り分けることは難しいという（池田、二〇一二）。

池田は、グスク土器の受容の過程には在地のくびれ平底土器との関係において、ふたつのタイプがあることを指摘する。ひとつはうるま市喜屋武《きやん》グスク遺跡のように十一〜十二世紀頃まで併存し、その後、グスク土器だけになる場合、いまひとつは北谷町後兼久原《くしかねくばら》遺跡のようにくびれ平底土器を持たずグスク土器のみの場合である。製作者が異なるということは、搬入土器であるグスク土器はグスク時代になってから外部から移動してきた集団に属していた土器であり、くびれ平底土器は在地の集団が製作・使用した土器ということになる。喜屋武グスク遺跡のように併存期間が続き、グスク土器だけになるのは、在地集団に移動集団が嵌入的に入り込み、その後、次第に在地集団を取り込み併呑していく過程を表し、くびれ平底土器を持たない遺跡は外部からの移動集団が形成した遺跡と考えることができる（池田、二〇一二）。

このように土器文化の変化の様相から、外来の集団がグスク時代の幕開けに大きく貢献したと考える根拠が見いだせるのである。喜界島を中心とする地域から新たな土器文化を携えた人びとが沖縄諸島以南に展開したということである。

グスク時代は、新たな土器文化の成立とその琉球弧全域への展開にみられるように、喜界島とその周辺諸島から土器を製作する集団を含む交易者たちが中心となり、沖縄諸島以南への移住が契機になって始まったと考えられる。それは外部からの衝撃をうけて始まったと言えるが、モノの移動だけで説明できるほど単純ではなかった。

池田榮史は、城久遺跡群が発見される以前の段階で、カムィヤキ、[4] 滑石製石鍋、中国産陶磁器の出土状況などから考えて、琉球弧の貝塚時代後期からグスク時代への変化は自発的な発展によるものではなく、むしろ外的影響が次第に在地化していく過程と捉えた方がよいとする立場から、すでに次のように指摘していた。

類須恵器（カムィヤキ）の在り方と、滑石製石鍋や中国産陶磁器の分布状況を考え合わせると、これは琉球列島の人々の自発的な活動の結果ではなく、琉球列島を交易圏と捉え、そこにこれらの製品を供給しようとした商業集団の存在を想起せざるを得ない。（池田、一九九五、二八九）

城久遺跡群が発見されてからは「琉球列島を交易圏」と捉えた商業集団の性格が明らかになり、それは城久遺跡群を営む人びとであり、その出自にかかわる人びとであったのである。[5]

池田は、奄美群島の小湊フワガネク遺跡（ヤコウガイ大量出土遺跡）や城久遺跡群などの調査の進展を受けて、おおむね次のような過程を描くことになる。

六・七世紀代の奄美諸島において兼久式土器が成立すると、沖縄諸島でもその影響を受けたくびれ平底土器様式が成立し、土器文化の上で奄美諸島の影響が沖縄諸島に及ぶ。日本の古代国家による南島への働きかけと、これを契機とした奄美大島北部や喜界島を中心とする奄美諸島での社会の階層化や貢納組織の編成が進んだ結果、沖縄諸島へもその影響が及んだことがその背景である（池田、二〇〇六a）。

沖縄諸島に先立って、「日本」からの刺激を受け、奄美群島で社会、文化の変動が起こるというのである。そうした変化の過程は、商業活動の波及にもみられる。つまり、十一世紀代に入ると奄美大島北部や喜界島を拠点として行われる南海物産の調達は奄美大島だけでなく、沖縄諸島、さらには宮古・八重山諸島にまで拡大され、これによって琉球弧全域において文化的社会的変容が引き起こされたとするのである（池田、二〇〇六a）。

こうした見方は、さきに述べた新里貴之の弥生〜古墳並行期の土器の変容過程についての議論と矛盾するものではない。

池田は城久遺跡群が明瞭に輪郭を現した十一世紀以降に琉球諸島（沖縄諸島〜八重山諸島）に南下、拠点構築をした人びとの類型として以下の六つをあげることになる。

①奄美群島北部勢力圏から移動した日本からの集団の系譜に連なる人びと。
②その支配の下に拠点の運営のため、いずれかの地から移動させられた人びと。

③拠点が置かれた島々で、拠点の運営のために徴用された人びと。
④拠点が置かれた島々あるいは置かれなかった島々で、移動してきた人びとと関係を持つこともなく従前からの生業を維持した人びと。
⑤中国福建、広東沿岸地域から移動してきた人びと。
⑥⑤の人びとによって新たに移動させられた人びと。
（池田、二〇一二）

⑤と⑥は琉球諸島に南下した人びとというよりも、十四世紀半ば以降に元や明から移住した人びとと考えられる。三山時代から琉球国形成時の状況については後述する。

グスク時代以前のヒト集団の構成

『奄美・沖縄諸島先史学の最前線』（南方新社、二〇一八年）は、すでに紹介した新里貴之の論文（「貝塚時代後I期の土器文化」）を含むが、その中に篠田謙一「DNAからみた南西諸島集団の成立」がある。

篠田によれば貝塚時代後期（弥生平安並行期）のDNAデータの考察が可能な人骨が出土しているという。それは、うるま市具志川グスク崖下遺跡と読谷《よみたん》村の大当原《うふとうばる》遺跡から出土した、合わせて十四体の人骨である。

これらから検出されたミトコンドリアDNAは、M7a、D4、A4、B4、Cの五種類のハプログループであり、Cを除く四種類は現在の沖縄でも多くを占めており、合わせると約八割になるという。こうした事実から貝塚時代後期には現在の沖縄で多数を占めるハプログループは存在しており、グスク時代以降、現代に続く沖縄の遺伝的な要素は、この時期に揃っていたという（篠田、二〇一八、七六）。

貝塚時代後期にみられるミトコンドリアDNAで注目すべきことは、D4、特にD4aは現代の本土日本集団の主体をなすハプログループであり、農耕民である渡来系の弥生人が持ち込んだものと考えられるという。このD4のなかで主体をなすD4aは縄文時代の人骨からは一体も発見されておらず、D4が日本列島における農耕の拡散にかかわっていたと考えられる（篠田、二〇一八、七六〜七七）。

しかし、南西諸島における農耕の開始はおおむね八〜十世紀以降のことと考えられるので（後述）、本土日本のハプログループが流入するのは農耕の伝播以外の理由を想定する必要があり、それは南西諸島と九州を結ぶ、弥生以降の「貝の道」を通してのヒトの移動を契機とした可能性も考えられるという（篠田、二〇一八、七七〜七八）。

ここで注目したいのは、土器の移動がヒトの移動を示すとしても、またミトコンドリアDNAの流入がヒトの移動を示すとしても、少なくとも沖縄諸島について言えば、それがただちに文化の将来と在地化（土着化）を意味するものではないという点である。弥生土器が渡来しても、渡来系の弥生人の系譜を引く交易者が渡来したとしても、稲作をはじめとする農耕も、弥生土器の製作も沖

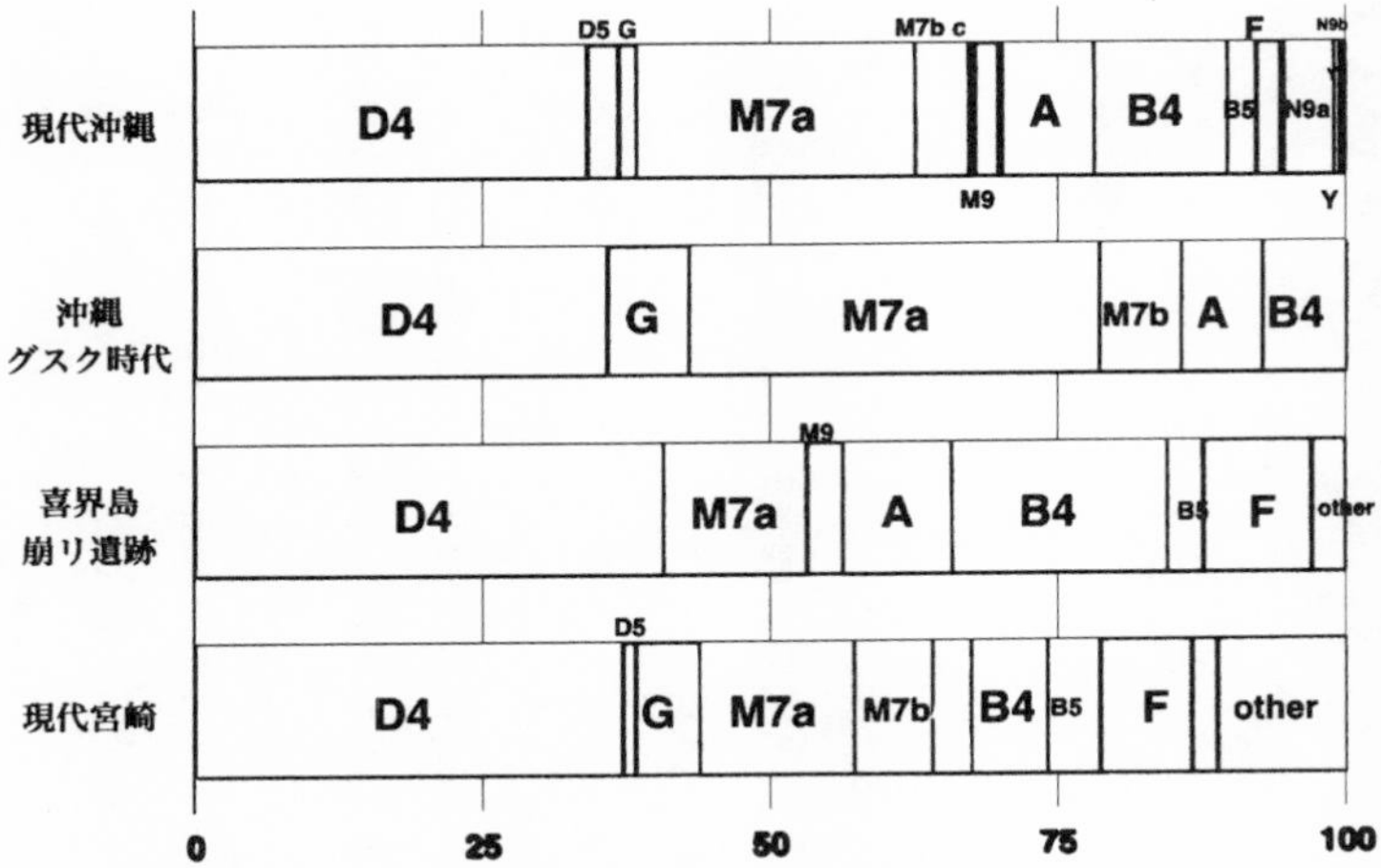

図②　中近世ハプログループの頻度比較（篠田、2018、81）

縄諸島に根づくことはなかったということである。

ここで、グスク時代の喜界島の崩《くず》リ遺跡のミトコンドリアＤＮＡについての篠田謙一の議論を紹介しておきたい◉[6]（図②）。

これまでに四十二個体のハプログループが明らかになっているが、検出されたのはＡ、Ｂ、Ｄ４、Ｍ７ａ、Ｍ９ａ、Ｍ11、Ｆの七種類であり、Ｄ４が全体の四〇％を占めている。また、琉球列島で多数を占めるＭ７ａの頻度は一二・五％とそれほど高くない。現代の日本列島や琉球の集団に比べてＢの頻度が高いことも目に付くという（篠田、二〇一八、八一～八二）。

この崩リ遺跡のミトコンドリアＤＮＡのハプログループの構成は、Ｂ４の頻度が高いことを除けば、基本的には現代の南九州集団と同じだと考えてよく、恐らく中世以降に喜界島や徳之島など奄美群島に移住した集団は南九州の農耕民であったと推定し、そこからさらに南の島々に渡った集団もいたはずだと述べる（篠田、二〇一八、八二）。また、篠田は、十一〜十四世紀につくられたカムィヤキが南九州から石垣島までの南西諸島一帯のグスク跡を中心とした遺跡から出土していることから、南西諸島全域を網羅する交易ネットワークの存在を前提に、このような交易網はヒトの移動を促すことになるので、この時期に農耕が始まる琉球には、徳之島や喜界島などの奄美諸島の農耕民が移住していった可能性があるとし、ハプログループＤ４を主体とした農耕民が侵入し、ハプログループＭ７ａを中心とする在来集団と混血することで、現代の沖縄の遺伝的な構成が完成したというシナリオが見えてくると述べる（篠田、二〇一八、八二）。

篠田の議論ではミトコンドリアＤＮＡのＤ４は貝塚時代後期までは貝交易によって南西諸島に流入し、グスク時代以降は農耕に伴って広がったと考えることになるが、その点を措くとすれば、喜界島を起点として、グスク土器の琉球弧への流通によってグスク時代が幕を開けたという考えと整合的である。

農耕の開始

琉球弧で穀物栽培が行われるようになるのは、グスク時代開始期頃とするのが現在の研究状況であろう。そして、沖縄諸島よりも奄美群島の方が早くから穀物栽培が始まっていたことが明らかになりつつある。

喜界島の城久遺跡群、奄美大島の赤木名遺跡、名護市の屋部前田原《やぶまえだばる》貝塚、読谷村のウガンヒラー北方遺跡、北谷町《ちゃたん》の小堀原《くむいばる》遺跡の土壌サンプルからフローテーションによって採取された炭化種子の炭素14年代測定法による年代が、高宮広土によって報告されているので以下に掲げたい。年代は、半減期の補正、炭素14の生成量の変動補正を行った値である。

- 城久遺跡群（山田半田遺跡）……イネ二粒（ＡＤ一〇一八～一一五五、ＡＤ九四五～一〇二七）、オオムギ一粒（ＡＤ一〇二一～一一五〇）
- 城久遺跡群（前畑遺跡）……イネ一粒（ＡＤ九三五～一〇二〇）、オオムギ二粒（ＡＤ一一四七～一二二七、ＡＤ七六八～八七九）
- 城久遺跡群（小ハネ遺跡）……イネ一粒（ＡＤ一一四七～一二二七）、コムギ一粒（ＡＤ一〇一六～一一五五）、オオムギ一粒（ＡＤ九七二～一〇四七）
- 赤木名遺跡（奄美市笠利）……イネ三粒（ＡＤ一〇二九～一一五七、ＡＤ一〇二九～一一六五、ＡＤ一一一八～一二二五）
- 屋部前田原貝塚（名護市）……イネ（ＡＤ一〇一八～一一五五）、コムギ（ＡＤ九六九～一〇四五）、オオムギ（ＡＤ一〇二四～一一五五）
- ウガンヒラー北方遺跡（読谷村）……イネ（ＡＤ一〇二一～一一五五）、コムギ（ＡＤ九九〇～一〇五七）、オオムギ（ＡＤ一〇二一～一〇五七）

・小堀原遺跡（北谷町）……アワ（AD一〇三一～一一七〇）、オオムギ（AD九六七～一〇四〇）、イネ（AD一〇六二～一一五五）

高宮広土は、城久遺跡群から琉球弧で最古の栽培植物が検出されたこと、その年代が八～十一世紀であったこと、炭素14の年代が沖縄島より喜界島の方が古い値を示すことから、農耕は北の奄美群島から南の沖縄諸島へと拡散したことが明らかになったとする[7]（高宮、二〇一五）。

ただ、高宮広土は「先史時代の人々は何を食べたか――植物食編　最前線」（前掲『奄美・沖縄諸島先史学の最前線』収録）では、「奄美諸島および沖縄諸島の貝塚時代の終わりからグスク時代の初めにかけての遺跡より回収されたイネ、オオムギ、コムギあるいはアワを直接年代測定によって年代測定を実施したところ、奄美諸島では八～十二世紀、沖縄諸島では十～十二世紀に農耕が始まったことが理解された。この事実は奄美・沖縄諸島における農耕は北から南へと伝播したことを示しているが、数千年の貝塚時代を考慮するとこの生業の変遷はほぼ同時期に両諸島で起こったと解釈していいと思われる」（高宮、二〇一八、一五八）と述べている。確かに貝塚時代という長いタイムスパンでは百～二百年程度の期間差は誤差の範囲と言えるが、しかしここで問題にしているのは喜界島の城久遺跡群を中心とする遺跡群が、その後の沖縄諸島以南のグスク時代にどのような影響を与えたかということであり、わずか百年の差であっても重要な事実ではなかろうか。

「農耕は北から南へと伝播したことを示している」という文章の中に奄美群島から沖縄諸島へと

いう農耕の伝播過程を含意しているものと思われるが、「今後は、なぜこの時期に同じタイミングで農耕が導入されたのか、その農耕はその後どうなったのかが重要なテーマとなる」（高宮、二〇一八、一五六）と述べていることからも、同時という点を重視しているように思われる。

その解答は、城久遺跡群を中心とする喜界島などの奄美群島から南海物産を求めて沖縄諸島以南に交易者などの人びとが移住したから、ということであろう。グスク土器の南漸に伴って穀物栽培もまた開始されたと考えられる。それは、さきに紹介したミトコンドリアDNAの拡散も傍証になっているように思われる。

その点を踏まえると、高宮の「（世界的なレベルでみると）採集狩猟から農耕に変遷した島はほとんどなかった」「今後はなぜ貝塚時代の終わりからグスク時代の初めにかけて狩猟採集から農耕への変遷があったのかが研究の重要なテーマになる」（高宮、二〇一八、一五八～一五九）という提起に対する答えは、狩猟（漁撈）採集民の暮らす島々に農耕民を伴う交易者が移住した結果であるということになるが、それでは不十分であろうか。沖縄諸島にはなかなか農耕が根づかなかったが、それは沖縄諸島の狩猟（漁撈）採集民が農耕を受容しきれない面があったことにもよることは後述する。

製鉄

製鉄についても、喜界島の崩リ遺跡から鉄滓、炉壁片が出土し、共伴遺物に滑石製品があることから十二世紀には製鉄が行われていたことが明らかになった。鍛冶炉では炉壁を持たないことから、これは琉球弧では初めての製鉄炉であり、熊本県の有明海沿岸で発掘された大藤一号谷遺跡や狐谷遺跡の小型製鉄炉がそのモデルであり、有明海沿岸地域の諸勢力との関係があってはじめて築造できたものとされる。製鉄炉は朝鮮半島の技術的な系譜を引くものであるという（村上、二〇一五）。

十二世紀を中心とする段階の城久遺跡群では鍛錬鍛冶滓、鞴羽口《ふいごはぐち》が、玉縁口縁を持つ白磁（大宰府Ⅳ類）、カムィヤキ窯産須恵器、滑石製品とともに出土し、複数の掘立柱建物の遺構を伴う。こうした遺物、遺構の構成は沖縄県北谷町の後兼久原遺跡で確認されていたが、近年では沖縄各地で散見されるという。しかし、これらの遺跡は、喜界島の城久遺跡群の鉄器生産の規模に及ぶものではなく、したがって、城久遺跡群が沖縄の「後兼久原類型」と呼ぶべき鉄器生産の模範になったことは十分に想定でき、グスクの造営、軍備など鉄の必要性を増す琉球国成立前夜に喜界島が担った役割は計り知れないという（村上、二〇一五）。

これらの穀物栽培、製鉄、鍛冶に関する遺物、遺構の発見によって、喜界島の城久遺跡群を営んでいた人びとが中心となって沖縄諸島以南に南下し、グスク時代が幕を開けたとする仮説が、より確かなものになったと考えられる。そして、喜界島から沖縄諸島以南に展開した人びとが初期段階に拠点とした地域は、こうした遺物や遺構が残されている場所であったと考えられる。鉄の供給も九州・本土地域ばかりではなく、グスク時代初期には喜界島が重要な役割を果したと考えられる。

琉球語の成立

この弥生時代以降の貝交易の時代からグスク時代開始期にかかわる一連の問題の中に、琉球語の成立の問題がある。琉球弧の歴史像を考えるうえで重要な論点を成すのでふれておきたい。拙著『琉球王権と太陽の王』でも五十嵐陽介（五十嵐、二〇一六）の議論を簡単に紹介したが、その紹介に不備があり、また五十嵐の見解も更新されているので（五十嵐、二〇一八）、改めて紹介しながら不備も訂正したい。

図③は五十嵐による日琉語族から諸言語が分岐していく過程を示す系統樹である。この系統樹では図④で示した旧説と同様に九州の諸言語と琉球諸語が単系統群（新説では南日本語派、旧説では九州・琉球語派）であるとすることに変わりないが、琉球諸語に注目する限り、より詳細に分岐の過程が明らかにされている点で重要である。旧説においても、日琉語族が琉球語派と日本語派のふたつに分岐したのではないことが示されており、その点で従来の通説とは大きく異なっていた。新説（図③）では日琉語族は「南日本語派」と「その他」（中央語はこの系譜を引く）と「拡張東日本語派」（東日本語群とその他に分岐する）に分類されており、旧説（図④）のように中央語の位置づけが単純ではない。

さて、南日本語派から琉球諸語にいたる分岐の過程について五十嵐は次の諸点を指摘する。

- 琉球列島と九州の諸言語の共通祖語（南日本祖語）を用いる集団の源郷（homeland）は、共通改

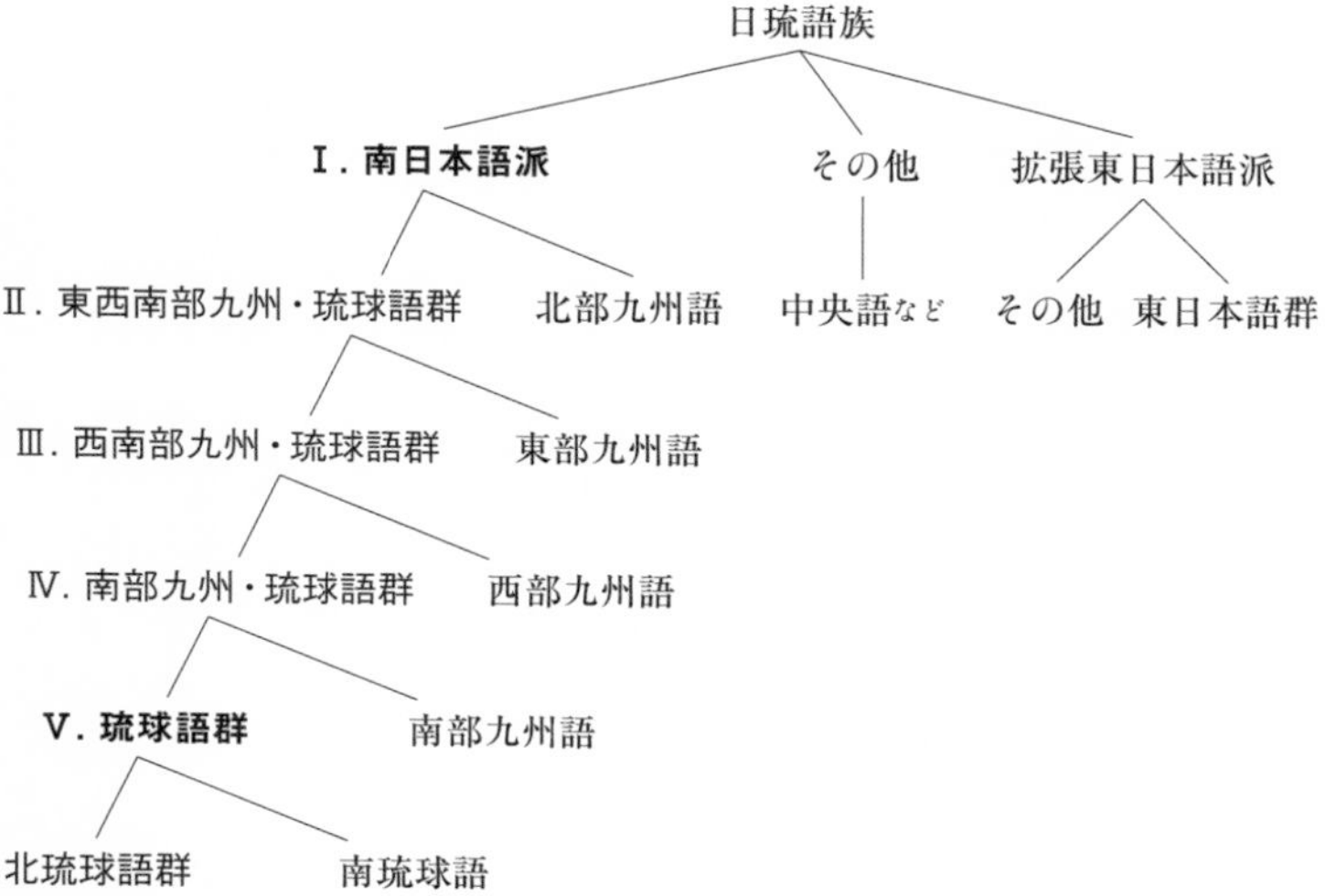

図③　五十嵐が提案する系統樹（新説）（五十嵐、2018）

※琉球諸語と姉妹関係にあるのは南部九州語となる。九州の諸言語のみからなる単系統群は認められない。

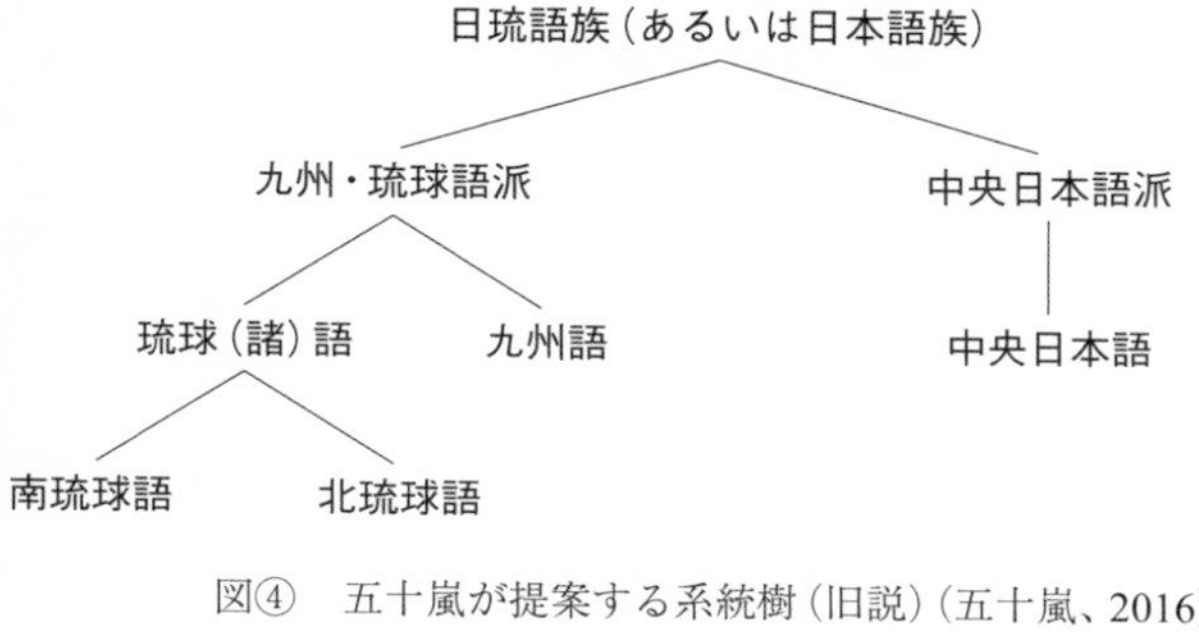

図④　五十嵐が提案する系統樹（旧説）（五十嵐、2016）

新の地理的分布より北部九州であると推定できる。
• 南日本語派より分岐発達してゆく言語の話者集団は、共通改新の地理的分布より、北部九州を出発し、西部九州を経て、南部九州に至り、琉球列島へと拡散したと推定できる。
（五十嵐、二〇一八、一〇）

そして、結論として次の諸点を掲げる。

• 日本本土のすべての言語が共有するとみなされてきた言語改新を九州の言語の一部が共有していない。
• 琉球諸語と九州の諸言語のみが共有する語が相当数存在し、その少なくとも一部は日琉祖語から継承されてきた特徴の残存（shared retention）ではなく、共通改新であるとみなすことができる。
• この事実に基づいて、九州の諸言語と琉球諸語のみからなる単系統群「南日本語派」を提案することができる。
• 九州と琉球とが共有する言語特徴の分布には含意階層（特徴Aの分布が特徴Bの分布を完全に含む関係）が認められる。
• この地理的分布に基づくと、南日本語諸語の話者集団が、北部九州から南部九州を経て琉球列島へと拡散してゆく過程が再建できる。
（五十嵐、二〇一八、一一）

図③の注記にも示されているように、琉球諸語の姉妹語は南部九州語である。南九州から琉球弧に渡来してきた人びとが最初に到達した場所（琉球祖語の生まれた場所）として最も考えやすいのは、近年の考古学の知見を参照すれば、奄美大島や喜界島である。在地性の乏しい城久遺跡群の存在する喜界島とした場合、城久遺跡群第Ⅰ期が始まる九世紀頃まで遡りうるということになる。

ところで、『琉球王権と太陽の王』では図④の旧説について五十嵐から次の文章を引用した。

奈良時代よりも前に中央語から分岐したのは、九州・琉球祖語であり、この言語は九州で話されていた可能性がある。10Ｃ~12Ｃに琉球列島に移住したのは、九州・琉球語派の一方言の話者であり、この話者の方言が琉球祖語である（すなわち琉球祖語の他からの分岐は琉球列島で生じた）という可能性を検討すべきであろう。したがって、現在の九州方言は、琉球祖語と姉妹関係にある言語（九州語）の末裔であり、九州における言語の取り換えは起こらなかった可能性もある。（当然、九州では中央語との激しい言語接触があったに違いないが。）

（五十嵐、二〇一六、一一三）

この文章の「10Ｃ~12Ｃに琉球列島に移住したのは、九州・琉球語派の一方言の話者」というくだりを引用し、琉球諸語の分岐を弥生時代など古い時代に遡らなくとも、古代以降であっても一向にかまわないことになるという趣旨の考えを述べた（吉成、二〇一八、九〇）。しかし、この「10C～12C」という年代は、五十嵐（五十嵐、二〇一七）によれば、言語それ自体から得られたものではなく、考古学の知見にもとづくものであるという。

つまり、琉球語と畿内の言語とが分岐した年代は七世紀以前であるが、琉球祖語の話者が琉球列島への移住を開始した年代はそれよりはるかあとのグスク時代の開始時期（十～十一世紀）であると推定されると述べ、その根拠として「グスク文化を特徴づける長崎県産の石鍋は11世紀から琉球列島へ流通し始め、徳之島産のカムィ焼きは11世紀から12世紀にかけて奄美群島から八重山諸島にいたる琉球列島全域に広まった」（五十嵐、二〇一七、一）という考古学の成果をあげているのである。

この五十嵐の記述からは、考古学的な知見をもとに、滑石製石鍋やカムィヤキなどのグスク時代の開始期を象徴する容器類の流通しはじめる年代である十～十二世紀を、琉球語話者の琉球弧への移住年代としていることは明白である。したがって、琉球語話者の移住とグスク時代開始期が一致することから、グスク時代開始期に琉球語が使用されるようになったという議論はトートロジーにほかならないことになる。この点は訂正しておきたい。

しかし、すでに貝交易を概観するなかで紹介したように、弥生系の土器が沖縄諸島に搬入されても、沖縄諸島の土器はその影響を受けることはほとんどなく、グスク時代開始期に、奄美群島の兼久式土器の影響を受けて成立したくびれ平底土器からグスク土器に転換し、しかもその転換が喜界島をはじめとする奄美群島を中心とする人びと（土器製作者を含む）の移住によってなされたことを考慮すれば、少なくとも沖縄諸島以南における琉球語話者の移住は十一世紀代のグスク時代開始期以降としてよいと考える。

さらに付け加えるならば、『延喜式』大蔵省式入諸蕃使条に、遣唐使の使節一行のなかに新羅訳語とともに奄美訳語が存在していたこと、また金関丈夫が『国造本紀』『続日本紀』に、少なくとも八世紀の隼人に対して通訳官の官制が存在したことから、単なる方言の差ではなく異系の言語が存在しており、大和語がこの地方に完全に浸潤したのは八世紀以後のこととしなければならないと述べていることなど（金関、一九七八、一三六～一三八）を傍証としてあげることができる。

なお、本論から逸れるが、ここで考えてみたいのはハ行子音p音の問題である。もし、p音が南部九州・琉球語群とともにグスク時代開始期頃に琉球弧にもたらされたとする場合、その頃の南部九州にはp音が残存していたことになる。残存していたとすれば右の議論でよいが、残存していなかったとすればp音は琉球弧に到達してから生じたことになる。後者であれば、中本謙（中本、二〇〇九）などの想定が改めて検討されなければならない。『大隅国風土記』逸文に「海中の洲」を意味する「必至」という単語が出てくるが（野原、一九八二、八）、これは琉球語の「ヒシ、ピシ（干瀬）」であろう。「必至」を「ピシ」と読むことができれば問題ないが、読めないとすれば考えうる選択肢はふたつである。琉球弧で新たにp音が生じたと考えるか、南部九州・琉球語群がp音を持っていた時代まで遡って琉球祖語の成立を考え、その後南部九州では失われてしまったと考えるかのいずれかである。後者は現在の考古学的な知見などを踏まえれば考えにくいが、論理的にはその可能性は否定できない。その場合、文献以前のいつ頃まで遡って考える必要があるのか、またその時期は狩猟採集社会の時代であり、弥生時代以降でも土器にみるように九州からの文化的影響はほとんどなかったと考えられるが、どのような社会的、経済的条件が整えばある言語を体系的に受容（移入）することができるのかなどの問題を検討しなくてはならない。

二　農耕の開始は農耕社会の成立を意味するか

1　農耕社会の成立をめぐる「常識」

グスク時代開始期頃に沖縄諸島において農耕が始まるが、従来、この農耕の開始が農耕社会（経済の中心が農耕によって成り立つ社会）の形成を意味すると考えられてきた。この前提のもとでグスク時代開始期以降、生産力が急激に向上し、その生産力を基盤にして按司が生まれ、その按司たちが抗争を繰り広げ、有力な按司がほかの按司たちを従える過程を経た結果、三山時代が形成されることになったという考えが通説化されるようになったのである。この通説にしたがえば、三山時代の各王（琉球国中山王、琉球国山南王、琉球国山北王）たちは農耕という経済基盤に裏打ちされて一定の地域を支配した王であったと、一応は考えてよいことになる。

こうした歴史像（「三山進化論」）は、伊波普猷が提示し、高良倉吉らの研究者に継承され、根強く通説化されたものである（後述）。こうしたグスク時代開始期以降の農耕社会を基盤とする内的発展の歴史像は、三山時代にいたる過程、さらには琉球国の形成を描く前提になり、決定的に重要な意味を持ってきたのである。

しかし、この考えには検討すべき点がある。

沖縄諸島における農耕の前提になる自然条件や文化的条件を考えると、沖縄諸島において農耕が始まったからといって、果たしてそのことがただちに農耕が経済の中心となる社会（農耕社会）を形成したことを意味するのかという疑問が生じるのである。

いま少し具体的に言えば、沖縄諸島における水利や土壌、地形的な制約の問題、また鉄器が十分ではなかった時代の農具などを含めた農耕の技術水準の問題などを考えると、少なくともグスク時代から琉球国が形成されるまでの過程で農耕の生産力によって「王」と呼びうる有力者が生まれたとは考えにくいということである。

従来の琉球史研究において、この「農耕の開始＝農耕社会の成立」という通説に、具体的な史（資）料を提示しながら異議を唱えたのは来間泰男（来間、二〇一三b）のみであろう。グスク時代をはるかに下った、記録に残される近世〜近・現代の農耕（農業）の状況を把握すれば、それから遡るグスク時代の農耕を類推することができる。そのような方法から、来間は通説に否定的な立場をとっているのである。来間の議論については後述する。

こうした農耕の導入は生産力を飛躍的に高めるから沖縄諸島での農耕の開始はただちに農耕社会の成立を意味するという考えが従来の議論を誤らせてきたように思われるが、そこにあるのは本土地域の農耕をモデルとする教科書的な考えであろう。しかし、自然的、文化的条件を考えただけでも、本土地域と沖縄諸島の農耕を同様なものとして並べることにはかなりの無理があることは容易に想像がつく。

2　沖縄諸島の農耕と自然条件

地形

ここでは最初に沖縄諸島の自然環境（地形、土壌）について簡単に概略し、必ずしも農耕に適したものではなかったことを確認しておきたい。

以下の地形の記述は、外間数男「土から見たグスク時代1　沖縄島に分布する土壌の種類」（外間、二〇一五、五七〜五八）の引用であるが、若干の部分を目崎茂和『琉球弧をさぐる』（目崎、一九八五、五〇〜五三）によって補っている。

沖縄島は、その地形を二分する地形境界線である石川地峡を境に南北に分かれるとされる。北には南北に脊梁山地が走り、北にいくほど高く、南にくだるにしたがって低くなる。名護湾あたりでは山地は孤立山塊になり、残波岬付近で消滅する。山地の周囲には海成段丘起源の大起伏丘陵が取り巻き、その縁辺に海成段丘（砂礫層を持つ）が形成されている。山地から丘陵地への斜面は急崖をなし、流れる河川も短く急峻である。河川の下流域には小規模な沖積地が形成される。山地は海岸線に迫り、海岸平野は未発達である。

石川海峡を挟んで南は第四紀の台地・段丘と第三紀層の小起伏丘陵が続く地域である。段丘は石灰岩からなり、海岸に沿って発達した海岸段丘である。段丘下には海岸線に沿って沖積地が形成され、海岸低地が形成されている。段丘をえぐって形成された河川は深い谷をつくり、谷底低地をつくる。

丘陵は島尻層の泥岩からなり、小起伏で波状をなすことから波浪状地形、低起伏丘陵と呼ばれる。丘陵は緩やかな斜面であるが、膨潤性粘土鉱物を多く含むことから地滑りしやすい地域であり、そのことから泥岩丘陵は地滑りで形成されたとする見解がある。泥岩丘陵が発達する沖縄島中・南部の東側には海岸線に沿って沖積地が形成されている。

なお、島嶼を「高島（大陸性・火山性）」と「低島（低サンゴ島・隆起サンゴ島）」に分類することがあるが、沖縄島の場合、北は「高島」、南は「低島」ということになる。

土壌

沖縄島の土壌については、土壌の特徴をよく表し、土壌生成分類学的にも優れたものとして伝統的に三つに分類されることが多い。国頭マージ、島尻マージ、ジャーガルの三つである（図⑤）（外間、二〇一五、五八）。

国頭マージは国頭礫層、古生層粘板岩、千枚岩など、島尻マージは琉球石灰岩、ジャーガルは泥岩を母材とし、それぞれ土色は赤色～黄色、赤褐色、灰色である。それぞれの分布は土壌の名称が示すように国頭マージは北部地域に多く、中部地域の一部にも存在し、島尻マージは中・南部地域に広く分布し、さらに金武町や宜野座村の海岸沿い、本部半島の本部町、今帰仁村の一部にも存在している。ジャーガルは中・南部地域だけに分布し、北部地域にはない（外間、二〇一五、五八～五九）。

　また、土壌には物理性、化学性、生物性があり、これらは農耕に密接に結びつく性質である。生物性とは、土壌中に生息する多くの微生物などの世界のことで、こうした土壌生物は土壌の物理性、化学性に大きな影響を及ぼす。特に、土壌微生物は有機物の分解や養分の無機化（これによって植物は養分を吸収することができる）などの役割を果たしているとされる（外間、二〇一五、六二）。ここでは外間数男の議論の詳細は省略し、その結論部だけを引用したい。

　外間は沖縄の三つの土壌を概観したのち、おおむね次のように結論づける（外間、二〇一五、六八）。

図⑤　沖縄島の主要土壌分布図（外間、2015、59）

①三つの土壌の物理性・化学性は大きく異なり、国頭マージは酸性〜強酸性であり、塩基に乏しく、痩せ地が多い。島尻マージは弱酸性〜弱アルカリ性で養分に富むが、保水性が弱いので旱魃の被害を受けやすい。ジャーガルはアルカリ性で養分に富み、沖縄で最も肥沃な土壌であるが、排水が悪く、農作業に難点がある。沖縄に分布する土壌は、いずれも一長一短を持っており、農業技術の未発達段階では土壌の短所が農業生産上の大きな制限要素になり、その克服が安定生産を導くことになる。

②土壌生産力は地力と栽培作物や栽培環境の組み合わせで成り立つ能力であり、作物生産量の大小で示される。地力は、外部から作物の必要とする養分の投入や天然供給が途絶えると徐々に低下していく。農業生産は土からの養分供給によって成り立つので、収量を恒常的に維持するためには奪われた分の養分を土に返すことが必要になる。国頭マージは養分に乏しく、生産に見合う養分を投入しなければ収量をあげることは難しい。養分の天然供給のある河川の供給地でも土地の養分の減少とともに収量は落ちてくる。島尻マージは養分に富む土壌であるが、開畑後は養分が流亡しやすく、長期間にわたり富栄養状態を維持することが難しい。ジャーガルは肥沃であり、養分の天然補給も多く、高収量を長期間維持することができるが、新たな養分の供給がなければ収量の低下は避けられない。

外間が指摘するように各土壌には一長一短があり、たとえばジャーガルは最も肥沃な土壌であり、高収量を維持できるが、難点も多い。具体的に言えば、母材（泥岩）は不透水であり、土層中に停滞水が生じ、湿害を起こしやすい。降雨後は土壌が膨軟化し、粘着性がきわめて強くなり、農耕具などへのへばりつきで農作業はきわめて難しい。降雨後、農作業をはじめるまで数日待つ必要がある。また、硬い土の被膜により出芽障害を起こし、乾くと収縮し、著しく硬くなり亀裂を生じて作物根を痛めるなど劣悪な物理性を持つ。その問題を改善するには客土などをしなければならない。また、島尻マージは、逆に透水性は良いが、晴天が続くと地割れなどを起こすため、灌水設備が必要である。

ところで、後述するように、沖縄島の農耕は、十八世紀の半ばにおいても比較的生産性の高いとされる真和志・南風原・大里、東風平・豊見城の間切においても、最も単純な農具である鉧《へら》さえ持っていない状況が記録されている（来間、二〇一三b、一三九〜一四〇）。このような農具の乏しい状況で果たして十分な農作業を行えたのかどうか、はなはだ疑わしいのみならず、農地を開墾するにしても多大な困難を伴ったものと考えられる。

マラリアをめぐる問題

農耕の問題を考えるにあたって考慮する必要があるのは、蚊が媒介する感染症であるマラリアである。熱帯性マラリア（悪性マラリア）は近現代までは八重山諸島、宮古諸島での流行にとどまっていたようであるが、問題は「土着マラリア」であり（沖縄では「フリー」と呼ばれる）[8]、これは古くは「おこり（瘧）」「わらわやみ（和良波夜美）」「えやみ（衣夜美）」と呼ばれた三日熱マラリアのことである。本土地域ではすでに十世紀前半の『和名抄』にこれらの名称が出ており、また『源氏物語』や『宇治拾遺物語』『吾妻鑑』『明月記』などの文学、歴史書、日記にも散見されるという（仲松、一九四二、四九）。

　この三日熱マラリアの沖縄への伝播時期はよくわかっていないが、遅くとも十世紀には本土の記録に現れ、弥生時代以降の貝交易において九州・本土地域からの人の移動があったことはミトコンドリアDNAの分析から明らかになっていることから、農耕を伴う外来の交易集団が渡来したグスク時代開始期頃には沖縄島に伝播していた可能性は十分にあると考えられる。

　仲松弥秀によれば沖縄島ではマラリア（三日熱）の無病地域は、水田の消滅とある程度の相関がみられるものの、むしろ森林の消滅と密接な関係があるという。以下、近代以降の沖縄島の農業の変遷の様相も窺うことができるので、煩雑になるが仲松の記述を引用したい。なお、地名は論文（仲松、一九四二）の表記により、「〇〇年前」という記述は論文発表時点（一九四二年）からの起算である。

　沖縄島南部の島尻郡ではわずかに海岸に沿う豊見城、兼城、玉城などの各村に水田が分布しているが、明治二十五年頃までは広大な水田が分布していた。ほとんどすべてが天水田であったために凶作が多く、農家は米作に対して不安を抱いていたという。甘蔗作が有利になったので水田を畑地化したのが今より約四十年前であり、マラリアがこの地域から消滅した時期と偶然かもしれないが一致する。なお、島尻地方以外のマラリアの消滅時期は、中頭地方では三十年前、国頭郡地方では二十五年前であり、国頭郡地方では四十年前の時点での罹患率は村落の約六〇％から七〇％であった。現在では国頭の最も奥地に残存しているに過ぎない（仲松、一九四二、五二〜五三）。

国頭郡でも同じ理由で島尻郡より少々遅れて畑地化が行われたが、国頭郡に近い水利の便の多いところではマラリアの減少率が低かった。国頭地方は山地が多く、水利に恵まれた地域であり、米作に対する関心が強く、水田面積は最も広く畑化の程度は微小であった。こうして概観してみると、広大な面積を有していた島尻、中頭の畑地化による水田の大減少とマラリアの消滅の時期はほとんど一致し、国頭地方に最後まで残存していた理由を理解することができる。しかし、過去の水田のすべてが消滅したわけではなく、多少の差があっても各地域に残存していることを考えると、マラリアが水田地域と関係があるとすれば、水田の残存地域にマラリアが少しは残存しているはずであるし、また国頭郡において今でもまれに発生する地域も、同郡の他町村と比較して水田率が特に高いというわけではないため、水田の減少や多少のみ《ヽヽ》によってマラリアの消滅ならびに濃度を説明することはできないという（仲松、一九四二、五二〜五三）。

次に問題にするのは森林の消滅との関係である。

琉球においては海を越えての物資の移入が容易ではなかったために、蔡温などは治水山林の制度を定めて森林の育成に努め木材の自給策を講じたが、明治になって物資の移入が容易になってくると、士族救済その他の理由から、森林の濫伐が各地で行われ、鬱蒼たる森林は急速に姿を消した。沖縄島南部地方は往時から人口が多く、耕地面積もはなはだ広かった関係で、山地は比較的に少なかったが、それにしても現在と比較すれば雲泥の差があった。首里と与那原の間のガマグチ[9]より運天森、西原村、宜野湾と北上し、北谷村、国頭山地へと島の中央部を主体として、昼なお暗い深山が人口の多い南部の島尻から北へと急速に伐採されていった。耕地開墾が盛んになった結果は、林地の縮小、荒廃となって現れ、過去の大森林であった地域も単なる畑地と草地に変わり、あるいは年数の浅い松林と化してしまった。全域ほとんどが森林におおわれていた国頭地方は、人口希薄もあった関係上、濫伐の結果もあまり目立たなかったが、明治末期に士族救済の目的で林地の開墾が行われたため、みるみるうちに荒廃に帰し、その後も山林の取り締まり不十分から掠伐されて禿山、竹萱山を現し、僻村の国頭村東部、東村、久志村のような現在もまれにマラリアがある地域の奥山にのみ往昔の面影が幽かながら残存しているありさまである（仲松、一九四二、五四）。

仲松はこのように述べた後、次のように結論づける。

> 此のやうな過去の時代に於ける森林の分布及び繁茂の状態に応じて、島尻郡と中頭郡には比較的マラリアの罹患者が少く、北上するに従って多くなって国頭地方になると甚だしい流行があったこと、又南部島尻方面から北部へ次第に森が消滅して行ったと同様に、マラリアも同じ道程を辿って影を没して行ったこと、森林の消滅年度とマラリアの消滅年度も一致していること、

現在も森林が過去の面影を僅かながら留めている国頭東北部の一隅に矢張りマラリアも稀に存在すること等、沖縄におけるマラリアの消滅は、森林の減少との間に密接な関係が存在することを想像させるのである。

(仲松、一九四二、五四〜五五)

近年のマラリアの研究においては——沖縄に関する情報は概略のみにとどまるが——沖縄のマラリアの発生源は林内渓流淀み、岩間水溜になっており(上村、二〇一六、二六)、仲松の議論をおおむね裏づけるものになっている。マラリアを媒介する蚊であるオオハマハマダラカ(沖縄)の幼虫や蛹は水面に呼吸管や呼吸角を突き出して呼吸するため、停滞・静止した水溜から発生し、水面が波打つ大きな湖沼や河川、海からは発生できないためであるという(上村、二〇一六、二六)。

グスク時代開始期頃に沖縄島にマラリアが流入していたとすれば、現在より圧倒的に広い鬱蒼たる森林を持つ沖縄島の農耕は、土壌などの問題とは別の自然環境の問題を抱えていたことになる。もちろんグスク時代開始期頃という時期については、あくまでも可能性があるというにすぎないが、沖縄がマラリアの有病地域であったことは間違いのない事実であり、その淵源は沖縄島において人びとの移住をともなったグスク時代の開始期、遅くとも交易が独自に行われるようになる十三世紀半ば以降、ことに交易が活発化する十四世紀代のことではないだろうか。

なお、仲松は、宮古諸島にマラリアが伝播したのは、口碑では百年前(十九世紀半ば頃)に八重山諸島からということになっているが、十四世紀前半には中国や南洋方面と交易していたのだから、この口碑は熱帯性マラリアの伝播時期のことであり、土着マラリアの伝播時期はもっと古いのではないかと述べている（仲松、一九四二、五六）。

3　史料にみる農耕の実態

近世琉球の農耕の実態

来間泰男は、沖縄では農耕の開始がただちに農耕社会への転換を意味するものではないことを強く主張し、沖縄の農業の実情について次のように述べている。

私は沖縄に即して、現代の農業を中心に、しかしそこからやや遡って近代以前の農業まで観察してきた。そこに展開されてきた、また展開されている農業の実態からみる限り、沖縄の農業は農耕民の農業とはおよそ考えられないものなのである。（来間、二〇一三b、一七〇）

では沖縄の農業が「農耕民の農業」でなかったとすれば、どのような人びとが行う農業だったのだろうか。その点について、来間は「もともと採集狩猟民であった人びとが、農耕を取り入れていった、しかしその農耕は、採集狩猟民であるという体質に引きずられて、しっかりした農耕民にはなかなかなり切れなかった、というように観察されるのである」（来間、二〇一三b、一七〇）と述べるのである。

こうした発言に、来間の沖縄の農業に対する考えが端的に表現されていると言えるが、より具体的に、考古学者たちの、グスク時代の農耕の状況解釈に疑問を提起する目的で、稲作の普及、鉄製農具の普及、ウシ・ウマの農耕への利用などへの過剰な評価を是正したいと述べ（来間、二〇一三b、二三四）、近世琉球以降（来間は「琉球近世」と呼ぶ）の沖縄農業の実態について検討している箇所があるので紹介したい。

来間は豊見山和行「上からの農業化」（豊見山、二〇〇三、七六〜八一）にコメントしながら近世琉球の農業の実態について述べるが、ここでは来間のコメントを要約するかたちで、その見解を追っていくことにする。なお、来間（来間、二〇一三b）の引用に際しては括弧内に頁数のみ記載する。

①近世琉球は「農業を強く志向する国家」ではあったものの、実態としての農業はそうはまだなりきれなかったと理解すべきである（二三四〜二三五）。

②一六一三年（慶長十八）六月一日付の薩摩藩の三原重種らから摂政・三司官らへ通達した『御掟之条々』（『後編四』）の中に「一、此中耕作に専ら女を差し出し、男は大形の由候、自今以後は男女同前に精を入るべき事」という条文がある。この条文は、近世初頭の沖縄の農業の比重はかなり低かったことを物語っていると理解すべきで、農耕はあまり活発ではなかったことを示している（二三五〜二三六）。

③『羽地仕置』（一六七三年）には「国中の百姓へ耕作に油断なく念を入れるように指示したため、

近年は不作にならず、大和への上納未進がなくなった」とある。しかし、これは羽地朝秀の自画自賛であったのではないか。これは豊見山が「王府が、本格的に農業奨励に取り組むようになるのは、恐らく一六六〇年代から七〇年代の羽地朝秀の摂政期からと思われる」（豊見山、二〇〇三、七七）と述べていることへの論評である。一六六〇年代から七〇年代までは農業は脇役であったのに、一六七三年には早くも農業奨励策が奏功したというのはおかしい（二三六〜二三七）。

④一六八二年から各間切に「耕作主取」一名を王府から派遣し（「諸間切方式帳」）、さらに一七三四年に蔡温等が布達した「農務帳」によって村の耕作当《あたい》、間切の惣《そう》耕作当と地頭代が置かれる。こうした施策が行われることによって農業の実態が変わっていくとは限らず、施策を講じることによって農業が発展したと考えるのは素朴である（二三七〜二三九）。

⑤豊見山が「このようにして、上からの農業化＝国家主導型の農業社会が形成されてきた」（豊見山、二〇〇三、七八）と述べていることを論評して次のように述べる。国家主導型の農業化（上からの農業化）とは政策としての農業化である。しかし、「国家主導型の農業社会が形成された」というのは実態としての農業化である。これまで見てきたことから言えるのは「国家」が「上からの農業化」を進めたということだけである（二三九）。

⑥豊見山は次のように述べる。「『金城筑殿之親雲上和最農書《かなぐすくちくどうんぺーちんわさい》』（一七四五年）によるとこうある。沖縄島南部の真和志・南風原《はえばる》・大里・東風平《こちんだ》・豊見城の五カ間切の農事を視察すると、地こしらえ用の鋲《へら》や草刈り鎌も使用せず、その指導をしても改善がみられず、理由を尋ねたところ、そもそ

も農具の鉀を所持できない状態にあると言う。そのため、金城は王府の高奉行へ鉀を購入するための銭を間切で準備させるように提言していた（『日本農書全集三四』）。これらの間切は沖縄島の中では比較的生産性の高い地域にも関わらず、十八世紀の中頃においても農具を十分に所持していない村々が存在するという意外な事実を示しているのである」（豊見山、二〇〇三、七八）。この文章に対する来間の論評は次の通りである。一七四五年であっても、しかも比較的生産性の高い地域であっても農具を十分に所持していない村々が存在するということになれば、一六七三年に羽地が講じた農業改善策の成果はやはり自画自賛であったことになる。この史料は「農具を十分に所持していない」と言っているのではなく、最もシンプルな農具である鉀さえも持っていないと言っているのである。これは、その後の沖縄の農業を見ていると、少しも「意外な事実」ではない（二三九〜二四〇）。

⑦首里王府は「農業の儀、国家専一の要用」（『孫姓家譜』一七四六年）、「農民の儀、国土の根源にて候」（『伊江親方日々記』一七四八年八月二十三日条）と農本主義イデオロギーにもとづいて琉球の農業化を推進していたが、王国末期にあっても「百姓とも農業相怠り年貢・諸上納物、整え兼ねる」（『万書付集』一八五六年）という状態が一般的であり、王府の思惑とは裏腹な状況にあったという豊見山の指摘（豊見山、二〇〇三、八〇）について、豊見山がはじめて「王府の思惑とは裏腹な状況にあった」ことを指摘していることに注目するとともに、「つまり、農業の発展的な展開は見られなかったのである。やはり、と私は思う」（二四二）と述べるのである。

⑧沖縄には農耕生産には不利な隆起石灰岩の土壌が多いというが、甘藷（サツマイモ）を中心とした農耕には決して不利ではなく、当時としては島尻マージの島尻地方や宮古地方が有利な地域であった。甘藷作は台風にも強く、旱魃にもかなり対応できる作物である（二四二〜二四三）。

⑨来間は、最後に岡本弘道の「琉球王国における貢納制の展開と交易——〈琉球弧〉域内統合と交易システム」を引用して結びとする。「しかし、近世琉球期ですら農業生産力の面でけして十分とはいえない琉球弧において、この移行（グスク時代への移行——来間注）が短期間のうちにとどこおりなく実現したとは考えにくい」「農耕にも重要な意味を持つ鉄器は基本的に琉球弧以外との交易によって入手せざるをえず、そのためにグスクの主たる首長層が海上交易に関与していたと想定される」（岡本、二〇〇八、五二一〜五二三）。岡本のこの文章を引用するのは、来間もまた、近世琉球の農耕の実態を考えれば、グスク時代への移行は簡単なものではなかったと考えていること、さらに言えば沖縄においてグスク時代前後の農耕の開始が、ただちに農業社会の成立を意味するものではないと考えることによるものであろう。

以上の①〜⑨は、①が結論であり、②〜⑧がその根拠を示すもの、⑨が来間と同様の見解を持つ研究者の引用から構成されているということになる。ただ、⑧の土壌の問題については、甘藷には不利ではないにしても、「農耕の開始＝農業社会の成立」論を検討する際に問題となる穀物栽培にはやはり向いていないと考えるべきではなかろうか。

要約した以上の諸点は来間の見解を網羅するものではないが、重要と考えられる論点は②と⑥であろう。②では近世琉球初頭においても農業が脇役であったこと、⑥では十八世紀の中頃においても農耕の技術水準、ひいては生産力が低かったことを示していると考えられる。来間は「農業生産の弱さ」は、「主体の問題として考えてみることが必要であろう」(二四三)と述べ、「主体の問題」すなわち「(農民の)農業に対する姿勢(意欲)の問題」と捉えているようである。つまりは、採集狩猟民の伝統を引く人びとの農耕でしかないということであろう。

昭和の戦前期の農耕の実態

続いて、来間は昭和時代の戦前期(一九三〇年頃)の沖縄農業の実態にふれ、それがいたって不振であったことを、報告書から紹介する。ここでは若干省略しながら引用する。

①「沖縄近代」の農業は、作目としては甘藷(サツマイモ)、甘蔗(サトウキビ)、水稲と畜産物に代表される。土地利用では、甘藷五〇%、甘蔗二五%、水稲一〇%、という構成である。販売額(自給用も金額換算)でみると、耕種二一%、畜産三七%、農産加工(主に黒糖製造)四二%で、農家経済はこれに加えて兼業所得や出稼者からの送金によって成り立っている(二四四)。

②沖縄県はかなりの畜産県であり、最大飼養比率を誇るのは豚で八八%の農家が飼育しており、一飼養農家当たり一・五頭である。山羊は二戸に一頭の割合で飼育されており、豚と山羊は全国一

である。これは近世期に肉食が禁止されていなかったためである。牛と馬は三戸に一戸程度の割合で飼育され、どちらも全国的には中位の水準より上の飼養頭数である。考古学者たちはグスク時代に牛や馬の骨が出ていることから、すでに畜力農耕があったかのように論じているが、昭和になっても畜力が農耕に利用されることが少ないのが特徴的で、運搬や乗馬、製糖のために使われる。一九三〇年の『沖縄県畜牛馬匹改良増殖奨励計画書』(『沖縄県農林水産行政史』第十一巻・農業資料編Ⅱ、一九八一年)の記事からは、馬は少なくないが、ほぼ乗用であって、農耕用ではなかったことを知ることができる(二四四～二四五)。

③戦前の昭和期は、農業の生産力がめざましく上昇しており、米の反収は一九二六～三〇年平均の一二八キログラムに対して、一九三四～四〇年は二二〇キログラムになり、七割増になっている。この数字から、逆に、それ以前の大正期までの水準の低さが際立つ。[10] この当時の沖縄の技術進歩は、新品種の導入と肥料の増投に限られ、全般的にみればなおかなりの低水準であった(二四五)。

④農業技術について、統計資料と実地見聞にもとづいた石橋幸雄「沖縄農業の貧困」(『帝国農会報』第二十六巻第二号、一九三六年)の中に「沖縄に於ける農業技術は可成遅れている」とある。石橋の報告は概略次の通りである。沖縄の甘藷作は乱雑粗放であり、苗床を持たないのみならず、ほとんど畦を作ることをせず、掘り取った藷蔓よりただちに苗をとりその跡地にそのままふたたび挿し込むに過ぎないこと、沖縄の肥料の約八割は自給肥料であり、購入肥料は全国平均の半ばにも達しないこと、沖縄農民の農具には珍品が少なくなく、しかもきわめて幼稚であることなど

である。そして石橋は、沖縄の農業はまさに数個の鍬とヘラ（甘藷の挿苗に用いる）の農業と言ってよいと結論づける（二四六）。

⑤一九三五年前後の「沖縄県農業政策」（『沖縄県農林水産行政史』第十一巻、一九八一年）には沖縄の農村を巡っての実態が記述されているが、その結論は「本県ノ作物ハ作ルニアラズ、只自然ニ出来ル丈ケナリ」とある（二四六）。

⑥一九三三年の『沖縄県ニ於ケル米穀事情調査』（『沖縄県農林水産行政史』第十一巻、一九八一年）に「附・在来式稲作法」がある。来間は次の五点に要約する。(i)苗代は短冊型ではなく、「撒播」している、(ii)田植えは並びが「不整」である、(iii)刈取りは地上から三十センチくらいから刈り取って、残りはそのままにする、(iv)刈取ったら、束ねることはなく、そのまま畦畔や道端に広げて乾燥する、(v)古来の脱穀は二本の竹で挟んで稲穂一本ずつ扱ぎ落としていたが、「現在」は「大半」が千歯扱きを使っている（二四七）。

⑦一九三六年の農林省農務局編『水稲及陸稲耕種要綱』（『沖縄県農林水産行政史』第十一巻、一九八一年）による報告からの要約である。(i)正常植は二〇％、片正常植は一〇％であり、田植えがまっすぐなされていない。鹿児島県（大島郡を除く）では正常植が一〇〇％、大島郡で片正常値が一〇〇％である、(ii)動力での籾摺は五％しかない。鹿児島県（大島郡を除く）は八五％。沖縄県では全体として、反当所要労力は、人力四十人前後、畜力五・五頭である。鹿児島県（大島郡を除く）は人力十九人、畜力一・七頭、大島郡は人力二十人、畜力五頭である。これらの数字の大

きさは効率の悪さを示している、(iii)「牛馬耕面積ノ総作付面積ニ対スル見込割合」は五五％であり、鹿児島県（大島郡を除く）は九五％、大島郡は六五％、その他九州各県は九〇～一〇〇％であり、全国水準からみれば下位に属する（二四七～二四八）。

4　農耕の開始は農耕社会の成立を意味しない

来間は以上のように、近世期と昭和の戦前期の沖縄の農業の実態を概観し、グスク時代の農耕の盛況と、その順次的な展開・発展という理解は大きく見直さなければならないと結論づける（二四八）。そしておおむね以下のように述べる。

十七世紀にいたるまで、甘藷と甘蔗はなく、米はあったが、農業全体に占める割合は推定で五％程度である。この状況でさらに遡るグスク時代を考えねばならないことになる。農耕で余剰生産物が生まれて蓄積され、それをめぐって争いがあり、その中から有力者が「按司」と呼ばれ、「世の主」と呼ばれ、権力者となっていくという歴史像は訂正する必要がある（二四八～二四九）。

沖縄の歴史には、荘園も、領主も、武士も現れない。琉球王国の成立は、農耕・農業の発展を基礎において論じることはできない。その発展から階級が分化していったのではない。琉球王国はもっぱら外部（具体的には中国）からの発展によって「国家」としてはじめて成立した。そこには「官僚組織」もなく、その下での「武官」もいなかった。住民を上から支配する仕組みもなかった。租税は徴収されていなかった。王国成立の初発においては、中国人の主導と支えが不可欠であった

（一二四九）。

来間の議論の中で「武士」も「荘園」も現れなかったのは確かであるとしても、グスク時代に、武装した集団が争い、攻撃することまで果たして否定できるかについては検討する余地がある。

琉球国成立の問題に関しては後述するが、来間が指摘するように、近世～近代の沖縄農業から遡って推定されるグスク時代期の農耕の実態を考えると、グスク時代以降の内的発展論による理解、すなわち伊波普猷以来、根強く継承されてきた「三山進化論」は見直されなければならない。農業生産力を背景としていなかったとすれば、明によって朝貢を招諭された時点で三山の「王」たちに、王としての内実が伴っていたかが問題になる。この点については、後に改めて論じることにしたい。

農耕が社会を支える主要な経済活動ではなかったとすれば、何が社会の経済的基盤になっていたかが問わなければならない。グスク時代以降の奄美、沖縄の状況を考えれば、やはり交易が経済活動の基盤になっていたと考えなければならないであろう。

すでにみてきたように、城久遺跡群の交易拠点をはじめとする奄美群島からの沖縄諸島以南への人びとの移住はヤコウガイ、ホラガイ、赤木、檳榔《びろう》などの南海物産の獲得のためであり、交易を目的としたものであった。この交易活動の流れはその後も続き、十三世紀半ば頃から沖縄島の交易者が独自に中国（宋、元）と交易を行うようになり、やがて朝貢貿易の開始（一三七二年）などによって十四世紀後半以降は交易の繁栄期というべき時代になる。沖縄諸島における中国産陶磁器の出土は夥しい量になるのである。

グスク時代の開始期から、規模の問題はあるにしろ、少なくとも沖縄島において中心的な場所となったのは各地に散在する交易者たちの拠点であり、在地の狩猟（漁撈）採集民は併存しつつやがて呑み込まれるか、当初から従属的な立場に置かれたものと考えられる。在地の人びとの性格は、これまでもしばしば論じてきたようにオーストロネシア的要素を持つ人びとだったと考える（吉成、二〇一一／吉成、二〇一八）。

交易が経済の中心にあったとはいえ、食糧は欠かすことのできないものである以上、どのようにして確保していたのかが問題になる。人口規模の問題もあるが、米や麦、粟の栽培も存在していたとしても、それだけでは絶対的に不足していたと考えられる。

世界史的にみれば、農耕によって維持できる人口は、化学肥料などを使わなかったとして、採集狩猟民のおよそ二十倍から百倍に達するという（中川、二〇一七、二〇〇四）。沖縄島の人口は、農耕が始まったグスク時代の場合、それ以前の弥生～平安並行期のおよそ八倍、ヒト集団が環境にはじめて適応したとされる縄文時代晩期の約四倍強とする推定があり（高宮、二〇〇五、九四）、単純に比較するのには問題があるかもしれないが、おおよその比較としてみれば最低ラインの二十倍には ほど遠いことがわかる。これは、農耕の開始が人口支持力の上昇に意味を持っていたことは間違いないとしても、やはり農耕社会が成立したとする議論の反証になる数字であろう。

グスク時代以降、農耕を伴う社会の形成が各地で進んだとしても、それとともに在地の採集狩猟民の性格を持つ社会が消失したかと言えば、そうではなかったと考えられる。穀物栽培の生産力は低く、農耕に加えて、漁撈、狩猟などを組み合わせた複合的な生業であったとみなすべきである。それが生存戦略にとって最適な方法だったからである（吉成、二〇一八、一六九）。たとえ、穀物栽培が進展したとしても、余剰を生み出すほどの農耕でなかったとすれば、旱魃などの環境変化でたちまち食糧不足に陥るであろうし、そうした事態を回避するために多様な生業を組み合わせた方が、はるかに環境変化に対する耐性があったと考えられる。かりに米などの穀物を常食していたとすれば、それは交易などによって獲得したとしか考えられない。

来間は狩猟採集民の伝統を引く人びとの農耕が沖縄の農業の実態とする。確かにそうした面はあるにしても、本書で想定している農耕導入のシナリオは、グスク時代開始期前後に交易者に伴って渡来した農耕民が農耕を始めたというものであり、この考えが正しいとしても沖縄の自然条件、文化的条件を考えれば、農耕は容易には展開しなかったと思われる。在地の漁撈（狩猟）採集民に農耕を強制したとすれば、意欲の乏しい農耕にしかならなかったであろう。

沖縄諸島で稲をはじめとする穀物栽培が九州本土地域よりも千年以上遅れる理由は、これまで述べてきたことを踏まえれば、ふたつの面から考えることができる。ひとつは沖縄諸島が基本的に穀物栽培に向かない自然環境であり、投入した労力に比して得るものが少なかったこと、もうひとつは従来の漁撈（狩猟）採集でも、一定程度の人口規模を維持するのには十分であったことである。その根底にあるのは生態系の多様な利用である。

こうした状況では、穀物栽培に対する強い動機は生じなかったと考えられる。この均衡が破られるのは、渡来した交易者たちの米をはじめとする穀物に対する欲求によって、困難な穀物栽培をあえて行う必要があったからだと考える。

5　イモ栽培の可能性

弥生時代並行期以降のイモガイ、ゴホウラ、オオツタノハ、それに続くヤコウガイの貝交易段階が、従来考えられてきたように、本当に採集狩猟社会であったかも疑ってみる必要がある。たとえ局地的であるにしろ、貝の採集地での定着的な労働、さらにそれを集積し、九州へと運び出す交易システムの存在を想定すれば、狩猟（漁撈）採集に加えてイモ栽培が行われていた可能性があることを指摘したことがある（吉成、二〇一八、四六～五一）。以下は、その再論であるが簡単に要約し、修正を加えている。なお、ここでイモ栽培というのは、熱帯系ダイジョなどのヤムイモ類、熱帯系・温帯系のサトイモ類である。

琉球弧の熱帯系ヤムイモの伝統的な栽培域の北限は、品種は違っても沖縄島から奄美大島にかけての地域であり、その中で最も重要な品種だったダイジョの伝統的な栽培域の北限は奄美大島である。小野重朗は、奄美群島において、旧暦十一月の冬折目の時に、コーシャ（ダイジョ）などが供えられ、ヤムイモの収穫祭としての性格があることを指摘しているが（小野、一九七七、五五～五九）、こうした事例はダイジョが伝統的に重要な作物であったことを示すものであろう。

琉球弧においてダイジョの栽培が確認できるのは、一四七七年に八重山諸島の与那国島に漂着した済州島民が残した記録（『朝鮮王朝実録』）である。このなかに、麦、粟、黍、稲などの穀物のほかに、西表島では「薯蕷あり、その長さは尺余、人の身の大きさに如しく、両りの女子が共に一本を載つ。斧にて之を断ち、烹て之を食う」とする記事がある。この巨大な「薯蕷」とはダイジョのことであろう。[11]

この『朝鮮王朝実録』の十五世紀の記事よりも遥か以前から、ヤムイモの栽培を想定する見解がある。

国分直一によれば、八重山諸島で最も古い文化層は、波照間島の下田原式土器を持つ下田原貝塚（縄文後期並行期）とされる。この外耳把手を持つ下田原式土器は煮炊きに適した実用性の強い土器であり、粟作地帯である台湾東海岸南部の恒春半島に近い小琉球島嶼の先史時代の土器の中にこれに相似したものが見出されることから、この土器と粟作の関連を想定している。ここでは、粟作の問題については措くが、この文化層から出土する土器は少量であるものの、多くの焼石を伴っていることから、国分はこれがearth oven（地炉）が行われていたことを示しているのではないかと推定している。そして、この地炉をヤムイモ類の栽培が行われていたことを示すものとみなしているのである（国分、一九八六、二四一～二四二）。この見通しが正しいとすれば、縄文後期並行期以降、穀物栽培がまだ行われていない時期の北部琉球にヤムイモ類の栽培が到達していたことは十分に考えられる。

サトイモ類についていえば、琉球弧には熱帯系のサトイモ類と、温帯系のサトイモ類があり、前者は北上し、後者は南下しながら琉球弧で交わっている。

　サトイモは、熱帯であれば年中栽培しておき、必要な分だけの芋を切り取り、芋の上部を残して、それをふたたび畑や田に埋め戻して栽培することが可能であるが、琉球弧では季節性が生まれている。しかし、春植え・秋収穫、秋植え・春収穫の連作が可能であり、実際に、沖縄島の国頭郡の奥、安波《あは》、安田《あだ》、奄美大島の奄美市笠利土浜、竜郷町秋名などではサトイモの二期作が行われていた（吉成・庄武、二〇〇〇、二七二）。

　『万葉集』三八二六番の歌に、「蓮葉《はちす》はかくこそあるもの意吉麻呂《おきまろ》が家なるものは宇毛《うも》の葉にあらし」とあり、「宇毛」という名称でサトイモが詠まれている。「宇毛」がオーストロネシア語のヤムイモの総称として用いられる「ウビ（ubi）」「ウフィ（ufi）」（再構形 *ʔumbi）に由来するとすれば[12]（村山、一九八〇）、万葉以前の時代に北上した可能性は十分にあろう。ヤムイモ類やサトイモ類が栽培されていたとすれば、貯蔵に適さないとしてもより安定的な食糧供給が可能だったはずである。

6　『漂到流球国記』にみる十三世紀の沖縄

　十三世紀の沖縄島社会の状況は『漂到流球国記』から窺うことができる。農業の実態も垣間見ることができるので紹介したい。ここに描かれる「流球」とは「沖縄」を指すとする指摘は、山里純一（山里、一九九九）、村井章介（村井、二〇一九）によってなされている。

　五島列島の小値賀《おぢか》島から宋を目指した船が嵐に遭い「流球国」に漂着し、そこで見聞した記事である。一二四三年（寛元元）九月十七日に漂着、二十六日に脱出し、二十九日に福州龍盤嶼にたどり着くまでを、慶政《けいせい》（円城寺の僧）が船の船頭と乗客の僧から話を聞いて、一二四四年（寛元二）九月二十八日の夜に記したものという。ここでは村井章介による現代語訳から引用し紹介するが（村井、二〇一九、七七〜八〇）、引用にあたって要約、省略を加えていることをお断りしておきたい。「人を啖《くら》う鬼の国」＝「流球国」に漂着してしまったことに対する恐怖、仏に願うしかない有様も記されているが、そうした件はここでは若干残すにとどめ、ほとんどを省略する。

①十七日、陸地に流れ着いて、人びとはやれ貴賀《きかい》国だ、やれ南蛮国だ、と騒ぐ。ひとりが「流球国」だと言うと、すぐみな「命、朝暮に在り、奈何《いかがせむ》々々」と歎き、天を仰ぎ、涙を拭い、仏に念ずる。

②十八日、壮年の二十余人で上陸して渚や曠野を歩くが、荒れた草地ばかりで人煙を見ない。

③十九日朝、遠方に人煙を認める。草で葺き、赤木を柱にし、屋根の高さ六、七尺の仮屋に入ってみる。炭炉の中に人骨を発見して、「諸人魂を失ひ、此れ従り長く既に流球国に来れるを知んぬ、即ち船裏（船の中）に還りて此の凶事を告ぐ」。

④二十日、今度は三十余人全員で探索。二里ばかり行った山中で犬の声を聞き、泥の上に人の足跡を見る。急いで跡を追い、童形《どうぎょう》、はだし、赤い衣服を着、赤い鉢巻きをし、鉾《ほこ》を持った人物を発見。鳥のように速く巌上《がんじょう》を登るのを見て、皆もう死ぬしかないと思う。

⑤二十一日未明、海上に日宋両国にない異様な船二、三隻を認める。赤衣を着し、赤い鉢巻をした将軍がいる。見る間に十余艘となる。一艘に十余人、鉾盾《ほこたて》をもち弓矢を帯し、雨のように矢を射かけてくる。その矢は疾《はや》く遠く飛び強く当たった。盾をもったまま水鳥のように水に浮かぶ者もいる。

⑥二十二日、流球人が弦を緩め鉾を棄て手を挙げて和平の意を示し、日本人も武装を解く。本朝人より背が高く、色はなはだ黒く、長い耳に鈎《かぎ》をさげ、眼は円くて黒く、髪はざんばらで肩に垂らし、烏帽子をかぶらず赤い鉢巻を結び、腰には銀帯を着け、頸には金環を懸けている。衣服の色はあるいは赤、あるいは黒。言語は日宋両国と異なる。文字を知らない。衣服や飲食物を欲しがるので、紺の衫《かたびら》や米を与えると、面々に喜ぶ。流球船からは煮た芋と紫の苔《のり》を送ってくる。その味は本朝におなじ。女子は、あるいは兵具を帯び、あるいは子供を負い、結った髪を頭頂におき、すこぶる宋の女に似る。壮年の男子は「或いは刀を以て肉を屠《ほふ》るの相を示し、或いは口を開いて肉を食するの皃《かたち》を表し、此の如き面々の所行、畏怖《おそろし》きこと勝計すべからず」。毎日早朝・日中・夕刻の三回、かならずやって来ては争い戦う。「只三宝を念じ観音を唱ふるのみ」。

⑦二十三日、夜にわかに好風が立つ。すぐに帆を上げてひそかに出発。このとき三十余艘の船が「気を吐き魂を馳せて勇猛の心を発し、大いに以て諍ひ戦ふ」。船足のろく、なかなか国の境からでない。皆、この国の物を取って船に積んだせいで、神が凶を成しているのではないかといい、先日取った赤木などをぜんぶ海中に投じた。

その後、二十四日、二十五日は風が吹かず、願を立てるが、二十六日に好風が吹きようやく難所から脱出する。船は順調に走り、二十九日に福州龍盤嶼にたどり着く。

この『漂到流球国記』の「鉾盾をもち弓矢を帯し」⑤、「色はなはだ黒く、長い耳に鉤をさげ」⑥、「頸には金環を懸け」「衣服の色はあるいは赤、あるいは黒」⑥という記述に注目すると、本当に沖縄だろうかと思わせる箇所がないでもないが、時代を遡るほどオーストロネシア的要素が濃厚であったと考えられることから、時代差を無視することはできないだろう。

この記事の中で注目したいひとつ目は、衣服や飲食物を欲しがるので紺の衫や米を与えると喜び、流球船からは煮た芋と海苔を送ってきたという点である⑥。米は知っているが珍しいものであり、芋が栽培されていることがわかる。この「流球国」が沖縄を指すとすれば、芋栽培を行っていたことを示す最も古い記事ということになる（吉成、二〇一一、八四）。「味は本朝に同じ」と言っているのでサトイモのことであろう。十三世紀代でも米は貴重品だったことがよくわかる記事である。

いまひとつは、ひとりの「将軍」（「頭目」ほどの意味か）のもとに、一艘に十余人が乗った船が、十余艘集結しており、鉾盾を持ち、弓矢を雨のように射かけてくる「海の武装集団」とでも言うべき組織を形成している点である。盾を持って水鳥のように水に浮かぶという描写⑤からは「海人の武装集団」と言った方が適切かもしれない。この時期には、ひとりの「将軍」が、優に百人を超える人びとを従えていたことがわかる。『漂到流球国記』巻一の巻末に描かれているという絵には船は大きくは描かれておらず、小さな板付船のようにみえる（村井、二〇一九、七七）。

この『漂到流球国記』の記事から窺うことができる沖縄島の状況は、従来、考えられてきたように農業生産力によって余剰が生み出され、そこから有力者（「按司」）が生まれたというような社会ではないように思われる。もちろん漂着した場所にもよろうが、「上陸して渚や曠野を歩くが、荒れた草地ばかりで人煙を見ない」という記述をみる限り、農耕を行っている様子を窺うことはできない。むしろ、農耕民というよりは海人の活動の目立つ記述である。

7　グスク時代は鉄器の時代か――グスクの造営と鉄器

近世琉球の農耕においては、比較的生産力の高い間切であっても鉄製の簡単な農具さえ不足していたが、近世においてさえ不足していた状況で、本当に石積みの城壁を持つグスクを鉄器で造営したのだろうかという疑問が生じる。

一般にグスクの城壁などは鉄器がないと造営できないようにも思われているが、世界史的にみれば、メキシコの古代文明も技術的には新石器時代であったが、それでもアステカ以前にテオティワカンの太陽のピラミッドを造営しており、またポリネシアでも、マラエという石で造られた大きな広場のようなものがあり、そこでは儀礼が行われていたという[13]（大林・谷川・森編、一九八三、一一四～一一五）。これらは鉄器のない時代に造営されたものである。

こうした事実は、石材さえよければ鉄器が浸透していなくとも十分にグスクが造営できたことを窺わせるのであり、ことに珊瑚石灰岩が材料であれば容易に石器で成形できたのではないかと考えられる。たとえば、磨製石斧の材料としては硬さや粘りのある緑色片岩や輝緑岩が適切であるとされるが（大堀、二〇一一、七）、これらの岩石は沖縄島の国頭地方や奄美群島の徳之島などに分布しているようである（林、一九八五／鹿児島県、一九九〇）。近世の沖縄農業における鉄器の少なさを考えると、グスクを造営するための鉄器が不自由しない程度にあったとはとても考えられず、石器の利用を考える必要があろう。

『おもろさうし』の中にはグスクを石器で造営すると謡うおもろがある。まさに、石器でも造れることを謡うのである。なお、おもろの対訳は、外間守善校注『おもろさうし』上・下（岩波文庫、二〇〇〇年）を参照している。

巻十七―一二〇四

一せりかくののろの　　　勢理客ののろが
あけしののろの　　　　　あけしののろが
おりあげたる　きよら　　積み上げたぐすくの美しさよ
又いしへつは　こので　　石へつを作って
かなへつは　こので　　　金へつを作って

今帰仁の勢理客ののろ（あけしののろ）が造営したグスクの美しさよ、と謡うおもであるが、このおもろで注目したいのは「いしへつ」「かなへつ」という言葉である。

『おもろさうし　辞典・総索引』では、「いしへつ」を「石槌。石へぎの道具、石を割り工事をする道具。『近世地方産業資料』に「石割大へつ量目五斤半、大へつ量目十斤」とある。対語「かなへつ」」と説明している（仲原・外間、一九七八、五五）。「石槌」とは一般には槌として用いられた石器の意味である。

対語とされる「かなへつ」の項目には「「へつ」は石を割る道具。金槌。「かな」は鉄、あるいは強いという意味の美称辞。対語「いしへつ」」（仲原・外間、一九七八、一一一）とある。つまり、「かなへつ」とは「鉄製のへつ」か「立派な石へつ」の意味であるということである。「立派な石へつ」であっても、「石へつ」自体が石器であるならば、この場合も石器ということであろう。もちろん「金へつ」は鉄製であってもよく、いずれにしても「石を割る道具」として石器が謡われていることになる。

次のようなおもろもある。

巻二十一―一三四八

一やまぐすくたゝみきよ　　　　山城の貴人は
まちやよす　けずれ　　　　　　まちやよこそ　削れ

いしらご　けずたる　きよらや　　　　石を削っている様の美しいことよ
又いしおうの　こので　　　　　　　　石斧を作って
かなおうの　こので　　　　　　　　　金斧を作って

「まちやよ」とは石工の名前らしいという。「まちやよす」の「す」は係り結びの助詞。『おもろさうし　辞典・総索引』では「いしおうの」は「石製の斧」とし、「かなおうの」については「かなへつ」と同じく「かな」は「強いという意味の美称辞」としている（仲原・外間、一九七八、五四・一〇九）。これもまた、「石へつ」と「金へつ」と同じ対である。対語のバランスから言えば、素直に石製の「へつ」「おうの」、鉄製の「へつ」「おうの」と解釈した方が、落ち着きがよいように思われる。

これらのおもろから知ることができるのは、石を割り、石を削る道具としての石器が存在し、おもろに謡い込まれていることである。しかも、巻十七―一二〇四のおもろでは、石へつ、金へつでグスクを造営しているのである。

石器である程度の規模のグスクが造営できると考えれば、大小さまざまなグスクを造営していたのだから鉄器の利用が浸透していたはずだという思い込みから逃れることができよう。農耕社会の成立と同様に、グスク時代の開始とともに鉄器の社会が成立したという前提も見直す必要がある。

とは言っても、十四世紀後半頃から構造化（大規模土木工事による壮大な城壁の造営や基壇建物の造営など）が進む段階においては、やはり鉄器が必要となると思われる。

石器と鉄器で木を一インチ切る際の必要なカロリーを比較した報告によれば、石器は鉄器の五倍のカロリーを要するという[14]（大林・谷川・森編、一九八三、一〇五）。石材によって幅はあろうが、おおまかにとらえても十四世紀後半以降の城塞型の大型グスクの城壁の造営などにおいては、鉄器がなければ莫大な労力と時間を必要としたと思われる。だからこそ、後述するように中山王察度や尚巴志という歴史の画期を成した人物が鉄を入手し、農民に分け与えたという逸話が残されることになったのである。

琉球の明への朝貢開始から二年後の一三七四年（洪武七）の『明実録』には、明の李浩が琉球で「鉄釜（鉄鍋）」などで支払っている記録が残されているが、この鉄釜を加工して鉄製品を製作していたのである。李浩は琉球で馬四十匹と硫黄五千斤を入手し、中山王察度の使者泰期を従えて帰国したことが『明実録』一三七六年（洪武九）の記事にみえる。李浩は、琉球では絹織物を貴ばず、磁器や鉄釜を貴ぶとし、これらの品物を琉球ではいかに欲しがっていたかを述べている。製鉄の行われない琉球では、鉄は渇望される物資であった。

はじめて明に朝貢した中山王察度には次のような鉄にまつわる逸話がある（『中山世鑑』）。

察度の父は浦添間切《まぎり》謝名《じゃな》村の奥間の大親の子、母は天女という出自である。このふたりは察度のほかに女の子をひとりもうけた。天女が天に帰ったのち、男の子はようやく成長したが、畑仕事をせず朝な夕な魚釣りや猟に遊び惚けていた。その頃、勝連按司に美しい娘がおり、有力者の息子たちが求婚したがことごとく断った。察度はまわりから嘲笑されるのもかまわず娘に求婚した。その青年を物陰からみていた娘は、かれの徳は常人とは異なることを感じ、求婚を受けた。大反対だった父親も根負けして承諾した。貧しい若者に嫁いだ娘が、夫の草庵に行ってみると、室内のいたるところに金塊があり、田圃のあちこちにも無数の金塊が石のように転がっている。父の勝連按司に伝え、大勢の人夫を雇い、この金銀をとり収め、この地を聖なるところだとして、楼閣（金宮）を築いた。当時、牧那渡（牧港）には日本の商船が多くやってきており、みな鉄を積んでいた。そこで金や銀で鉄をすべて買った。その頃、牧那渡に橋はなかったので、南北を往来する道は、金宮の麓を通ったので、この道を通る者の老若男女を問わず、飢えている者には酒食を与え、農耕を営む者には鉄を与えて農具を作らせた。こうして国人は夫婦を父母のように慕って浦添按司と仰いだ。

この話には、いわゆる「炭焼小五郎型」のモチーフが結びついており、鍛冶屋や鋳物師の伝承と関係がある。

察度の拠点だったと考えられる浦添グスクは、十三世紀末～十四世紀初頭に、低い野面積みの石垣と掘立柱の建物が造られる。ただ、この時代には、まだ本格的な造成工事は行われておらず、十四世紀後半～十五世紀初頭になって大規模な土木工事による城郭の整備が行われ、高麗瓦葺の建物が造営されることになる（図⑥）（池田、二〇一五、二七二～二七三）。察度が中山王に即位するのは一三五〇年のこととされており、鉄にまつわる伝承が濃密にまとわりついているのは、察度の時代から大規模な土木工事や城郭の整備が行われたことと密接な関係があるものと考えられる。城塞型

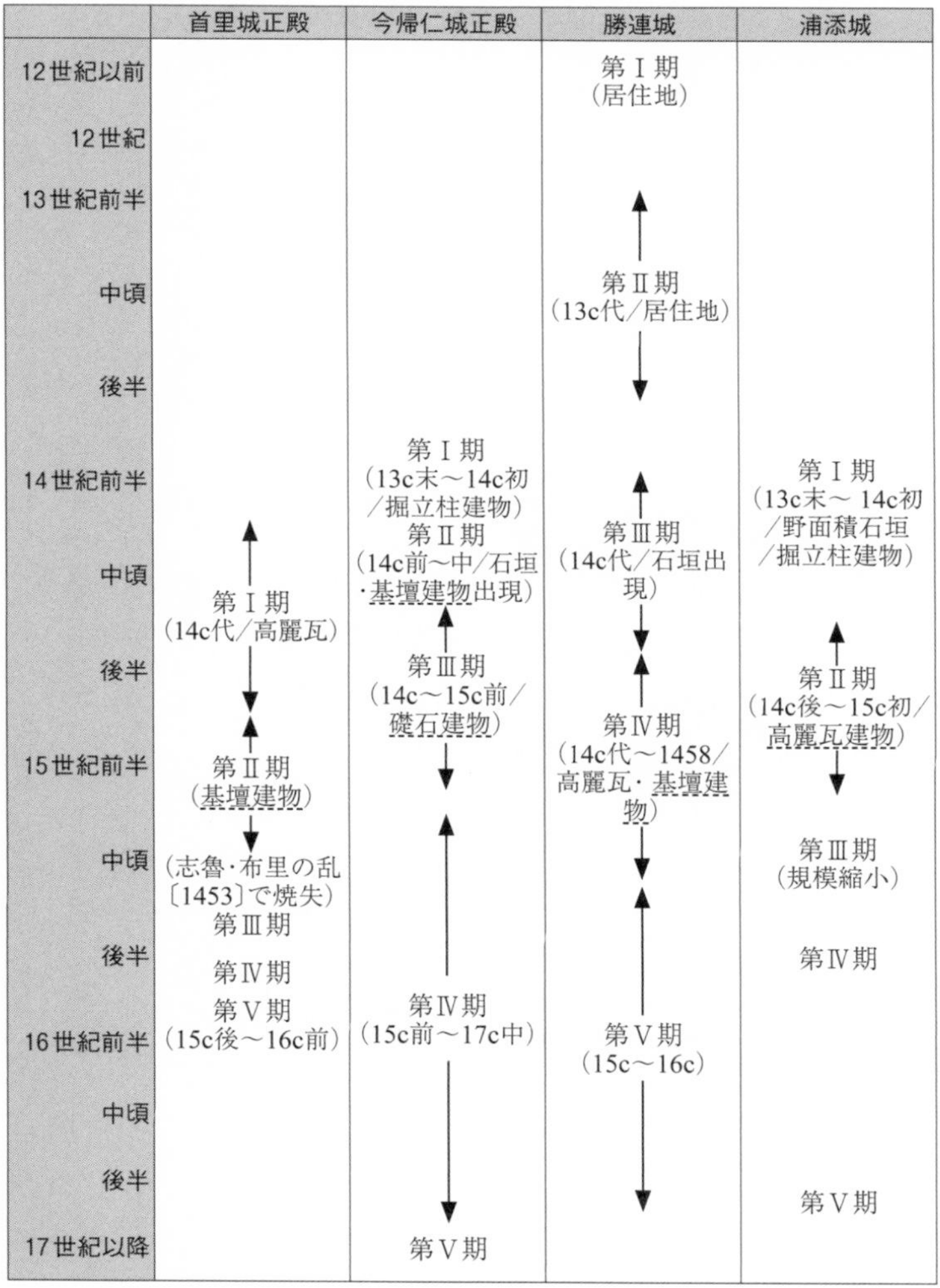
首里城正殿
今帰仁城正殿
勝連城
浦添城
12世紀以前
12世紀
13世紀前半
中頃
後半
14世紀前半
中頃
後半
15世紀前半
中頃
後半
16世紀前半
中頃
後半
17世紀以降
第Ⅰ期（14c代／高麗瓦）
第Ⅱ期（基壇建物）
（志魯・布里の乱〔1453〕で焼失）
第Ⅲ期
第Ⅳ期
第Ⅴ期（15c後～16c前）
第Ⅰ期（13c末～14c初／掘立柱建物）
第Ⅱ期（14c前～中／石垣・基壇建物出現）
第Ⅲ期（14c～15c前／礎石建物）
第Ⅳ期（15c前～17c中）
第Ⅴ期
第Ⅰ期（居住地）
第Ⅱ期（13c代／居住地）
第Ⅲ期（14c代／石垣出現）
第Ⅳ期（14c代～1458／高麗瓦・基壇建物）
第Ⅴ期（15c～16c）
第Ⅰ期（13c末～ 14c初／野面積石垣／掘立柱建物）
第Ⅱ期（14c後～15c初／高麗瓦建物）
第Ⅲ期（規模縮小）
第Ⅳ期
第Ⅴ期

図⑥　各グスクの消長（池田、2015、276）

と形容するにふさわしい城壁の整備を行うためには石器や少量の鉄器では相当に難しく、やはりある程度の鉄器の利用は欠かすことができなかったものと思われる。

鉄器を入手し、それで農具をつくり、農民に分け与えることによって人びとの人望を集めたと正史で語られる人物には、この察度のほかに尚巴志がいる。察度ははじめて明に朝貢した人物であり、また尚巴志は三山を統一した人物である。鉄を掌握した者が権力を掌握するということであろう。しかし、察度といい、尚巴志といい、いずれも十四世紀後半以降の人物であることにも注意する必要がある。

グスク時代以降、鉄器が浸透するようになるとは言うものの慢性的に不足しており、近世にいたっても農民にまで十分に配分できないほどの量しかなかったのである。少なくとも十四世紀頃までの時期については、鉄器の不足分を補っていた石器の持つ役割が改めて評価されるべきであろう。

首里城出土遺物の中には石弾《せきだん》があり、これは砂岩などを丸く敲打整形して作られた石製品で、煤の付着するものもみられることから、火砲の石火矢の弾として使われたとみられるという（大堀、二〇一一、五）。この遺物の帰属年代は歴史時代に分類されているが、その詳細な年代は不明である。しかし、石製の武器が十分な殺傷能力を持っていたことを示すものであろう。武器の問題について鉄製武器がわずかしか出土しないことから戦闘がなかったとする見解もあるが、これなども石器の持つ意味を過少評価した見方ではなかろうか。大林太良によると、石の鏃《やじり》と鉄の鏃を比較した場合、後者では大量生産ができるという利点があるものの、前者の方が、殺傷能力が高いという実験結果が出ているという[15]（大林・谷川・森編、一九八三、一一五）。こうした実験結果を鵜呑みにすることもできないが、石器の果たす役割を過小評価する共通理解を疑ってみる契機にはなるであろう。石は成形しなくとも十分な武器になるのである。

三　グスク時代初期の交易ネットワーク

1　城久遺跡群をめぐる交易ネットワーク

喜界島を中心とする奄美群島地域の交易者たちはヤコウガイやホラガイ、赤木などの南海物産を求めて沖縄諸島以南に移住したが、そのはじめの頃は、依然として喜界島の交易拠点である城久遺跡群を営んでいた交易者たちと深いつながりがあったと考えられる。

その点を考えるうえで参考になるのは中国産陶磁器の動きである。十一世紀半ばから十二世紀代にかけて中国産の玉縁白磁碗が、滑石製石鍋、カムィヤキなどとセットになって琉球弧に流通するが（新里亮人、二〇一〇、一三二〜一三三）、流通経路はその出土状況からみて九州から奄美群島を経て沖縄諸島へと向かうルートをとっていたと考えられる。これらの容器類は琉球弧の中では城久遺跡群から大量に出土しており、両者の結びつきを想定させるのである。城久遺跡群の中では大ウフ遺跡からの出土量が突出して多い（喜界島教育委員会、二〇一五、四三）。

十一世紀半ばのグスク時代開始期から十二世紀にかけての時期は「蒔絵の時代」と呼ばれ、特に螺鈿需要が急激に増え、蒔絵螺鈿が隆盛をきわめる。こうした時代を背景にして螺鈿の材料であるヤコウガイ貝殻の需要も飛躍的に増大したと考えられるという（高梨、二〇〇八、一一二）。十二世紀前半までが城久遺跡群の最盛期であり、沖縄諸島以南に展開した交易者たちの目的がヤコウガイなど南海物産であり、本土地域への流通ルートを確保している有力な勢力のひとつが城久遺跡群だったとすれば、両者は交易関係を維持していたと考えられる。

陶磁器の出土状況から見る限り、城久遺跡群は十二世紀後半から十三世紀にかけての時期（D期）はまったく不振になる（16頁・図①参照）。十二世紀から十三世紀への転換期から前半にかけて（E期）やや持ち直すが不振と言ってよい状況である。その後も不振は続き、ようやく十四世紀になって復活するという経緯をたどるが、最盛期の十一世紀後半から十二世紀前半（C期）の出土量には遠く及ばない。

十二世紀後半以降の喜界島の交易の不振は中国産陶磁器の出土量にとどまらない。

十二世紀後半には中国産陶磁器のほかにも、十一世紀前半以降から流通しはじめたとみられる長崎県西彼杵半島産の滑石製石鍋が姿を消すことになる◉[16]（新里、二〇〇八、六二）。滑石製石鍋には把手付の古いタイプと鍔付の新しいタイプがあり、琉球弧に流通するのは前者であり、後者はきわめて少ない。後者は十三世紀から十四世紀にかけて九州を中心に東日本にまで分布を広げている（新里、二〇〇八、六八）。前者のタイプは生産地である長崎県西彼杵半島から博多の唐人居留区や大宰府などを中心に使用され（鈴木、二〇〇八）、その廃棄物とみられる破片を中心に琉球弧に搬出したものと考えられ、また十一世紀半ばから十二世紀前半に位置づけられる福建産の玉縁白磁碗（大宰府分類ではⅣ類とされる）も博多などから琉球弧に流通したものである。

城久遺跡群から出土する遺物には、このほかに初期高麗青磁、高麗無釉陶器があるが、これらの年代もまた十一世紀半ばから十二世紀代に帰属する（赤司、二〇〇七）。

これらの多くが十二世紀後半以降、流入しなくなるのは、北部九州（博多など）と城久遺跡群を営む交易者たちの交易ルートが、この時期に途絶えてしまったことを示している。

その一方で、高麗陶器の陶芸技術によって徳之島で製作されたカムィヤキは、時期的に製品の性質は異なるとされるが、十一世紀半ばから十四世紀にかけて一貫して琉球弧に流通することになる。

2　沖縄諸島の十二世紀後半以降の中国産陶磁器の受容

喜界島の城久遺跡群で中国産陶磁器が急減していた時期、琉球弧全域での中国産陶磁器の受容はどのような変化をみせていたのだろうか。かりに琉球弧全域でも喜界島（城久遺跡群）と同様に減少していたならば喜界島のみの問題ではなく琉球弧全域の問題であり、また逆に喜界島のみで減少していたならば喜界島固有の問題ということになる。

新里亮人は九州と琉球列島における中国産陶磁器の出土状況を集成しており、この問いに一定の解答を与えてくれる。ここでは琉球弧における出土状況に焦点を当てて紹介したい（新里、二〇〇九）。

はじめに九州と琉球全体の状況を概観する。なお、引用にあたっては新里の「琉球列島」の用語を使用する。

九州、琉球列島全域の中国産陶磁器の出土遺跡数はC期（十一世紀後半〜十二世紀前半）から急激に多くなり「白磁の洪水」というにふさわしい状況になるが、その後D期（十二世紀中頃〜十二世紀後半）に消費のピークになり、E期（十三世紀初頭〜十三世紀前半）でも安定的な状況が維持される。しかし、F期（十三世紀中頃〜十四世紀初頭）になると出土遺跡数は突如半減し、G期（十四世紀初頭〜十五世紀前半）には最小になる（図⑦）。

これを九州の地域ごと（福岡県を北部九州、佐賀・長崎県を西北九州、熊本県を中九州、大分・宮崎県を東九州、鹿児島県を南九州、薩南諸島から先島諸島を琉球列島とする）にみると、琉球列島を除いて九州各地ともD・E期にピークを迎え、F期以降、下降線をたどるという全体の傾向と変わりない。この傾向は北部九州において顕著に認められ、九州各地の中国産陶磁器の出土遺跡数の減少は北部九州の中国産陶磁器の消費量の減少と対応していることから、この時期の中国産陶磁器の受容は博多、大宰府を擁する北部九州の動向が重要であることを示している（図⑧）。

琉球列島の場合、十三世紀代以前の中国産陶磁器は大宰府編年を適用できるため、大宰府編年のC期（十一世紀後半代から十二世紀前半）を第一期、D・E期（十二世紀中頃から十三世紀前半）を第二期、F・G期（十三世紀中頃から十五世紀前半）を第三期に分けて考える。この推移を描いた図⑨

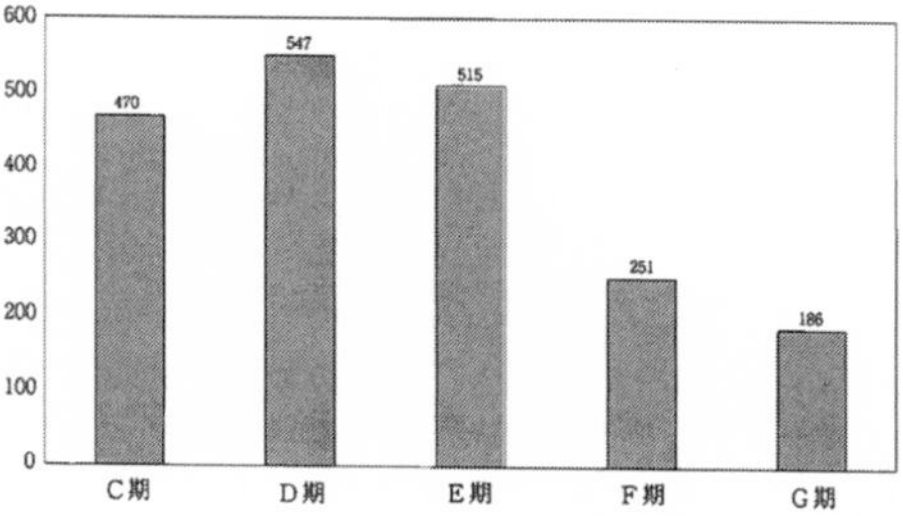

図⑦　九州・琉球列島における中国陶磁器出土遺跡数の推移（新里、2009、150）

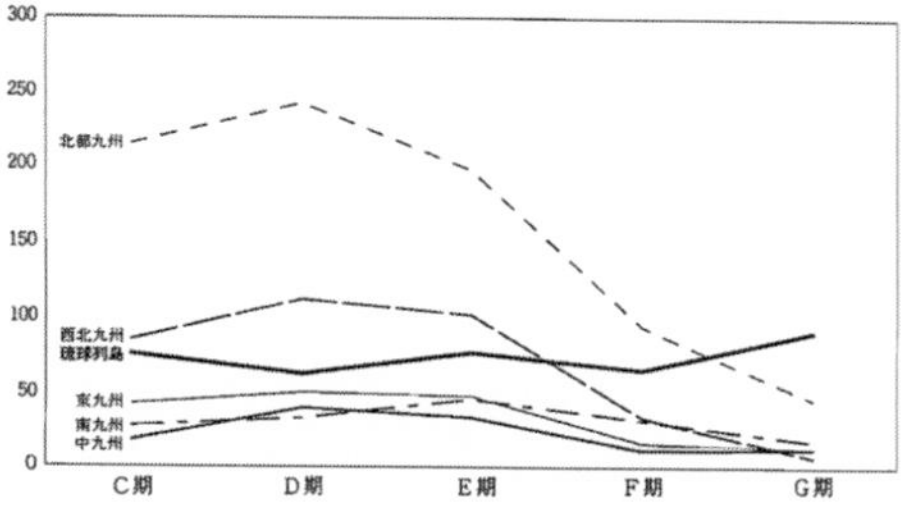

図⑧　地域別中国陶磁器出土遺跡数の推移（新里、2009、150）

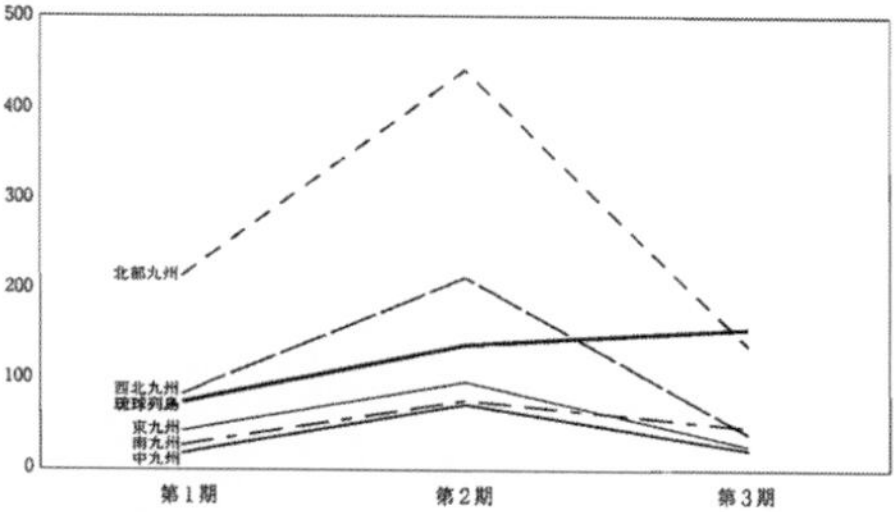

図⑨　新里による時期区分にそった地域別中国陶磁器出土遺跡数の推移（新里、2009、150）

によると、九州の各地域では中国産陶磁器出土遺跡数は第二期（大宰府編年のD・E期）でピークになって第三期（F・G期）で減少するので山形の折れ線グラフを描くが、琉球列島の場合、段階を追うごとに増加傾向にあり、十三世紀中頃以降の第三期にピークになる。第三期は琉球列島が、九州の中国産陶磁器の消費動向から外れ、中国産陶磁器出土遺跡数が最多になる時期である。これは福建産の粗製白磁が搬入されたことによるが、その分布は琉球列島にほぼ限定される（新里、二〇〇九、一四五〜一五二）。つまり、この第三期は、琉球列島の島々が従来とは異なる交易ネットワークによって入手した福建産の粗製白磁碗など（今帰仁タイプ白磁碗、ビロースクタイプ白磁碗Ⅰ～Ⅲ類）が、九州各地で減少した中国産陶磁器を補って余りあるものであったことを示している。

城久遺跡群で十二世紀後半以降、急激に陶磁器の搬入が減少する状況は九州、琉球弧の他の地域ではみられず、城久遺跡群に固有の状況だったことになる。

沖縄諸島では、城久遺跡群の衰退にもかかわらず、九州などと同じように中国産の白磁碗などを入手している事実は、城久遺跡群とはかかわりなく別ルートで陶磁器を入手していたことを示す。ただし、新里の提示した図⑨を見ると、琉球列島では新里が分類した第三期は全体として見れば増加しているものの、このうちD期（十二世紀中頃～十二世紀後半）に限定して見れば中国産陶磁器出土遺跡数は、他の九州地域では増加しているにもかかわらず逆にゆるやかに減少しており、琉球の中国産陶磁器が喜界島の交易拠点である城久遺跡群と連動している可能性を示唆している。沖縄諸島以南におけるグスク時代の幕開けからおよそ一世紀後のことであり、その時期でも一部ではあるにしろ城久遺跡群と関係を持っていたことを窺わせるのである。

3　城久遺跡群の衰退と沖縄諸島

頼朝の喜界島征討

中国産陶磁器を指標とした場合の、この十二世紀半ば以降の不振が喜界島固有の事情に由来すると仮定し、その当時、喜界島に何があったかを考えてみると、一一六〇年頃に勅勘を受けて喜界島に逐電した阿多忠景の事件、義経与党の隠れている疑いによって、源頼朝の命で宇都宮信房らの軍勢が渡海し、喜界島（「貴賀井島」）を征討した一一八八年の記事に突き当たる（永山、二〇〇八、一三〇～一三二）。ことに後者が重要であろう。

十二世紀後半の頼朝の喜界島征討と、城久遺跡群の十二世紀半ば以降の衰退の間には、密接な関連があるというのがここでの考えである。この征討の事実のみを原因として考えることはできないが、決定的なダメ押しになったことは間違いないであろう。それまでの東アジア海域（日本、朝鮮、中国）を結ぶ多民族的な交易ネットワークのひとつの結節点として繁栄していた喜界島の交易拠点は衰退を余儀なくされたのである。

この頼朝による西の喜界島征討は、二年後の東の奥州外浜《そとがはま》征服とともに、軍事権門である鎌倉殿による全国支配を完成させる不可欠の行動であったとされる。この頼朝の征討によって、喜界島はそれまで「日本」の外から、ふたたび「日本」の内に入ることになる（永山、二〇〇七）。

十二世紀半ば以降の城久遺跡群の中国産陶磁器の受容の激減は、頼朝の喜界島征討による帰結であったと考えられる。

舜天王とは誰か

琉球の正史の記事にしたがえば、舜天王統は天孫氏二十五代を除けば琉球はじめての王統であり、舜天王は一一八七年（南宋淳熙十四）に即位、一二三七年（南宋嘉熙元）に薨去したとされる。一一八八年に喜界島が征討される時期と舜天王即位の時期は奇妙に一致している。このことから、琉球の舜天王の出自は喜界島ではないかと考えてみたくなる。もっとも、この考えの致命的な欠陥は舜天王の即位が頼朝の「貴賀井島」の征討よりも一年早いことであり、前後が逆である点である。そもそも舜天王[17]（尊敦）が虚構の存在であることについてはすでに論じたことがある[18]（吉成、二〇一八、二五八〜二六〇）。

現在でも舜天は実在しなかったとする考えに変わりはないが、ただ喜界島の征討の時期と舜天王の即位の時期がほぼ一致しているという事実から、喜界島の征討によって交易拠点を失い、沖縄島に拠点を移した一部の交易者たちの記憶が舜天（尊敦）という存在に仮託されている可能性を考えることはできる。というのは、城久遺跡群における十二世紀半ば以降の出土陶磁器の激減を考えると、すべてではないにしろ、一定の交易者たちがどこかに拠点を移したとしか考えられず、しかも本土地域に向けた南海物産が重要な交換財であったとすれば、沖縄諸島はその候補としてふさわしいからである。「交易者の記憶」だとすれば、十二世紀半ばに限定せずに、それまでの交易者の渡来の記憶の蓄積の残像と考えた方が現実により近いかもしれない。

沖縄諸島に渡来した「交易者の記憶の残像」と考えるのは、後世、舜天王に為朝渡来伝説が結びつき、『中山世鑑』では尊敦は為朝と大里按司の妹の子とされ、後に舜天王になったとされているからである。もちろん、これは創作である。

鎮西八郎為朝が琉球に渡来しその創業主になったとする話（為朝の琉球渡来伝説）は、すでに十六世紀前半の「鶴翁字銘并序」（『幻雲文集』）に記されている。建仁寺や南禅寺などの住持を務めた京都五山の僧、月舟寿桂《げっしゅうじゅけい》（一四七〇～一五三三年）が、東福寺に遊学していた琉球出身の僧である鶴翁《かくおう》智仙《ちせん》から聞いた琉球の情報などを記したものである。ただし、この段階では為朝伝説と舜天が結びついているわけではなく、明確に結びついて記事に現れるのは『中山世鑑』においてである。

ただ、十六世紀前半にすでに禅僧の間で、舜天＝為朝という考えが語られていた可能性については指摘したことがある[19]（吉成、二〇一八、一五八～一五六）。

その点を踏まえたうえで、ここで問題にしたいのは、なぜ後世、舜天と為朝が結びつけられたのかということである。「鶴翁字銘并序」には源氏（為朝）が創業主なのだから琉球は日本の附庸国であるとする記述がある。ここでは島津侵攻後の島津氏と琉球との関係ばかりでは説明できないことを記すにとどめ[20]、為朝が渡来者であることに注目したい。たとえ架空の王であっても、まったく何の理由もなく、舜天を渡来者と結びつける伝承は成立しないのではないか。交易者たちの渡来の記憶の残像と考える理由のひとつである。

南海物産の代表であるヤコウガイが蒔絵螺鈿の材料として最盛期を迎えるのは十一～十二世紀であることは先に紹介したが、当麻《たいま》寺の本堂当麻曼荼羅厨子基壇の蒔絵螺鈿の製作終了が一二四三年であることがわかっており、十三世紀にもヤコウガイの需要があったことは間違いないという（石上、一九九七）。したがって、城久遺跡群における十二世紀後半以降の中国産陶磁器の急減はヤコウガイなどの南海物産の交易と切り離して考えることができる。

四　十三世紀後半以降の中国産陶磁器の受容

1　福建産粗製白磁の編年と受容

十三世紀後半以降になると、琉球弧では今帰仁タイプ、ビロースクタイプと呼ばれる福建産の粗製白磁碗が受容されるようになる（金武、一九八八／二〇〇九ｂ）。この福建産の粗製白磁の出土状況の特徴は、今帰仁タイプは沖縄諸島以南（奄美群島からは出土しない）に、またビロースクタイプⅠとⅡ（Ⅰ～Ⅲに分類される）は奄美群島以南にしか分布していないことである（宮城・新里、二〇〇九、八二～八五）。

この事実は、交易ルート、交易ネットワークの新たな成立の問題のほかに、沖縄諸島以南（あるいは奄美群島以南）を視野に入れ、中国産陶磁器を流通させた交易者はどのような存在かという問題も提起することになる。

前者の問題について言えば、十三世紀後半以降、琉球弧は従来とは異なる交易ネットワークで福建産の粗製白磁を入手していることは間違いない。従来の中国産陶磁器の琉球への搬入は中国→博多→琉球のルートであり、もし十三世紀後半以降に中国→琉球という直接的なルートでももたらされていたとすれば、確かに従来とは異なる交易システムが形成されたことになり、大きな転換期としての意義を見出すことができる。

なお、今帰仁タイプの標識遺跡は今帰仁グスク跡遺跡であり、ビロースクタイプは石垣島のビロースク遺跡である。

ここではより詳しく福建産の粗製白磁碗の受容状況をみることにしたい。最初に金武正紀（金武、二〇〇九b）による今帰仁グスク跡を中心とした調査にもとづく年代観を紹介したい。

今帰仁タイプは、十三世紀後半から琉球へ流入し始め、ピークになるのが十三世紀末～十四世紀初めである。ピーク時の共伴陶磁器はビロースクタイプ白磁碗、青磁縞蓮弁文碗、青磁弦文帯碗、青磁酒会壺などであるという。ビロースクタイプはⅠ～Ⅲに分類されるが、ⅠとⅡは十三世紀末～十四世紀前半に流入しはじめ、十四世紀半ばにはⅠ、Ⅱにかわって Ⅲが大量に流入するようになり十五世紀初頃まで継続するという（金武、二〇〇九b）。

ビロースクタイプのⅢが出土するようになる十四世紀半ば頃は、琉球で受容される中国陶磁器が質、量ともに劇的に変化する時期であり、琉球が朝貢貿易を開始することに関連づけられている。

生産地の状況も勘案してこれらの福建産粗製白磁の編年を検討している田中克子による議論についても紹介しておきたい（田中、二〇〇九、一三七～一三八）。
①今帰仁タイプは今帰仁グスク跡で十三世紀後半に出現すること、さらに一二八一年の弘安の役で元船が沈没した鷹島海底遺跡（長崎県）でごく少量認められるものの、それらの大半は浦口窯

（福建）の同安・竜泉の影響を受けたと思われる製品であることから、その生産開始時期は十三世紀後半（南宋末〜元初）と考えてよい。今帰仁グスク跡で最初に出現したものは内底を輪状釉剝ぎするものであることから、内底を露胎する方法より早く始まった可能性がある。生産のピークは十三世紀末〜十四世紀前半（元初〜中期）であり、今帰仁グスク跡でこの時期に出土するものは内底を露胎するものである。この方法は量産を目指したものと考えられる。その生産時期は比較的短く、十四世紀中頃（元後半）に停止した。

②ビロースクタイプⅠ・Ⅱは今帰仁タイプの出土量が最も増加する十三世紀末〜十四世紀初頭に今帰仁タイプとともに琉球諸島にもたらされ始め、さらに今帰仁タイプが姿を消し始める十四世紀前半〜中頃にピークを迎える。これは、新安沖沈船（韓国南西部全羅南道沖）から両者ともに出土していること、博多遺跡群でもⅡ類が十四世紀前半に出現していることからも裏づけられる。以上から生産開始時期はおおむね十三世紀末〜十四世紀初頭（元代初頭〜前半）と考えられる。ただし、Ⅰ類については閩清窯（福建）でこれに先行する製品が確認され、この製品が形態的に十二世紀後半〜十三世紀初めの白磁の系統を引くことから、Ⅱ類に先行して十三世紀後半（南宋末〜元初）には生産が開始されていた可能性が高い。この中にはビロースク遺跡（石垣島）などで出土した内底を輪状釉剝ぎするものも含まれる。十四世紀中頃までに内湾口縁のⅡ類が生産のピークを迎え、同時に外反口縁のⅢ類へと形態を変化させる。

また、十四世紀半ばまでの福建産粗製白磁（今帰仁タイプ、ビロースクタイプⅠ・Ⅱ類）の出土量について新里亮人は次のように述べている。「これらの絶対数は朝貢貿易が開始された十四世紀後半代以降の陶磁器（ビロースクタイプⅢ類、竜泉窯系青磁碗Ⅴ類など）と比べて圧倒的に少ないことから、消費財としての性格を振り払うことはできない。したがって、今帰仁タイプ白磁碗、ビロースクタイプ白磁碗Ⅰ・Ⅱ類が財貨として蓄えられた後、各地へと搬出された状況は想定し難く、これらは琉球列島の人びとが生活用品として積極的に受容した雑器と考えておきたい」（新里、二〇〇九、一五二）。

福建産粗製白磁を指標とする限り、十四世紀前半までは主に消費財の受容のために交易が行われる状況であったと考えられる。それは十四世紀半ば以降の、沖縄諸島を経て北へと奔流のように中国産陶磁器が流通する時代と比較したうえでのこととはいえ、やはり少量である。その一方で、琉球弧が受容した新たな中国産陶磁器をみれば、交易のあり方が転機を迎え、新たな胎動が始まったことは間違いない。

2　元染付「至正様式」の受容

今帰仁タイプ、ビロースクタイプⅠ・Ⅱという福建産粗製白磁碗は琉球弧の交易が新たな時代へと向かう陶磁器として注目すべきものであるが、そのほかにも沖縄諸島の交易のあり方を示す重要な陶磁器に、十四世紀半ば頃に受容される元染付の「至正様式」がある。この「至正様式」は、中国において商品として姿を現わした元染付のなかでも精緻なものとされ、沖縄にも相当数もたらされており、勝連グスク、首里城、今帰仁グスクから、その破片が出土するという（三上、一九八七、二〇八・二一六／亀井、二〇〇一、八六）。染付であれば明代の前半にも生産されているが、「至正様式」[21]となるとやはり十四世紀半ば頃までの景徳鎮の陶磁器であろう。[22]

中国産陶磁器が十四世紀中頃まで大量に出土することがないのは、それまでの沖縄島社会が中国に対して必ずしも大規模な交易を行ってはいなかったことを示していようが、十四世紀中頃以降、商品として生産された優品である元染付の「至正様式」を、限定された場所においてとはいえ受容するようになるのである。

ここで「至正様式」に注目するのは、生産時期と沖縄島への搬入時期に時間差のある場合があるのは承知のうえで、琉球の三山の「王」たちが朝貢を開始する一三七二年以前から中国との間で旺盛な交易が行われていた可能性を考えるためである。詳細は後述する。

五　沖縄島社会の変化と交易の活発化

1　大型グスクの造営時期

福建産粗製白磁の問題は後に改めて取り上げるが、ここでは大型グスクの造営に象徴される沖縄島社会の変化と交易の関係について検討したい。十三世紀後半以降、琉球弧を消費地として、福建産粗製白磁が受容されるようになることはすでに述べたが、ちょうどこの受容のあり方と軌を一にするように沖縄島では大型グスクの造営が始まるからである。

大型グスクの造営過程を詳細に分析、記述している池田榮史によって概観することにしたい（池田、二〇一五、二六七～二七五）。

これまで大型グスクの造営年代は十三世紀代とされてきたが修正が必要である。沖縄島の今帰仁グスク、勝連グスク、座喜味グスク、浦添グスク、島添大里グスク、佐敷上グスクなどの調査に携わった池田は「グスクの萌芽的な構造と考えられる柵列や掘立柱建物が十三世紀代に構築された可能性は否定できないが、グスクの主要な要素である石積みを用いた城壁や儀礼の場と考えられる基壇を持つ礎石建物の出現は、十四世紀代に入って本格化することが明らかである。このことは沖縄諸島において、石垣積みグスクを必要とする社会への移行が十四世紀代に進行することを示している」（池田、二〇一五、二七三）と述べている。池田による主だったグスクの造営年代は84頁の図⑥に示した通りである。柵列や掘立柱建物の建造をもって大型グスクの誕生というならば、広大な丘陵上にある十二世紀代の城久遺跡群（喜界島）にも大型グスクが存在したことになりかねない。

はじめに、もっとも出土資料の多い今帰仁グスクから概観したい。

主郭部分について検出遺構と出土遺物の検討を踏まえた五期区分がなされている。主郭部分第Ⅰ期は地山成形による平場造成が行われ、掘立柱建物（柱穴群から四間×六間の建物と推定されている）

が存在し、この建物を取り囲むように柵列がつくられる十三世紀末〜十四世紀初頭であるという。そして、十四世紀前半から中頃に第Ⅰ期の遺構の上に盛土して、平場を造成した上に翼廊付基壇建物を建造し、平場を囲む乱石積み石垣の城壁（石垣）が設けられる（第Ⅱ期）。第Ⅲ期は第Ⅱ期の遺構を埋めて平場面積を拡張し、礎石建物が建てられた段階で、十四世紀から十五世紀前半に位置づけられている。Ⅳ期以降については省略する。

勝連グスク跡でも五期の変遷が想定されており、第Ⅰ期と第Ⅱ期は勝連グスクが立地する丘陵を居住地として利用していた段階で、それぞれ十二世紀以前と十三世紀代の年代が与えられている。第Ⅲ期は丘陵の整地が行われるとともに城壁の一部が出現した段階で十四世紀代とされる。第Ⅳ期はグスクの構造が完成した段階で、二の郭に基壇をともなう礎石建物が建てられ、一の郭には高麗葺きの建物が建築される。十四世紀代から、文献記録に見られる勝連グスクを居城とした阿麻和利の滅亡（一四五八年）までの年代が想定され、その次の第Ⅴ期は阿麻和利滅亡後の段階で、十五〜十六世紀に位置づけられる。

浦添グスク跡でも五期の変遷がある。第Ⅰ期は本格的な造成工事が行われていない段階で、掘立柱と野面積みの低い石垣があり、年代は十三世紀末から十四世紀初頭とされる。第Ⅱ期は土木工事による大掛かりな整地が行われた段階で、一部の建物は瓦葺き（高麗瓦）となる。十四世紀後半から十五世紀初頭に位置づけられる。第Ⅲ期はグスクの規模が急速に縮小した段階であり、グスク内に設けられた展望所の周辺の平場のみが用いられる。第Ⅳ期は第Ⅲ期の遺構が設けられた平場の周辺にいくつかの構造物が用いられた段階である。第Ⅴ期は十六世紀後半以降に出現する明式瓦が用いられた建築物が設けられた段階で、近代まで継続するという。

首里城の場合、その正殿は五期に分類されている。第Ⅰ期は一部が確認されたのみであるが、十四世紀代に高麗瓦葺きの建物が建てられる。第Ⅱ期は第Ⅰ期の遺構を削平した上に基壇が設けられた段階である。基壇正面の化粧石には火災を受けた跡がみられることから、文献記録に基づき一四五三年の志魯《しろ》・布里《ふり》の戦いの際の火災が想定されているという。第Ⅲ期以降については省略する。

2　大型グスク造営の社会的要因

大型グスクの造営と交易の関係

これらの大型グスクの造営開始時期はいずれも十三世紀末～十四世紀初であり、すでに紹介したように、福建産粗製白磁の今帰仁タイプの受容がピークを迎え、またビロースクタイプⅠとⅡが沖縄諸島に流入しはじめる時期である。両者の間には密接な関係があると考えられる。福建産粗製白磁の受容が沖縄島社会の新たな胎動を意味しているとすれば、その胎動が沖縄島の各地に大型グスクを造営させる原動力になったということである。

しかも、大型グスクの構造化（大規模土木工事による、壮大な城壁や基壇建物の造営など）の最も大きな画期である十四世紀半ば以降は、沖縄島に受容される中国産陶磁器が質、量ともに劇的な変化を遂げる時期である。その大きな理由のひとつは、一三七二年以降、琉球の三山の王たちが明の洪武帝に朝貢を開始したことであることは間違いない。朝貢の開始によって交易が急激に活発になり、大型グスクという十四世紀代の沖縄島社会を象徴する建造物に大きな変化をもたらしたのである。ただ、朝貢貿易の開始以前の元末の混乱期における、琉球の対中国交易の活発化という問題もあり、この点については後述する。

十四世紀半ば以降の急激な交易の質の変化は、言うまでもなく沖縄島の交易者が旺盛に活動した結果と考えられる。しかし、沖縄島側の交易者に注目すると、陶磁器の対価になる物資の調達、受容した陶磁器の流通ルートなど、九州をはじめとする本土地域との間に緊密な関係を持っていなければならなかったはずである。従来の交易のあり方から大きく変化する状況から考えて、沖縄諸島の交易者たちがそうした情報や流通経路をどのように確保したか、その背景を検討する必要がある。

いずれにしても、大型グスクの造営開始は、農耕社会が形成され、それによって余剰が生み出されたことによると簡単には説明できないのである。もちろん、農耕は十四世紀頃までにある程度は進展しただろうが、近世の農耕の実態からみても、また『漂到流球国記』が描写する時代から五十年余りのことであることを考えても、農耕社会論で説明できないことは理解できるであろう。交易による社会の進展をどの程度のものと考えるかが大きな課題になる。

大型グスクの構造化の画期

十四世紀後半以降が大型グスクの構造化されるひとつの画期であるが、各グスクの構造化の過程をみると、十四世紀前半から半ばにかけてもうひとつの画期があることがわかる。かつてこのふたつの画期について、便宜的に、十四世紀前半を「構造化の前期」、十四世紀後半以降を「構造化の後期」と分類したことがある（吉成、二〇一五、七一）。

「構造化の前期」の様相がよくわかるのは、年代がある程度明確にされている今帰仁グスクの場合である。第Ⅱ期（十四世紀前半～半ば）において、第Ⅰ期（十三世紀末～十四世紀初）の遺構の上に盛土をして平場を造成し、そこに翼廊付基壇建物と平場を囲む城壁（石垣）が造営されているのである。そもそも今帰仁グスクでは第Ⅰ期に、すでに地山成形による平場造成が行われており、造営の初期から相応の労働力や財を必要としたと考えられる。

この今帰仁グスクの事例を除いて十四世紀前半に構造化が進んだ事例を提示することはできない。たとえば、勝連グスクでも構造化が完了する第Ⅳ期（十四世紀代～一四五八年）以前の第Ⅲ期（十四世紀代。詳細な時期は不明）に丘陵の整地が行われ、城壁の一部が出現し、構造化の過程でふたつの画期があったのは確かであるが、おおまかな年代しか与えられておらず、これを十四世紀前半とみなすことはできない。

ただ、大型グスク以外に目を向けると、浦添ようどれ内に「癸酉《みずのととり》年高麗瓦匠造」の銘文を持つ瓦を葺いた建物が建築されるのが一三三三年であることから（巻末【補論①】）、この例も一連の十四世紀前半の沖縄社会の変動、活発化の事例に加えることができよう。高麗瓦葺きの建物をつくるには、瓦工はもちろんのこと、建築技術者の渡来も想定する必要がある（高、二〇〇二、五一九）。

今帰仁グスクの「構造化の前期」は福建産粗製白磁のビロースクタイプⅠ・Ⅱが搬入される時期である。

一方、十四世紀前半に浦添ようどれに「癸酉年高麗瓦匠造」の銘のある高麗瓦を使用した瓦葺き建物を造営した浦添グスクの交易者の存在も無視できない。[23]しかし、この浦添ようどれ造営の問題を、福建産粗製白磁を指標とする交易の活発化で説明することは難しい。後述するように、浦添グスクは今帰仁タイプを受容しておらず、またビロースクタイプⅠは一点、Ⅱは七点にすぎないのである（宮城・新里、二〇〇九、八六）。浦添グスクの交易者の性格を説明するためには、十四世紀前半にいち早く高麗瓦を使用していることにみられるように高麗との関係を考える必要がある。しかし、十四世紀前半までの出土遺物からは、どのような関係を持っていたのか判然としない。

なお、沖縄島から出土する高麗瓦、大和瓦ともに名護市北西部付近の土を用いて製作されており（石井、二〇一〇、七三）、いずれの場合も瓦工が渡来したと考えられる。

高麗との関係を考えるうえで、さらに時代が下った時期のことになるが、十四世紀の高麗末期に量産された象嵌青磁が、首里城跡、浦添グスク跡、今帰仁グスク跡などの沖縄島の大型グスクにもたらされている事実にも注意を払う必要がある（赤司、二〇〇七、一一五）。これは、十三世紀〜十四世紀の沖縄島社会の対外交易を考えるうえで、中国、日本のみならず朝鮮にも配慮が必要であることを物語っている。[24]

以上、大型グスクの造営にみられるように、十四世紀前半は沖縄島社会が徐々に変化しはじめ、十四世紀半ば以降はさらに変化の質を変えて劇的に変貌する時期である。今帰仁タイプが受容され始める十三世紀後半はその準備期間というべき時期とみなすことができる。

大型グスクの構造化の画期になる十四世紀中頃は、琉球の中国への朝貢以前に大きな変化があったと考えられる時期である。この時期の想定には理由がある。元染付の「至正様式」が沖縄島に流入していることのほかに、交易に関係していたと考えられる中国人が居住していたこと、一三七二年以降、琉球の三山の「王」たちが明の洪武帝に朝貢を始める初期段階から硫黄や馬が朝貢品になっており、明は朝貢以前から琉球の硫黄や馬を調達できることをすでに把握していたと考えられることなどである。十四世紀の半ばは元末の混乱期であり、黒色火薬の原料になる硫黄は、元にとっても、反元勢力にとっても必需品だったと考えられる。元末には後に明の洪武帝になる朱元璋、一時的にしろ元側に付いた方国珍、張士誠などが反乱を起こし、混乱をきわめていたのである。

3　福建産粗製白磁の受容状況

琉球弧に流通する福建産粗製白磁

十三世紀半ば以降、琉球弧が中国産陶磁器受容の転機を迎え、福建産の粗製白磁碗である今帰仁タイプ、ビロースクタイプが流入するようになるが、その消費地はほぼ琉球弧に限られる。喜界島の城久遺跡群の中の大ウフ遺跡ではビロースクタイプの搬入が多くなり、中国産陶磁器の出土量が多くなる（16頁・図①参照）。中国産陶磁器の全体的受容が増加するのが十四世紀半ば以降であることから考えて、ビロースクタイプⅢが受容の多くの部分を占めていたと考えられる。九州ではF期（十三世紀前半〜十四世紀前半）以降は、中国産陶磁器の消費がやや低調になる時期である。

ここで改めて確認しておきたいのは、十一世紀半ば以降、琉球弧に流通する玉縁白磁碗は博多など九州から南下し、喜界島（城久遺跡群）を経由するかどうかは別にしても、沖縄諸島以南に流通していたのに対し、十三世紀半ば以降の今帰仁タイプは沖縄諸島を北限に、ビロースクタイプは奄美群島を北限に、八重山諸島をほぼ南限としていたことである。しかも、沖縄諸島の方が奄美群島より出土量が圧倒的に多いことから、奄美群島から沖縄諸島へ（喜界島から沖縄島へ）という、明らかな交易の中心の移動をみることができる。

ところで、今帰仁タイプの時期に沖縄諸島以南を、ビロースクタイプの時期に奄美群島以南を交易圏とみなす交易者とはどのような人びとだったのだろうか。この点を明らかにするために、これら両タイプの白磁碗がどのような遺跡で、どの程度の量が出土しているか詳細にみることにしたい。宮城弘樹・新里亮人によれば、福建産粗製白磁の出土状況はおおよそ表①のようになる（宮城・新里、二〇〇九、七三〜八五）。

なお、奄美群島については、その後の城久遺跡群の発掘結果によれば、ビロースクタイプ（一括表記ではあるが、ビロースクタイプⅢと考えられる）は城久遺跡群の二遺跡（大ウフ遺跡、半田遺跡）からそれぞれ四十二点、六点の計四十八点出土している（喜界町教育委員会、二〇一五、四三）。

このような出土状況を宮城・新里は次のようにまとめる。

	今帰仁タイプ	ビロースクタイプⅠ	ビロースクタイプⅡ	ビロースクタイプⅢ
奄美群島	出土しない	1遺跡*（1点）	4遺跡**（24点）	
沖縄諸島	12遺跡（114点）	16遺跡（56点）	50遺跡（338点）	50遺跡（2002点）
宮古諸島	7遺跡（12点）	4遺跡（8点）	8遺跡（30点）	7遺跡（20点）
八重山諸島	12遺跡（51点）	8遺跡（16点）	13遺跡（123点）	7遺跡（115点）

* 徳之島・川峯辻遺跡
** 奄美大島・喜瀬浦遺跡、喜界島・川堀遺跡、徳之島・川峯辻遺跡、沖永良部島・友竿遺跡

表① 琉球弧の各諸島における福建産粗製白磁の受容状況
（宮城・新里、2009、73～85）より作成

第一に、今帰仁タイプは奄美群島では確認されず、沖縄諸島から八重山諸島の遺跡で確認されている、第二に、今帰仁タイプ、ビロースクタイプⅠ・Ⅱ類は宮古・八重山諸島において比較的出土量が多い、第三にビロースクタイプⅢ類の出土は奄美群島、沖縄諸島で増加する一方、先島は相対的に減少の一途をたどる（宮城・新里、二〇〇九、八四）。そのうえで、おおむね次のような見通しを述べる。

①十一世紀から十三世紀中頃まで貿易陶磁の基本的なセットは九州、琉球列島を介して一貫してもたらされていたが、九州ではほとんど出土例のない「今帰仁タイプ」をもって先島諸島、沖縄諸島に独自の貿易陶磁の組み合わせが登場する。

②その特徴的な陶磁器である「今帰仁タイプ」は出土遺跡数、出土量が調査例に比して先島諸島に多い傾向がみられる。

③今帰仁タイプ、ビロースクタイプⅠ類の出土点数は、現状で把握できるのは一〇〇点程度であり、膨大・多量に出土しているとは言えないが、むしろ少ない点数ながら沖縄～八重山において点々と出土している点に特徴がある。[25]

④日本に貿易の拠点あるいは主導権があった貿易システムが転換を遂げたのは、今帰仁タイプ、ビロースクタイプⅠ類が沖縄～先島に運ばれた時代であった。

⑤出土量が安定的になるのはビロースクタイプⅡ類の段階を経て、圧倒的に増加するⅢ類が運ばれる頃であり、この頃に琉球列島の交易状況に大きな変化が起きた。

（宮城・新里、二〇〇九、八四～八五）

ここでは今帰仁タイプ、ビロースクタイプⅠの時期には日本に貿易の拠点や主導権がなくなり、琉球列島に主導権が移ったと考えているようである。

東南アジアにおける福建産粗製白磁の受容

ここでさらに視野を広げて、元の成立にともなう東南アジアの貿易陶磁、特に今帰仁タイプ、ビロースクタイプなどを含む十三世紀～十四世紀の福建産粗製白磁の受容状況を、森本朝子（森本、二〇〇九）にしたがって概観したい。

森本によれば、十三世紀～十四世紀の遺物を出土した遺跡は龍泉窯の青磁、景徳鎮の青花と青白磁、徳化窯の白磁など比較的研究の進んだ遺物を根拠に年代を与えられることが多いが、こうした遺跡で出土しながら報告されない粗製陶磁が多量にあることがわかってきたという。東南アジアでは、十二世紀のある時から広東窯の陶磁はなくなり、代わって福建地方の窯の陶磁がみられるよう

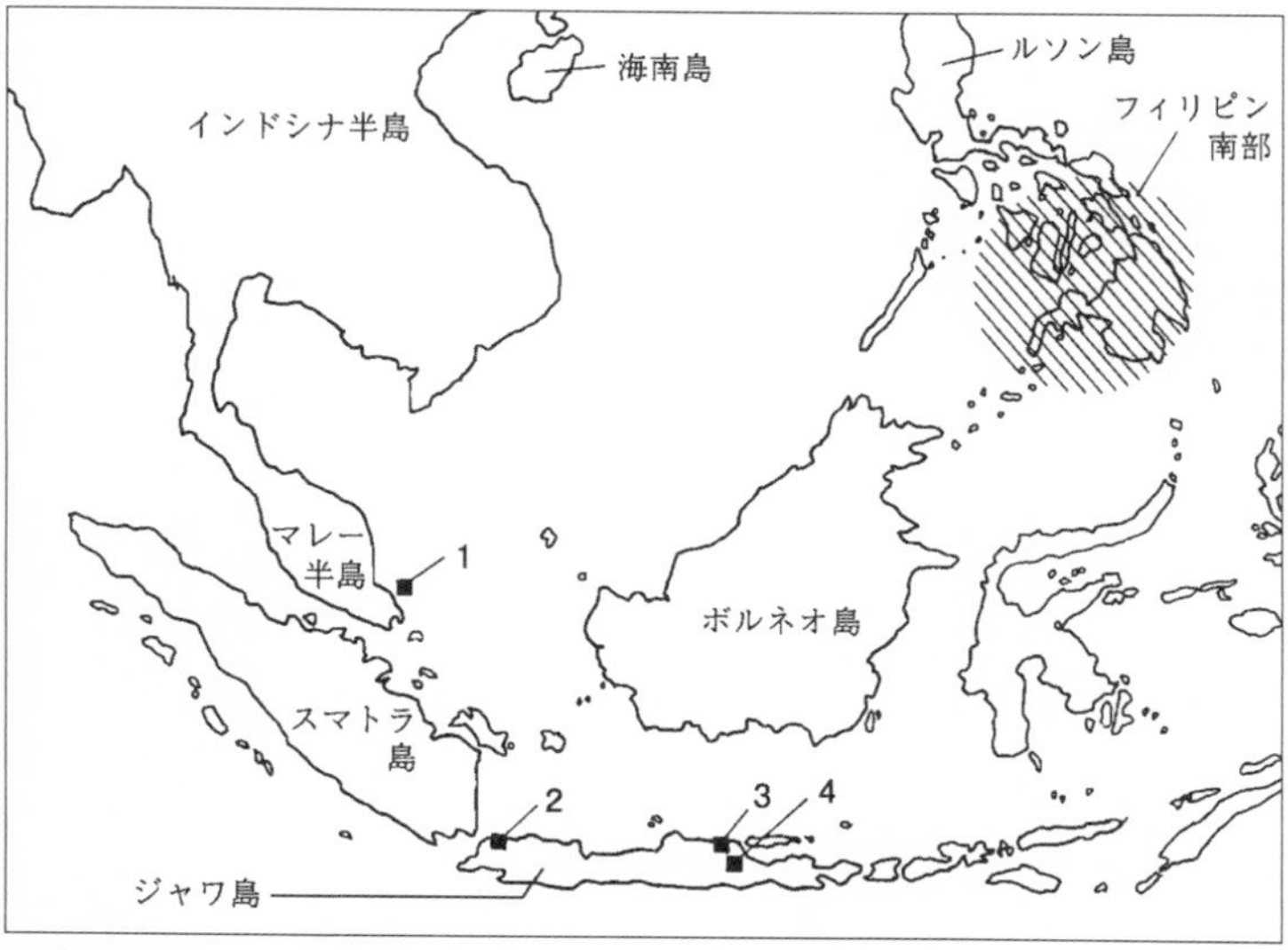

図⑩　東南アジアの福建陶磁出土遺跡図（森本、2009、155）
1：チオマン島　2：バンテンギラン　3：トゥバン　4：トローラン

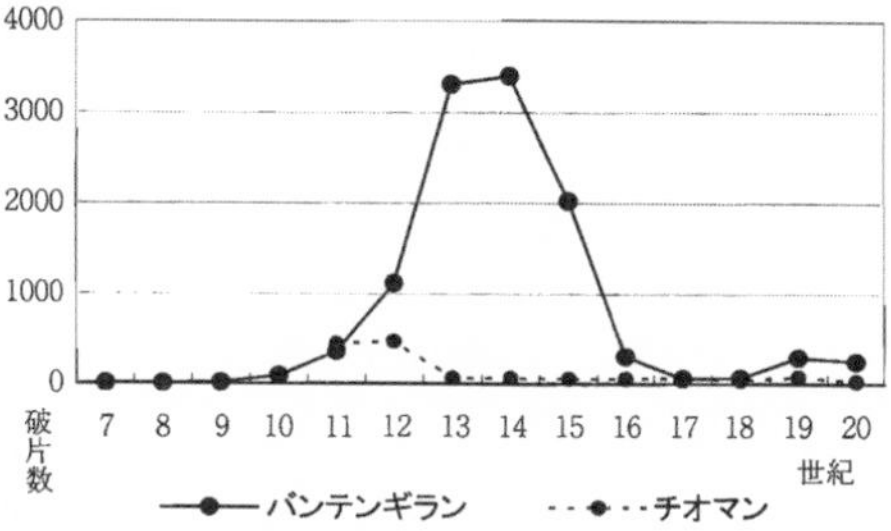

図⑪　バンテンギランとチオマン島における陶磁器出土量の推移（森本、2009、170）

になり、十三、十四世紀には福建産（浦田窯、閩清窯など）がすっかり定着して福建産以外のものは珍しいという状況になる（森本、二〇〇九、一五六）。

そのうえで、森本はインドネシア・ジャワ島のバンテンギラン、トローラン

（マジャパヒト朝の首都であり、その外港がトゥバン）、マレーシア・チオマン島（パハンから三十二キロの洋上にあるマレーシア半島東岸の最大の島）、フィリピン諸島南部の「グーテコレクション」（一九二二〜二五年にアメリカ・ミシガン大学のフィリピン遠征隊が収集した資料。団長はカール・グーテ）の報告書の写真や実見による再検討を行う。

詳細な紹介は省略するが、森本の結論を引用しておきたい（森本、二〇〇九、一六九〜一七二）。

①大航海時代以前の東南アジアにおいては中国産陶磁器の受容は十三、十四世紀に最高潮を迎える。図⑪はバンテンギランとチオマンというある程度数量を割り出すことのできた遺跡の出土数をグラフにしたものであり、バンテンギランは十三、十四世紀にきわめて高い山ができている。チオマンが高い山になっていないのはカンポンジュアラ（島の東側の遺跡）の豊富な遺物が除外されているためである。

②この最高潮に達した時に大きな割合を占めていたのが福建産粗製陶磁である。福建産粗製陶磁についてはごく大まかな年代が与えられていただけであったが、今帰仁タイプとビロースクタイプ、それに前後する龍泉劃花文模倣タイプと莆田窯を取り出してみると（表②）、十三世紀、十四世紀で一括りされた遺物、遺跡を時間的空間的に捉えることができる。バンテンギランの盛期は十四世紀中頃までで、十四世紀後半にはトローラン・トゥバンに繁栄が移ったこと、チオマン島では十三世紀末頃からテルニッパからカンポンジュアラに拠点が移動したこと、フィリピン諸島南

	1. 龍泉劃花文模倣青磁	2. 浦口窯今帰仁タイプ	3. ビロースクタイプⅡ類	4. ビロースクタイプⅢ類	5. 莆田窯
Banten Girang	○○	○○○○○○○○	○		○○
Trowulan			○		○○○○○○○○
Tuban		○○		○	○○○○○
Tioman Teluk Nipah	○○○				
Tioman K. Juara	○	(○○?)○		○類似形あり	(○○○○?)○○
Guthe collection	蓮弁碗模倣からで劃花文なし。同安1あり	(○○?)		類似形各種あり	○○○○○○○○○○○○○他多数

(○＝1個体)

表②　東南アジアの6遺跡における福建産粗製陶磁の有無(森本、2009、171)
1. 龍泉劃花文を模倣した青磁碗:12世紀後半から13世紀
2. 今帰仁タイプ:13世紀後半から14世紀中頃
3. ビロースクタイプⅡ類:13世紀末～14世紀初から14世紀中頃
4. ビロースクタイプⅢ類:14世紀中頃から15世紀前半
5. 莆田窯:今帰仁城跡Ⅴ層(14世紀前半から中頃)から出土が見られる

部では全体に時間が遅れ、十四世紀中頃から本格的に遺物の流入が始まったことなどがわかる。それはまた浦田から莆田への生産地が移動したことを示す。

③原則的に、東南アジアには泉州から、日本へは明州(宋)＝慶元(元)＝明州(明)から出航したとされる時代に、東南アジアと日本で出土遺物が異なるのは当然であるが、一口に東南アジアといっても差異がある。

④東南アジアの六つの遺跡群では、フィリピンを除いて、中国陶磁が十三世紀末頃に突然急激に増える。これは取りも直さず、歴史的変動が起こったことを示しており、それはインドネシア・マレー地方での元寇とマジャパヒト(一二九三～一四七八年)の建国に起因すると思われる地域の再編である。琉球での福建陶磁の出土もこのアジア全体を巻き込んで

の大きな流れの中で起きたもので、琉球の船が直接中国へいったかどうかで終わる問題ではない。

以上の森本の指摘を踏まえて琉球弧の福建産粗製白磁の問題を改めて考えると、東南アジアにおいては、フィリピンを除いて十三世紀末に突然中国陶磁の出土量が増えるのに対し、琉球弧の場合、十三世紀後半から今帰仁タイプが流通するようになるとはいえ急激に出土量が増えるのは十四世紀半ば以降であり、東南アジアに遅れている。しかし、琉球弧でも十三世紀後半から福建産粗製白磁（今帰仁タイプ）が出土し、ビロースクタイプのⅠ・Ⅱが十三世紀末〜十四世紀初以降から十四世紀中頃にかけて出土することから、出土量の多寡はともかく、元の成立にともなって十三世紀代に引き起こされた地域的な変動の波が琉球弧にも及んだとみなすことができる。また、東南アジアでも今帰仁タイプ、ビロースクタイプの出土を確認することができる。

元の通商政策

ここで元の東南アジアにおける動向を簡単に概観しておきたい。

モンゴルは南宋接収後、巨大な海上艦隊を持つ帝国になり、南宋の一五〇年の間に成長してきた造船力と航海技術が、クビライ帝国という目的凝集力のある国家主導型の政権と結びつくことによって人類史上最大の海洋艦隊というかたちになってあらわれる。クビライの大元（一二七一年建国）は南宋国の後継者でもあった。内陸型の軍事政権が、海洋志向型の「生産社会」とリンクして、かつてないかたちを生み出したという（杉山、二〇一〇、二〇〇八）。

「強大なモンゴルによる東南アジアの侵略」も南方遠征を全体として眺めてみると、軍事上よりもむしろ経済上の側面がきわだっており、通商や交易を勧誘したり、海洋による通商ルートとその拠点になる港を確保しようとする動きが多く、艦隊も武装した商船隊に近いという。こうした「遠征」の企画・立案からはじまって、全体的にイスラム商業勢力が目につくという。一二九二年のジャワ遠征の場合、ほとんどムスリム海洋商人主導による貿易船団であり、国家と海上企業がタイアップした貿易振興事業であった。クビライ政権が軍事力をともなうやり方から平和通商を基軸とする関係樹立に転換するのは一二八七年頃からで、クビライ王朝に進貢し、表面上の従属関係、実際上の通商関係を結ぶことがあいついだという。東南アジアの主要港湾都市にはクビライ政権から派遣された貿易事務官が駐在することになった（杉山、二〇一〇、二二四〜二二六）。

元が東南アジアを重視したのは多様な南海物産の生産地だからであろう。その点で、中継貿易中心の琉球弧との大きな違いがあったものと思われる。

六　琉球の貿易システムの転換――中国との交易の開始

1　福建産粗製白磁の搬入ルート

十三世紀後半から十四世紀中頃までの時期の琉球弧に今帰仁タイプやビロースクタイプⅠ・Ⅱの福建産粗製白磁をもたらし、その交易を主導したのはどのような交易者だったのだろうか。ここでふたたび田中克子の研究を参考にしながら検討したい。田中はおおよそ次のような議論を展開している（田中、二〇〇九、一三八〜一四〇）。

①博多遺跡群の出土状況から、今帰仁タイプ、ビロースクタイプ両生産地の製品が日本に輸出され始める宋代に遡って流れを追うと次のようになる。十一世紀後半〜十二世紀前半、博多では膨大な量の福建産白磁が出土する。そのほとんどが閩清窯の製品であるが、これにきわめて類似する浦口窯、南平茶窯の製品も含まれている。十二世紀中〜後半には内底を輪状に釉剝ぎして重ね焼きする焼成方法を採用した製品が出土するようになる。これもまた閩清窯・浦口窯を含めた閩江中下流域から沿海部にかけて広く生産されたものである。十二世紀後半〜十三世紀代にかけては同安・竜泉窯系の青磁が中心になるが、閩清・浦口窯の製品も依然として輸入されている。

②十三世紀後半になるとこうした状況に変化がみられ、博多には十一世紀後半から大量に輸入され、操業も継続している閩清・浦口窯の製品がほぼ入ってこなくなる。この両窯の製品である今帰仁タイプ、ビロースクタイプは琉球諸島で出土するが、博多での出土量は琉球のそれに遠くおよばない。この時期、博多で出土する白磁の主流は「口禿」と呼ばれる伏焼焼成のために口縁の釉を搔き取ったものであり、竜泉窯系青磁とともに日本国内に広く流通した。これらは福建省の閩北

沿海部、あるいは閩南沿海部の製品であり、決して福建産白磁が別の生産地にとってかわられ、輸入されなくなったわけではない。品質的には下手の部類に入るもので、今帰仁タイプ、ビロースクタイプとそれほど変わらない。しかし、円盤高台を持つビロースクタイプの生産地である南平茶洋窯で同時期に生産されていた天目碗はかなりの量が輸入されている。

③つまり、同時期に輸入された製品と同じ生産地域の中にあっても、今帰仁タイプ、ビロースクタイプは需要がなかったために博多向けの輸出品目からふるい落とされた可能性がある。その場合、新安沖沈船のビロースクタイプⅠ・Ⅱはどのように考えればよいのか。乗船員の携行品か、商品として運ばれてきたが需要のない商品だったために、必要とされた琉球にもたらされたのか、現段階では言及できない。

④この問いに何らかの示唆を与えてくれるのは奄美群島の出土状況である。ここでは今帰仁タイプはみられず、ビロースクタイプについては出土しているもののごく少量であり、Ⅲ類の段階になってその数を増すが、それでも沖縄諸島での出土量とは比較にならない少なさで、博多遺跡群の出土状況に似る。

⑤当時の貿易港の博多に荷揚げされた交易品は、その後各地に運ばれるが、琉球列島も例外ではない。琉球列島で出土する貿易陶磁は、九州と琉球列島を取り巻く流通圏の中でもたらされるのが一般的である。実際、琉球列島の出土状況は十三世紀後半以降、朝貢貿易が開始されるまでは今帰仁タイプ、ビロースクタイプを除けば日本本土の内容と大差ない。つまり、琉球列島は朝貢貿

易が始まるまで、依然として博多を中心とする大きな国内流通圏に取り込まれていた。

⑥この流通圏にあって、この二種類のみが博多から沖縄諸島の間にまったくと言っていいほど持ち込まれていないのは、単に需要の問題というよりも、今帰仁タイプ、ビロースクタイプⅠ・Ⅱ類が博多から琉球にいたるルートに最初から含まれていなかったと考える方が妥当ではないか。

⑦ビロースクタイプⅢ類については、沖縄諸島において十四世紀後半〜十五世紀前半に急増することや、津軽半島の十三湊《とさみなと》遺跡にいたるまで日本本土各地に分布している状況は琉球と明との朝貢貿易による結果として理解でき、奄美群島出土のⅢ類も琉球から北上して本土にいたる過程によるものであろう。

⑧すなわち、十三世紀後半を境に、それまで形成されていた九州と琉球列島を繋ぐ大きな国内流通圏とは別に、沖縄諸島から先島諸島をめぐる流通圏が形成され、今帰仁タイプ、ビロースクタイプは、この中で消費された製品と考えるが、他の考古資料も含めて比較・検討する必要がある。

⑨両タイプはどのようにこの流通圏に運ばれたのか。この点を考えるうえで、先島諸島と沖縄諸島の出土状況の違いは重要である。先島諸島の方が相対的に今帰仁タイプ、ビロースクタイプの出土量が多い。中でも今帰仁タイプについては内底を輪状釉剝ぎするもの（古いタイプ）が多く、ビロースクタイプⅠ類にも沖縄諸島では類例のない内底を輪状釉剝ぎするものがある。それぞれの形態変化と年代的な位置づけを前提にすると、先島諸島出土資料には年代的に古いものが多い傾向が窺われる。

⑩逆に、ビロースクタイプⅢ類の出土量をみると、沖縄諸島での突出した状況があり、逆に宮古・八重山諸島では相対的に少ない。これは朝貢貿易により沖縄諸島に持ち込まれたものが周辺地域へと広がった状況を示す。

⑪このように相反する状況を考えると、今帰仁タイプ、ビロースクタイプⅠ・Ⅱは、福建から八重山諸島、さらに沖縄諸島へと北上するルートによって運ばれた可能性は十分に考えられる。

⑫しかし、これが取りも直さず当時の琉球と福建の直接交易に繋がるとは言いがたい。なぜなら、このルートの最終目的地はあくまで「博多」であり、両製品はその途中で琉球列島に受容されたのか、あるいは最終目的地がこの地であったかは、多方面からの立証を必要とするからである。

①〜⑫の議論を概観してみると、今帰仁タイプ、ビロースクタイプⅠ・Ⅱ類の琉球弧への搬入をもって、福建と琉球の間で琉球船の直接的な往来があったとは簡単に言えないことがわかる。田中が最も有力視しているのは、福建から八重山諸島を北上し、沖縄諸島にいたるルートであるが、そのルートにしても最終目的地が博多なのか沖縄諸島なのかの判断には、それを明らかにできる資料が必要であるという。

なお、博多から南下するルートが不振になるのは、後述するように奄美群島の少なくとも北三島（喜界島、奄美大島、徳之島）を含む薩南諸島の島々の多くが、遅くとも十三世紀後半には、北条執権の得宗被官である千竈氏の所領になったことと関係があるかもしれない。奄美群島に今帰仁タイプは出土せず、ビロースクタイプⅠ・Ⅱがわずかしか出土しないことはそのことを示唆しているのではなかろうか。

以上のように今帰仁タイプ、ビロースクタイプⅠ・Ⅱの搬入ルートの問題は簡単ではない。

2 琉球弧を交易圏とみる交易者

田中の議論に異論はないが、この考えを下敷きにして若干、追加的に検討してみたい。前提になるのは、田中の⑤の指摘である。

今帰仁タイプ、ビロースクタイプⅠ・Ⅱのみが琉球弧に搬入され、ほかの陶磁器が博多を中心とする国内流通圏に含まれているとすれば、このふたつのタイプの白磁のみが選ばれ、おもに沖縄諸島～先島諸島の人びとが供給する何かの交換財になったとみなしてよいことになる。

これらの福建産の粗製白磁の搬入ルートの問題を考えるうえで注目したいのは、琉球弧における今帰仁タイプ、ビロースクタイプⅠ・Ⅱの出土状況である。

第一に注目したいのは、発掘調査の規模などを考慮する必要があるものの、琉球弧でこれらの福建産粗製白磁の出土量が多いのは今帰仁グスク跡、今帰仁ムラ跡であることである。今帰仁グスク城跡の主郭、志慶真《しけま》門郭部分の合計で、今帰仁タイプ、ビロースクタイプⅠを合わせた碗と皿が六十八点、ビロースクタイプⅡについては一一六点の出土量である。ちなみに、勝連グスク跡では前者が三点、後者が一点、浦添グスク跡では前者が一点、後者が七点、首里城跡では前者が一点、後者が十九点である（宮城・新里、二〇〇九、八六～八七）。この事実は、十四世紀代に造営が始まる大型グスクの中で、これらの福建産粗製白磁に深く関与していたのは今帰仁グスクだということを示唆する。

沖縄島の北に位置する今帰仁グスクを起点として、今帰仁タイプ、ビロースクタイプⅠ・Ⅱの流通圏を考えてみると、沖縄諸島から八重山諸島までであり、その視線は俯瞰的であり、グスク時代開始期に南北の琉球を同一の交易圏とした人びとの視線と同じである。

第二に注目したいのは、すでに多くの論者によって指摘されているが、沖縄諸島、宮古諸島、八重山諸島にこれらの粗製白磁が点々と広い範囲で出土していることである。ことに宮古・八重山諸島ではビロースクタイプⅡがⅠよりも増加するものの、琉球弧の他の地域とは異なり、Ⅲは逆に減少している。もし福建～八重山・宮古諸島～沖縄諸島（～奄美群島）の直接的な交易が継続的に行われていたのであれば、Ⅲになっても増加するはずである。つまり、十四世紀中頃という琉球弧にとっての対中国貿易との画期に、逆に減少しており、それまでの交易とは性質が異なることを示している（田中⑩⑪）。

十四世紀半ばまでの交易では、沖縄諸島～先島諸島の人びとが供給する何らか物資等の交換財として今帰仁タイプやビロースクタイプⅠ・Ⅱが用いられたと考えられ、これは従来の交易の延長線上にある交易であろう。具体的に言えば今帰仁タイプ、ビロースクタイプⅠ・Ⅱの交換財は南海物産だったのではないかということである。年代の古い今帰仁タイプ、ビロースクタイプⅠ・Ⅱが先島諸島から多く出土するのは、十一世紀代から始まった南海物産を求める対象地域が、沖縄諸島から先島諸島へと大きく重心を移したとみることができる。その場合、南海物産は沖縄諸島からさらに本土地域へと搬出されたことになる。

やがて朝貢品となる硫黄も交換財として可能性があるが、対価になる中国産陶磁器の出土量が少なすぎ、何よりも宮古・八重山諸島との交易で硫黄が対象となるとは考えられない。[26] 宮古諸島、八重山諸島でビロースクタイプⅡが増加するのは南海物産を求める交易の進展を意味しており（～十四世紀中頃）、Ⅲ（十四世紀中頃～）が減少するのはそうした交易の衰退を意味していると理解することができる。

このように考えると、本土地域向けの南海物産の調達は沖縄諸島の交易者の誰かが行っていたことになるが、ここでは福建産粗製白磁の出土量が多い今帰仁グスクの交易者を考えておきたい。こうした交易者が福建産の粗製白磁を調達し、八重山諸島から北上しながら南海物産と交換し、今帰仁に集積し、域外へと搬出したのではないかと思われる。今帰仁グスクの交易者が独自に福建で白磁を調達したために博多からもたらされる陶磁器とは異なる種類のものが流入するようになったのではなかろうか。南海物産の本土地域（あるいは朝鮮半島）の需要に対応した琉球側の交易だったとすれば、ここではやはり交易の主導権を握っていたのは琉球ではなかったことになる。[27]

今帰仁グスクと同じように、十四世紀代に造営され始める浦添グスク、首里城、勝連グスクなどからは、これらの白磁はほとんど出土しておらず、これらの交易者たちは右の交易にはほとんど主体的には関与していなかったと考えるほかない。これらのグスクでどのような交易を行っていたのかはわからないが、沖縄島から中国に向かう海上交通路の存在を考えれば、中国ばかりではなく、日本、朝鮮との関係も考える必要がある。

沖縄島と福建を結ぶ航路は、やがて十四世紀半ば頃の元末の動乱期から活況を呈するようになる「肥後高瀬〜薩摩〜沖縄島〜福建」を結ぶ「南島路」へと発展する[28]（榎本、二〇一〇）。もっとも九州から沖縄諸島を経て中国に向かう交通路は遣唐使の時代から利用されていたのであり、九州の起点はどこかという点は別にして、恒常的に利用されるようになるのがこの時期ということであろう。

榎本渉は、中国の元明交代期頃以降の入元僧、入明僧の渡海ルートについて、博多〜明州（大洋路）のほかに「南島路」が何例も確認でき、琉球が東シナ海交通のメインルートに浮かび上がったことを意味すると述べる[29]（榎本、二〇一〇）。

結局、十三世紀後半以降から十四世紀中頃までの東アジア、東南アジアの貿易システムの転換は巨視的に見れば、元（大元）の成立による地域変動、地域再編の衝撃によるものと考えられる。すでに述べたように、琉球弧にその余波が及び、新たな交易の胎動を促進したということになる。対中交易に関して言えば、東南アジア諸国（フィリピンを除く）は琉球に先行して活発になり、琉球の対中貿易は東南アジアに百年ほど遅れて繁栄することになるのである。

3　奄美群島の交易の制約——「千竈家文書」から

「千竈家文書」とは、一三〇六年四月十四日、薩摩国河辺郡の地頭代官である千竈時家が、所領の相続に際して作成した財産譲与（処分）状である。この河辺郡は、鎌倉幕府の執権北条氏の所領（得宗領）であり、その所領の中心となる薩摩国河辺郡には奄美諸島の島嶼地域が含まれているのである。千竈氏とは、尾張国千竈郷を本貫とする御家人の出身で、いつのころからか北条執権の得宗の被官となり、得宗領薩摩国河辺郡の地頭代官兼郡司となって下向した武家だという。

「処分状」による所領の相続人は、男子三人、女子二人、配偶者二人である。島嶼地域に限ってみると、長男貞泰には「くち五嶋、わさのしま、きかいかしま、大しま」を、次男経家には「ゑらふのしま」を、三男熊夜叉丸には「七嶋」を、長女姫熊には「とくのしま」を、次女弥熊には「やくのしまのしものこおり」を譲与することになっている。

村井章介は、これらの島々を相続させることの意味について、「それは島内の土地の領有よりは、島を拠点に営まれる交易の富にあったのではないか。島々の位置から考えて、その交易ルートは琉球へつながり、さらには中国や東南アジア方面まで延びていくことは確実であろう。（中略）周縁に生きる者にとっては経済活動でつながる相続財産だったのである」（村井、二〇一九、八九）と述べる。

一三三三年に北条権力が倒れた後も、千竈氏は（東の安東氏とともに）例外として中世後期を生き抜いたが、それは境界空間にいて境外との交易による権益を存立基盤としていたため、主人の庇護がなくなってもすべてを失うことがなかったためだという（村井、二〇一九、八四）。とはいえ、北条氏の滅亡で千竈氏の勢力は大きくそがれ、「十二島地頭職」を確保する島津氏が西の境界で大きく勢力を回復することになり、一三六三年の島津貞久譲状には「河辺郡／同拾弐嶋、此外五嶋」とあるという。「此外五嶋」には喜界島、大島、徳之島のほか沖永良部、与論島が加わる可能性が高く、そうだとすれば千竈氏の時代よりもさらに沖縄島の直前まで延びていたことになるという（村井、二〇一九、八四）。

「千竈家文書」にみるように、一三〇六年の相続の段階で奄美の北三島（喜界島、大島、徳之島）が千竈氏の相続の対象になっていたことから、遅くとも十三世紀後半には千竈氏の所領になっていたものと考えられる。十三世紀後半は、中国産陶磁器を指標にみる限り、九州でもその受容が落ち込む時期であり、また喜界島の城久遺跡群においても十二世紀後半からの低迷期に入っていた時代である。そして、城久遺跡群ではG期（十四世紀初～十五世紀前半）以降にやや復活することになる。これらが千竈氏の所領になることと関係があるならば、奄美群島の交易は十四世紀半ば以降（この時代は島津氏の所領）の琉球の朝貢貿易によると思われる復活にとどまっており、今帰仁タイプやビロースクタイプⅠ・Ⅱの分布にみられるように、むしろ沖縄諸島以南との間に断絶がみられるようになっていると考えられるのである。

ただし、徳之島で生産されたカムィヤキは、中国産陶磁器にとってかわられる十四世紀代まで琉球弧に流通しており、この交易の利権を千竈氏が持っていたとすれば、その収益を得ることはできたということになる。◉30

七　琉球を舞台とする私貿易

1　元末の混乱——私貿易の条件

琉球が明の洪武帝の招諭を受け入れて朝貢を開始するようになる前の十四世紀中頃から、沖縄島の交易者たちが元末の諸勢力との間で積極的な貿易を展開していたというのが本書の立場である。改めて、その根拠を掲げておきたい。

元末の沖縄島

①『明実録』一四一一年（永楽九）の記事に「又言、（長史・程）復饒州人。輔祖察度四十余年、勤誠不懈。今年八十有一。請命致仕、還其郷。従之。」とする一文があり、「輔祖察度四十余年」とあることから、程復は一三五〇年代には沖縄島に居留していたことになる。察度が薨去するのは洪武二十八年（一三九五）である（『中山世譜』）。なお、察度名義での朝貢（実際の朝貢主体は武寧と考えられる）は一四〇三年（永楽元）まで行われており、かりにここまでを「輔祖察度四十余年」とみても、元末の一三六〇年頃には琉球に居留していたことになる。こうした元末の琉球における中国人の存在は、中国との貿易において重要な役割を果たしていたと考えられる。

②沖縄島の大型グスクから元染付の「至正様式」が出土しており、元末に琉球にもたらされた可能性がある。「至正様式」が出土するのは勝連グスク、首里城、今帰仁グスクなどである。
③琉球国中山王察度が一三七二年（洪武五）にはじめての朝貢をするが、この時の朝貢品は「方物」としかわからないが、二年後の一三七四年（洪武七）には馬が朝貢品になり、さらに一三七七年（洪武十）には馬十六匹、硫黄一千斤が朝貢品になっている。この前年の記事（一三七六年）には「刑部侍郎李浩、還自琉球、市馬四十匹硫黄五千斤」とあり、琉球で馬と硫黄を購入して帰ったことがわかる。このように、朝貢の初期の段階で馬と硫黄が朝貢品となり、また琉球で馬と硫黄を購入しているということは、中国側が、それ以前から琉球が馬と硫黄を調達できることを把握していたと考えられる。

③の点を明らかにするために、元末の動乱がどのような様相を呈していたかについて触れておきたい。

元末動乱期の様相

はじめに元末の沿海部の状況を榎本渉（榎本、二〇一〇）によって簡単に把握しておく（図⑫）。元を滅亡に追い込むことになる紅巾の乱が一三五一年に勃発し、以後江南の各地で群雄が割拠する元末の内乱時代を迎えることになるが、紅巾の乱以前に内乱の先駆けになる方国珍の乱が一三四八年に起きる。方国珍の乱の舞台は台州黄巌県であるが、この乱の特徴は海に面した黄巌の地の利を生かし、海上で大いに活動したことにある。この乱の蜂起のきっかけも、誣告によって黄巌の海賊との関係が疑われたことにあり、後に朱元璋に降伏した後も、その残党が倭寇と組んで海上を荒らしていると噂されたが、これらのことは方国珍と海の密接な関係を示している。方国珍は一三五一年に舟山を、一三五五年には明州を制圧している（榎本、二〇一〇、二〇一一〜二〇一二）。

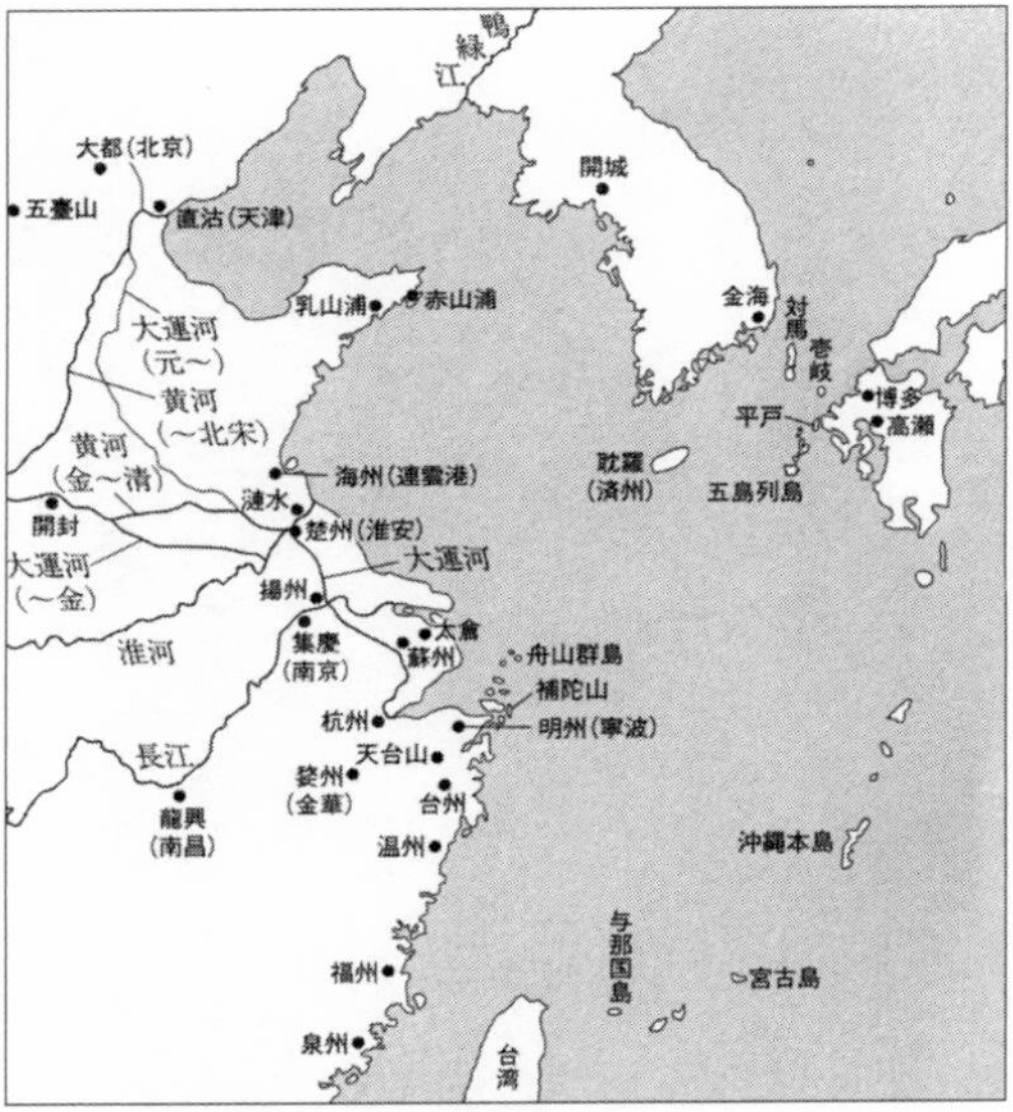

図⑫　元末動乱の舞台（榎本、2010、巻頭）

その後、「蘇州太倉」（崑山劉家港）も群雄のひとりである張士誠によって一三五二年に襲撃を受け、一三五六年に制圧されている。方国珍も張士誠も元と対立し軍事行動を繰り返していたが、やがて元はかれらの勢力を認めて懐柔し、現地の支配を委ねることにし、方国珍は一三五六年に、張士誠は一三五七年に帰順したという（張士誠は数年で再離反する）（榎本、二〇一〇、二〇一三）。

明州は博多との間を結ぶ主要な航路（大洋路）として利用されていた。この明州が方国珍に制圧されたこともあり、南島路が大洋路とともに積極的に利用されるようになる。

後の洪武帝になる朱元璋が紅巾軍に身を投じたのは一三五二年であり、やがて軍を率いて南方に向かい、すでに一三五六年には長江を渡って集慶(南京)を占拠し、応天府と名づけて根拠地とした。朱元璋の軍団は近接する江蘇、安徽、浙江地方の攻略にかかり、その勢力範囲は拡大・強化され、財政基盤も次第に確立する。なお強力な軍隊を擁する元朝が存在したが、張士誠滅亡の翌一三六八年正月、朱元璋は応天府で皇帝即位の式をあげ、国号を大明と定め、年号を洪武とした。明の北伐軍は、洪武帝即位後ほどなく大都(北京)を占領し(一三六八年八月)、元朝の夏の都である上都も陥れた。北伐と並行して華南方面の作戦を進め、征南将軍・湯和の率いる一軍は浙江の方国珍を征服して福建地方を攻め、次いで四川は一三七一年に、雲南地方の残党は一三八二年には滅んだという(愛宕・寺田、一九九八、二六三〜二六五・二七四〜二七五)。

元末明初の中国内の混乱に乗じて海賊、倭寇が活躍することになるが、元末の東南沿海では張士誠・方国珍などの軍閥勢力が割拠し、明朝成立後も張士誠・方国珍の残党が倭寇勢力に結びついて活動していた。また、内陸辺境では北元をはじめとするモンゴル系政権との抗争が続き、国内にもモンゴル人やムスリムが残存していたという(中島、二〇一一b、一一)。

元末、明初の混乱に関連して済州島の問題にも簡単に触れておきたい。以下は蔭木原洋(蔭木、一九九八)による。

元の世祖クビライは済州島（耽羅）を支配下に置く前から、「世祖、既に高麗を臣服す。耽羅を以て南宋・日本の衝要と為し、亦た意を注ぐ」（『元史』巻二〇八・列伝第九十五）、つまり済州島は南宋攻略、対日本遠征上の重要な拠点と考えていたという。また、明を建国した洪武帝にとっても、元を漠北に追いやった後も、済州島は元朝同様に外交政策上でも、北元、特に納哈出《ナガチュ》討伐の馬を獲得するうえでも、また海上に逃れた方国珍、張士誠の残党を倒すうえでも重要な島であった（藤木、一九九八、一八）。

一二七三年の三別抄の乱（三別抄は高麗王朝の軍隊。元に抵抗するが済州島で滅ぶ）の平定後、済州島には耽羅国招討司（後の達魯花赤総督府）が設置され、元の直轄領に入り、兵千七百人が置かれたが、そののちも日本遠征に備えてモンゴル兵は増加していった。済州島は高麗に還属されたり、再び元の支配下に入ったりした。一三〇五年以後は高麗の支配下にあったが、完全に高麗に服属したわけではなかった。元が直轄地にする以前から済州島には牧があったが、本格的な馬の放牧はクビライの命によって始められ、その牧養は済州島が高麗に還属されてもモンゴル遺民があたったという。済州島が倭寇の根拠地のひとつであり、また馬の供給地であったことはよく知られているが、このモンゴル遺民と倭寇の関係は深かったという。その例として、『高麗史』（巻四十一、恭愍王十六年二月癸亥）に、金庾に追われた倭寇が済州島に逃げ込んだ時に、済州島のモンゴル遺民が金庾と戦ったとする記事があり、また『高麗史』（恭愍王二十一年九月壬戌）にある洪武帝の親諭として、済州島が倭寇によって縦横劫掠され、浜海の人民は避怕逃竄して倭寇を鎮圧することは不可能であり、済州島の牧子等（モンゴル遺民）が倭寇と一緒になれば勦捕することはもっと困難になるとあるという（蔭木、一九九八、二一）。

蔭木は、倭寇として有名な、李成桂と戦った容姿端麗で驍勇無比な十五～六歳の大将・阿只抜都《アキバツ》について、「阿只」は朝鮮語で「幼児」を、「抜都」はモンゴル語で「勇敢無敵の士」を表すが、従来、日本人とされてきたこの人物のニックネームは高麗軍が付けたのであるから、朝鮮語だけのニックネームでよいはずで、二カ国語から成る造語にしたのは、高麗に属し、モンゴル系である人物、すなわち済州島のモンゴル遺民だからではないかという。李成桂が彼を討った後、千六百匹もの倭寇の馬を獲得したというのも済州島のモンゴル遺民だったからではないかとしている（蔭木、一九九八、二八）。

モンゴル遺民が倭寇などの海上勢力と結びつきながら活動していたことに注目しておきたい。こうした元末・明初の動乱期に倭寇などの海上勢力が活動を活発化させるのである。

2　私貿易と倭寇

硫黄の重要性

火薬は道家による練丹術の中で唐代後半に発明されていたが、宋代に入ると火薬の兵器への利用が拡大し、硫黄の需要が急増することになったという（山内、二〇〇九、一九～二〇）。火薬は「黒色火薬」であり、硝石、硫黄、木炭粉を原料とする。硝石は自国で賄えたが、硫黄は火山地帯で産出されるため、北宋の時代も、南宋の時代も自国外へ依存せざるを得なかったのである。元代以降においてもその事情は変わらない。

元代後期（十三世紀末〜十四世紀中期）には銅製の「銃筒」が製作され、中国各地から出土しているが、これは全長二十六〜四十四センチ、口径二十三〜三十ミリの、後部の薬室に火薬をつめて弾丸や矢を発射する携帯用の「手銃」であるという。十三世紀末にはその前段階の、銅製の筒に火薬をつめて、弾丸や矢を発射する管型火器「碗口銃」が出現している。これらの武器はおもに城塞都市の攻防戦や、水上での軍船の攻防に用いられたという。やがて、元末には各地で割拠した軍閥勢力も火器を用い、朱元璋が長江で対抗勢力を破り、モンゴル軍を華北から駆逐し、明が中国を統一するうえで大きな役割を果たしたという（中島、二〇一一b、三〜四）。

また、一三〇九年、明州の役人が貿易に来た島夷（日本人）から財物を奪おうとしたので、怒った島夷が持ってきた硫黄で城中に放火し、これが燃え広がって大被害になったという（榎本、二〇一〇、一七三〜一七四）。「碗口銃」や「銃筒」のほかに、武器として多様な使用法があったことは間違いない。

朝貢開始以前の琉球の私貿易

沖縄島の状況を考えてみても、元末の動乱期において琉球が硫黄鳥島産の硫黄を中国に輸出していなかったとは考えにくい。しかし、この輸出が後に明を建国し、洪武帝になる朱元璋の側にのみ渡ったとは考えられず、元軍、方国珍、張士誠などの諸勢力や海上勢力にも渡ったと考えられる。

さらに硫黄に関連して言えば、明州が方国珍によって制圧され、大洋路が従来のように利用できなかったとすれば、日本の商船は南島路を利用したはずであり、硫黄島（鹿児島）などの硫黄も南島路を経由して福建まで運ばれてきたのではないかと考えられる。つまり、沖縄島の那覇港などが中国へと向かう航路の中継地として利用されたのではないかということである。この南島路は「肥後高瀬～薩摩～琉球～福建」を結ぶ交易路であるが、元末のこの時期は南北朝の動乱期であり、特に九州は南朝方の征西府を率いる懐良《かねよし》親王が一三六一年に大宰府を制圧するなど絶頂期にあった。九州における南島路の航路にあたる九州西岸地域は肥後の菊池氏をはじめ南朝方の勢力が強く、また倭寇に身を投じる者たちの多い地域であった。

懐良親王も関係する林賢・胡惟庸事件[31]は、火薬や日本刀の明への密輸があったことを示唆する。この事件はでっち上げとする見方があるが（橋本、二〇一三）、たとえそうであっても火薬や日本刀が反明勢力に密輸されたとしてもおかしくない状況であったことを示すものである。硫黄または火薬の輸出（密輸）という点のみに注目すれば、元末においても状況は同じであろう。

馬についても、特に反元勢力にとっては欠かすことのできない軍需品であったはずであり、琉球がその供給地としての役割を果たしていたことは、沖縄で「古代の祭祀共同体」で「同族的集団」と考えられている「マキ」「マキヨ」が、「牧」に由来する言葉ではないかとする大林太良の指摘（大林、一九九五、一一三～一一四）を踏まえて検討したことがある（吉成、二〇一五、一〇三～一〇六）。

以上のように、元末の動乱期と九州の南北朝の動乱期の状況をみると、沖縄島が硫黄の供給地またた中継地になり、さらには馬の供給地になったと考えられる。朝貢開始以前から沖縄島は貿易・密輸によって活況を呈しており、元染付の「至正様式」などの優品を含む夥しい量の中国産陶磁器が出土するのは、こうした事情によるものであろう。

こうした議論は憶測の段階にとどまるが、琉球が朝貢開始以前に倭寇的な活動をしていたことを示唆する史料があり、後に改めて述べることにしたい。

琉球の私貿易の担い手

ここで考えなければならないのは、十四世紀中頃までの受容の様相とは異なり、中国産陶磁器が沖縄諸島から本土地域へと北に奔流のように流通するようになるが、誰がその担い手になったかという問題である。十四世紀中頃までの中国産陶磁器（福建産粗製白磁）は、琉球船が福建で入手したとしても、その流通範囲は奄美群島を含みつつ沖縄諸島から八重山諸島までであり、まったくスケールが異なるのである。沖縄諸島以外の交易者を想定しなければ説明することはできない。

ひとつの事例として考えてみたいのは勝連グスクの場合である。勝連グスクは琉球の三山が朝貢を開始した後も朝貢主体になっている事実はなく、また十四世紀中頃までの福建産粗製白磁の受容もきわめてわずかであり、積極的に関与していなかったと考えられるからである。

勝連グスクの中国産陶磁器について亀井明徳は、他のグスクと比較して大量で良質の陶磁器が出土していること、勝連の陶磁器受容の上限は十四世紀中葉であること、十四世紀前半に生産が開始された元様式青花白磁の優品を勝連が受容していることなどを踏まえて「勝連城は、中国陶磁の受容の前史を持つことはなく、突然、しかも爆発的に大量の優品を受けいれる形をとっているといえよう」（亀井、一九八六、三八〇）と述べている。十四世紀中葉以降、突然、勝連グスクを舞台に中国産陶磁器の交易に携わった人物が登場したことを示している。

勝連グスクは阿麻和利《あまわり》（?～一四五八年）の居城として知られているが、伊波普猷は阿麻和利が城主になる以前、茂知附《もちづき》按司が城主であったが、この「茂知附」は「望月氏」という日本人の子孫らしいと述べている（伊波、一九七四）。勝連グスクは、十四世紀代（第Ⅲ期。詳しい年代は不明）に丘陵の整地が行われるとともに城壁の一部が出現したとされる（84頁・図⑥参照）。

勝連グスクの城主が明へ朝貢貿易を行っていなかったとすれば、私貿易を行った交易者であったと考えられる。また、「望月」按司という名称に注目すれば、日本にゆかりの交易者と考えられる。こうした日本商人であれば九州、本土地域へと流通ルートを確保することも可能である。

勝連グスクはすでに取り上げてきた元染付の「至正様式」が出土しており、朝貢以前から中国産陶磁器を受容していたと考えられる。もし勝連グスクが十四世紀中頃に中国との間で硫黄などの私貿易を行っていたとすれば、ほかの大型グスクについても朝貢以前に対中国貿易を開始した可能性を考えるべきであろう。

なお、『海東諸国紀』には「琉球国中山王二男賀通連寓鎮」と称する人物が「予の兄が今年亡くなったので予始めて通聘す」(一四一八年)という記事があるが、伊波普猷は「賀通連が使節と称して嘘をついたことは言ふまでもなく、多分は勝連城主」(伊波、一九七四、四七四)とする。これと同一とみられる人物が一四一八年に朝鮮に人を遣わし、青磁器十事、青磁花瓶一口などを献上し、人を貢した記事がある(『朝鮮王朝実録』)。亀井明徳は、勝連グスクの中国陶磁の受容史や『朝鮮王朝実録』の記事を踏まえて「勝連按司が対明貿易によって得た青磁を、琉球各地はもとより、薩南から博多、そして朝鮮まで交易を企てていたことは十分に推察できる」(亀井、一九九三、三三)と述べる。

こうした短期間ではあるが沖縄島を拠点とする交易者たちの旺盛な活動を経て、のちの「三山」の「王」たちを朝貢主体とする朝貢貿易の時代を迎えたと考えられる。ただ、朝貢開始後はもちろん、それ以前にも私貿易をめぐる主導権争いが行われたのではなかろうか。たとえば、正史によれば英祖王が一二六〇年に即位してから五代目の西威王の時代に英祖王統は滅び、一三五〇年に琉球で最初に中国に朝貢することになる察度王統の初代の王察度が即位するのである。この中山王統の交代劇などは、背景に私貿易をめぐる争いがあったとすれば理解しやすい。察度に仕えた中国人程復は朝貢以前から沖縄島に居住しており、こうした私貿易に大きな役目を果たしたと考えられる。

私貿易段階で倭寇は関与したか

いまひとつ私貿易段階で考えておきたいのは倭寇の問題である。倭寇は私貿易段階のみで生じる問題ではないが、元末の時点で活動が活発化して、明初に引き継がれていったと考えられる。ここでは倭寇が沖縄島を拠点にしていた可能性について検討するが、詳細は三山時代を論じる際に改めて取り上げる。

第一に、一般論として言えば、倭寇の発生は社会の動乱に要因があり、他方、倭寇に侵攻される側からみれば社会的混乱が倭寇を誘引するということである。

十四世紀中頃の倭寇の活発化の根底的な要因は九州の軍事情勢の一変にあり、一三七〇年に九州探題になった今川了俊は一三七二年に南朝の拠点である大宰府を陥れるが、南朝側の征西府も筑後高良山《こうらさん》、肥後菊池と後退しつつも根強く抵抗し、九州全域を巻き込んだ戦乱が一三八〇年代まで続いた。こうした混乱が、高麗に渡って狼藉を致す「悪党人」をはびこらせた。一見朝鮮半島と縁遠くみえる大隅にさえ倭寇を働く者がいたという（『禰寝文書』永徳元年〔一三八一〕八月六日室町幕府御教書）（村井、一九八八、三二〇）。南北朝時代の九州には、その動乱によって倭寇を発生させる土壌が十分に準備されていたことになる。

一方、中国では紅巾の乱が一三五一年に勃発し、以後江南の各地で群雄が割拠する元末の内乱時代を迎えるが、紅巾の乱以前に内乱の先駆けになる方国珍の乱が一三四八年に起きる。台州黄巌県が舞台であるが、この乱の特徴は海に面した地の利を生かし、海上で大いに活動したことにあった。方国珍も張士誠も敗北後にその残党が倭寇などの海上勢力と結びついて中国の東南海沿岸で活動したことはすでに述べた。

こうした状況の中で博多との間を明州に制圧されたこともあり、大洋路とともに、肥後高瀬〜薩摩〜琉球〜福建を結ぶ南島路が利用され、その過程で沖縄島が中継地として重要な役割を果たすことになる。九州の北部、西部地域を温床として発生した倭寇勢力がこの南島路の要とも言える沖縄島を格好の舞台としたことは十分に考えられる。従来、高麗に侵攻する倭寇と中国の東南沿海地域に侵攻する倭寇は切り離してとらえられてきたが、こうした状況を考えれば、その一部においてはもともとの出自が重なり合う勢力だったのではなかろうか。十四世紀中頃以降、旺盛な貿易が行われたとすれば、沖縄島において果たして倭寇が無縁だったと言えるだろうか。

第二に注目したいのは、十五世紀前半には那覇に奴隷市場が存在していたと考えられ（田中、一九七五）、十四世紀後半には琉球には倭寇に掠奪された朝鮮被虜人が存在していたことである。一三八九年に、中山王察度が高麗王に朝鮮被虜人を送還し、さらに高麗から朝鮮王朝にかわった一三九二年に察度は被虜の男女八人、一三九四年には被虜の男女十二人、一三九七年には被虜人および漂着人の九人をたて続けに送還している。そして、一四一六年、朝鮮王朝からはじめて琉球に使者李芸が送られるが、その役割は、倭寇によって被虜人となって琉球国に転売された多くの朝鮮の人びとを連れ帰ることであった（『朝鮮王朝実録』）。

一三八九年の段階ですでに、倭寇が高麗で掠奪したと考えられる被虜人を中山王察度が使者玉之《うっち》を派遣して送還しているのである。これは日本の商人などから「財」として察度が買い取ったものであろうが、倭寇や日本商人などを媒介にして、高麗と琉球を結んだ売買ルート（あるいは奴隷市場）が成立していることを知ることができる。しかし、そもそも倭寇の拠点である日本から高麗や朝鮮王朝に朝鮮被虜人を送還したというのであればわかりやすいが、琉球国中山王である察度が、国交を結ぶために高麗や朝鮮王朝に朝鮮被虜人を送還したのはなぜだろうか。高麗、朝鮮王朝にとってもっとも貴重な「財」と考えられたためだとしても、当然のように朝鮮被虜人を琉球から受け取っているのは、琉球には朝鮮被虜人が存在していることを認識しているからであろう。

一三六八年（洪武元）に明が建国されると、洪武帝は使者の楊載を南朝方の懐良親王のもとに送り、倭寇禁圧を強く求めるとともに（一三六九年）、懐良親王を「日本国王良懐」として冊封した（一三七二年）。洪武帝から「日本国王良懐」として冊封されたのは、倭寇の大根拠地とされた九州北部地域を勢力下に置く懐良親王が倭寇を禁圧する実力を持っていると考えられたためである（村井、一九八八、二四七）。また、懐良親王の征西府は倭寇勢力を軍事力の一部に組織していたという（村井、一九八八、二八八）。一三六〇年代後半は南朝の勢力の最盛期であった。明初の段階で洪武帝が倭寇禁圧を懐良親王に強く求めていることから、一三六〇年代後半には中国沿海で倭寇が猖獗をきわめており、それを鎮圧できるのは倭寇の本拠地である九州を支配下におき、その倭寇の一部をも傘下におさめていた懐良親王であることを、明が理解していることを知ることができる。

明の洪武帝は懐良親王に倭寇禁圧を求めるが埒があかないことから、路線を変更し、琉球に矛先を向けることになる。

八　「三山」の実体と覇権争い

1　三山時代を考える前提――明の対倭寇政策

「日本国王良懐」

一三六九年（洪武二）、洪武帝は使者楊載らを懐良親王に派遣し、招諭するとともに倭寇禁圧を求めるが、懐良親王は一行七人のうち五人を殺害し、楊載と呉文華のふたりは三カ月の拘留のすえ帰国したという。さらに翌年、趙秩と楊載が派遣され、ここでは懐良親王は趙秩の求めに屈して入貢することになり、祖来一行を趙秩らに同行させ明都にいたった。これにこたえて、洪武帝は答使として仲猷祖闡・無逸克勤ら八人に「日本国王良懐」に賜うべき「大統暦及文綺紗羅」を託して日本に派遣し（洪武四年十月癸巳条）、一三七二年（洪武五）五月二十日に翁州（舟山諸島の地名）を出帆し、五日にして博多に到着した。この時の博多は今川了俊の勢力下にあり、明使は了俊によって聖福寺にとめおかれたが、八月になると了俊は大宰府をも陥れ、征西府を高良山に走らせた。結局、明使は日本国王への大統暦手交という任務を果たせなかったのである（村井、一九八八、二四〇～二四二）。しかし、洪武帝は「日本国王良懐」（懐良親王）を冊封したのであり、その方針はかわることはなかった。

こうした状況の中で、一三七二年（洪武五）正月に洪武帝は楊載を琉球に派遣し、招諭したのである。その招諭にこたえて中山王察度はその弟の泰期を使者として十二月に進貢し、一三八〇年（洪武十三）には山南王承察度、一三八三年（洪武十六）には山北王怕尼芝が進貢することになる。

明の洪武帝によって招諭されたのは日本や琉球ばかりではなかったが、この背景には倭寇の猖獗に悩む明の海洋政策があった。つまり、明が中国沿海民を海上の反権力集団（特に倭寇）から切りはなそうとして、その下海および海外渡航を禁止する海禁政策をとったのである。また、海禁政策とともに重要な政策は、明を中心とする朝貢体制の確立である。これによって明が各国の国王と認めた名義以外の船舶の入港を認めず、朝貢船に限って認めることになる。私貿易を禁止し、倭寇的活動を抑え込むためであった。そうした朝貢体制の中に琉球は組み込まれることになるのである。

琉球への優遇策

そうした体制の中に入った琉球に対して、明の洪武帝は破格の優遇策をもってのぞむことになる。明の琉球に対する優遇策には次のようなものがあった（岡本、二〇一〇）。

①「朝貢不時」……洪武帝の周辺諸国への招諭の結果、明へ派遣される朝貢使節の往来があまりにも頻繁になったため、一三七二年（洪武五）十月以降、三年一貢を原則とした。しかし、この直後の同年十二月から明に朝貢した琉球に対しては三年一貢を命じた形跡はなく、洪武末年の洪武

帝の意向を反映した『皇明祖訓』には、琉球に対して「朝貢不時」と明記されている。他の朝貢国に対する態度と比較すると「特例」であった。

②海船の賜与……明から琉球に対して多くの海船が下賜され、これによって明への朝貢使節の派遣、東南アジア諸国との交易活動を展開することが可能になった。『明実録』一三八五年（洪武十八）に、琉球への海船の下賜の記事がみえる。『歴代宝案』一四三九年（正統四）三月付、中山王より礼部宛の咨文には「此先洪武・永楽年間、数ふるに三十号船有るも、遞年往来して多く破損を被り、止だ海船七隻を存するのみ」とあり、洪武・永楽年間だけで明より下賜された海船は三十隻に及んでいた。

③貢道の「自由」……明への朝貢では貢期のほかに、朝貢使節が入国する経路が定められていたが、明代初期の琉球はこの貢道の規定から、ある程度自由であった。琉球の朝貢船は泉州から入国する決まりになっており、さらに永楽年間以降は福州を出入国の窓口としていた。しかし、『明実録』一四三二年（宣徳七）四月の記事からは、福建、寧波、瑞安にも恒常的に来航していたことがわかる。

④勘合の有無……琉球以外の主要海外朝貢国の多くは、入貢に際して明朝の発給した勘合の手続きが必要であった。これは朝貢使節の入貢窓口を固定する結果をもたらしたが、中国製品の入手のために、ある程度自由に入貢地点を選択できる琉球との格差は明らかであった。

⑤朝貢業務を行う中国人の「下賜」……琉球が朝貢活動、海上交易活動を行う原動力になっていた

のは、後に「久米村」と呼ばれる渡来中国人集団であった。この久米村の成立に関して、一三九二年（洪武二十五）に、明朝から「閩人三十六姓の下賜」を受けたとする記録もあるが（『明史』）、近年の研究では「自然発生的に形成されていった「華僑社会」の一形態」（真栄平、一九八三、二九～五七）と考えられている。一方で、明の皇帝からの「下賜」とみられる事例も散見される。『歴代宝案』一三九〇年（洪武二十三）の記録に残されている人物に、「梢水に欣報せられて」琉球に派遣され、一四〇五年（永楽三）からは「火長」（航海長）の職を務め、一四三二年（宣徳七）に帰郷を願い出た潘仲孫がいる。また、『明実録』一四六九年（成化五）三月の条には、長史の蔡璟について、祖父が洪武年間に「命を奉じて」琉球に渡来し、三代にわたって琉球の朝貢業務に従事したと記されている。中国人派遣は、琉球優遇政策の中でも大きな位置を占めていた。

こうした一連の優遇政策の中には琉球官生の問題もあった。琉球は一三九二年（洪武二十五）にはじめて官生を派遣するが、翌年の官生六人のすべてが琉球官生であり、その後の洪武年間の官生のすべてが琉球官生であったという。また、琉球官生は留学生というよりも琉球からの朝貢業務を補完するサポーターであり、たとえば京師の事情・情勢を詳細に把握して朝貢業務を円滑に遂行する役割を果たし、使節の私貿易にも活躍したという（岡本、二〇一〇、七九～八〇）。

琉球への明による一連の優遇策は、琉球が朝貢を行うためのテコ入れ政策としての性格を持っていたのであり、明確な意図を持つものであったことは明らかである。

琉球の招諭と朝貢体制への組み込み、琉球への破格の優遇策などから、明のどのような意図を読むかという点が議論の大きな分岐点になる。この問題は倭寇の猖獗に悩む明が琉球をどのような存在とみていたかという点に収斂される。もう少し具体的に言えば、明の倭寇対策と琉球の関係、あるいは明によって倭寇とみなされた人びとと琉球の関係をどのように理解するかということである。

2 山北とモンゴル遺民——今帰仁グスクに拠る人びと

アラン人をめぐる仮説

明の倭寇対策と琉球の関係を考える前に、琉球の三山時代の「三山」の実体について検討を加えておきたい。

これまで、三山のうち中山と山南についてはしばしば論じてきたが（吉成、二〇一一／吉成、二〇一五／吉成、二〇一八）、山北については中山、山南が社会的、政治的基盤に同質な面があるのに対し、山北にはそうした性格がみられないことを指摘した。また、明の優遇策においても山北だけには朝貢船の賜与がなく、山北は中国への官生（留学生）の派遣を行っていないなど異質な点がみられるのである。そうした事実を除けば、山北の実体を明らかにする手がかりは乏しい。

今帰仁グスクの交易者たちは十三世紀後半以降の中国産陶磁器（福建産粗製白磁）の搬入に大きな役割を果たしていたと考えられる。すでに十四世紀前半から中頃にかけての第Ⅱ期には、第Ⅰ期の遺構の上に盛土して、平場を造成した上に翼廊付基壇建物を建造し、平場を囲む乱石積み石垣の城壁（石垣）が設けられることなどから、とりあえず今帰仁グスクに拠る交易者たちはその当時から活発な活動を展開した交易者たちの系譜を引く人びとではないかと考えるのが普通であろう。

ところが、上間篤『中世の今帰仁とその勢力の風貌――元朝に仕えたアラン人と攀安知』（ボーダーインク、二〇一八年）は、十四世紀後半の今帰仁グスクに拠る人びとの中には渡来した新参の人びとがおり、かれらが大きな力を持っていたのではないかということを考えさせるのである。副題にあるように、元朝に仕えたアラン人と呼ばれるイラン系遊牧民の文化的名残が今帰仁グスクからの出土遺物の文様や道具などにみられ、これはかれらが移住（逃亡）してきたことを示すのではないかということ、また攀安知もアラン人の末裔なのではないかということが、ここでの論点である。以下は上間篤（上間、二〇一八）の紹介である。

アラン人とは誰か

アラン人は、紀元前期のスキタイやサマルタイ遊牧民の文化や伝統、およびモノづくりの技（高度な金属加工技術など）を継承し、ユーラシアの遊牧文化の形成に重要な役割を演じたとされる（上間、二〇一八、九三）。このアラン人は十三世紀の中葉頃に、カフカズ山系北麓一帯で牧畜を生業としていた頃はギリシャ正教に帰依し、みずからの言語を記述するのにギリシャ文字を用いていたという（上間、二〇一八、七二）。

クビライが中華の地に創建した元朝は、西域出身の諸部族集団から成る治安維持部隊を中華本土の主要な要綱地に配置して経営に乗り出すが、アラン騎馬隊は、その正規軍の前衛に陣取って活動することになる。元朝に仕えた三十一にのぼる色目異種族集団（色目人とは西域出身者の呼び名）の名称が列挙されている一覧の中の四番目に「阿速（アス）」の名前が登場するという（『元史氏族表巻二』）。この「阿速」とはアラン人のことであり、ほかに「阿蘭」「阿思」などとも表記されるという（上間、二〇一八、五五〜五六）。

その後、元による南宋計略において長江流域の重要な前線地にアラン騎馬部隊が配置される。一三三〇年代には揚州近郊に有力なキリスト教徒勢力が存在していたとする記録が残されているが、このキリスト教徒とは南宋計略後の制圧地の守備隊としてとどめ置かれたアラン騎馬部隊ゆかりの勢力ではないかという（上間、二〇一八、六五）。南宋が瓦解する直前の一二七二年には、クビライの命によって元朝軍団内に左右翼からなるアラン近衛部隊が創設され、以降、元室に仕え、この政権が潰える時まで武門の徒として務めを全うしたという（上間、二〇一八、六五〜六六）。

アラン人の道具、意匠、武器

上間篤によれば、中世今帰仁の人びとの考古遺物のなかにはアラン人との結びつきを示すものがあるとして、以下の具体例をあげる。ここでは結論部に置かれた簡潔な要約を箇条書きにして引用し、項目ごとに補足する（上間、二〇一八、二四六〜二四八）。

①小麦や大麦の炭化粒および左回転のグレコ・ローマン様式の溝彫りを備えた小型の携行用石臼が出土する。

中世今帰仁グスクの穀物残滓には、粟に代表される雑穀類に加え、米、大麦、小麦などの主要穀物の炭化粒が含まれ、中でも大麦、小麦の絶対量が相当程度、多くなっている。この事実と、今帰仁グスク跡から出土した回転式石臼の存在は、中世期今帰仁において粉食を取り入れた食習慣が不完全ながら行われていた傍証になる。回転式石臼は西南アジアの麦文化圏で生み出されたものであるが、東西に広がっていく過程で西方のギリシャ・ローマ世界へは左回転の溝彫りの形式が、東方世界へは右回転の形式が広がった。今帰仁の石臼は小型であり、しかも携行することを前提として成形されており、騎馬武者装備の武具類と関係がある。なお、日本において石臼が相当程度普及する時期よりも二世紀あまり早い（上間、二〇一八、一四〜一八）。

②呪術とかかわるものが出土する。モンゴル語でハスと呼ばれる左回転のスタンプ形状のマンジ紋、および小型の釣鐘が出土する。材質は銅製で、高さ二・三センチ、縁周り三センチ。スキタイ人は馬具に釣鐘状の鈴を結えつけて悪霊を祓いのける手立てとした。中世モンゴルのシャーマンは衣服に釣鐘を縫い付けていたとされる。

マンジ紋は一般に仏教とのかかわりで説明されるが、ここで扱うマンジ紋を仏教で説明することは難しい。今帰仁でみられるマンジ紋は白磁碗の内底に、型押し技法を用いて凸状のスタンプであしらわれたものである。このマンジ紋はモンゴル語でハスと呼ばれる。右回転のものはハス・ブーと呼び男性を、左回転のものはハスと呼び女性を象徴する。このマンジ紋は馬などを守るための呪術として利用され、たとえば馬の臀部には、この焼印が押されている。厄除けや魔除けなどの霊力があると信じられていた。マンジ紋自体は旧石器時代に遡るとされるが、四世紀中葉頃までにはアラン人の風習の中に根付いていた（上間、二〇一八、一九～三五）。

③装飾とかかわるものには次のようなものがある。呪術性を帯びた古代イラン芸術の流れを汲む豹紋意匠、ギリシャ十字を彷彿とさせるシンメトリー十字紋意匠、アラン有翼獣意匠の特徴を帯びた天馬意匠、キルギス族の騎兵装備ならびにかれらの祖先神話の要素を想起させる騎馬武者意匠などが出土物に施されている。

中世今帰仁からの出土物には豹皮の文様を胴部にあしらった青花碗（口径一六・二センチ、器高五・四センチ）が出土するが、こうした柄の青花碗は中世日本には存在しない。この豹紋意匠の誕生には古代イラン文化とその芸術的嗜好が密接に関係している。

また、十字紋を青磁の内底にあしらったもの二個体が他の青磁器五体とともに城郭中心の主郭から出土し、また十字紋柄があしらわれた青花碗も出土している。青花碗の十字紋意匠には、古代から馬の飼育には欠かせないクローバー、ここでは四つ葉のクローバーを崇める要素もみられる。今帰仁グスクに拠っていた攀安知が滅ぼされる時に、千代金丸で今帰仁の金比屋武《かなひやぶ》の霊石（受剣石）に十字を切刻したとする伝説にも連なる（上間、二〇一八、五一～五四・八四～八六）。

アラン有翼獣意匠の特徴を帯びた天馬意匠は陶磁器の胴の部分に描かれた文様であり、空中を疾走するように描かれた馬の背筋に二股形状の突起物が描き込まれている。ユーラシアの遊牧民では中央アジア産の馬種が人気を博し、紀元前二世紀にはフン族と中国に導入された。古い伝承ではこの馬種は天空界から飛来した馬の子孫にあたるとする。西域の山岳地帯には人間との接触を拒む天馬が棲むという話や、その周辺の住民は雌馬を連れて天馬に引き合わせて子馬を獲得するが、この天馬の血を分け与えられた子馬は血の汗をかくようになるという逸話がある。山に棲む天馬の伝説は今でもオセット人社会（アラン人の後裔にあたる人びと）の伝承に留められている。ホレズム地方出土の陶器や硬貨には有翼馬の図柄をあしらったものが存在するが、この意匠も天馬伝説に由来する（上間、二〇一八、八八～九一）。南ロシア、東西ヨーロッパの境界に位置するパンノニア平原の一角（ハンガリー）、南仏のアラン人の入植地など、アラン人の西進にともなって居留した場所に、こうした有翼獣意匠が残されている（上間、二〇一八、一一一～一二五）。

④娯楽関係では、ナルド伝来を証左する賽と色違いの石駒が出土する。

ナルドは六世紀中葉のササーン朝ペルシャの時代に考案された盤上で行う「陣取りゲーム」であり、唐に伝わり、日本にも伝来した。中世今帰仁の人びとはこのナルドを愛好したが、今帰仁（北山）が尚巴志によって滅ぼされるとともに消滅した。この娯楽に一方ならぬ思い入れのあった中世今帰仁の勢力の文化的性格を窺うことができる（上間、二〇一八、一五五～一五六・一七二～一七三）。

⑤武具関連では、中世のモンゴル騎兵装備の流れを汲む携行用石製ヤスリ、数種類の扁平鑿頭形状

鏃、常用小刀類が出土する。

今帰仁出土の三角扁平鏃は中世モンゴル騎馬軍団の鏃との類似性が指摘されるが、それとともに出土する鑿頭形状鏃も、中世日本の鏃とは大きな違いがある。後者の鑿頭形状鏃もまた中世モンゴル騎馬軍団の使用する鏃の中に類似のものがある。携行用の短冊状の石製のヤスリ、および小さな円盤形状のヤスリ（用途不明品とされる）もモンゴル類似品のある騎馬文化に関連のある道具である。また、多数出土する小刀（短刀）類も同様の由来を持つものである（上間、二〇一八、一九七～一九八）。

このほか、サーベルの拵えに通底する千代金丸も重要な問題を提起するが（上間、二〇一八、二一二）、さらに興味を引くのは、攀安知の名前に関する議論である。中世今帰仁ゆかりの出土物の中にモンゴル由来のものが「束」になって存在していることから考えて、山北の王の名前である攀安知もモンゴル語やトルコ語で説明できるのではないかとする考えは、それなりの説得力を持つ。

攀安知という名前

上間は、トルコ語に由来する言葉もモンゴルがユーラシアに広く席巻した中世にはそれに便乗するように拡散したとする。トルコ語起源で「棟梁」「統率者」を意味する「ハン」もそのひとつである。モンゴル語起源の言葉では「エル」「バトゥー」があるとする。

「エル」の本来の意味は「男」であるが、漢字では「兒」で表記する。それを用いた名前としてはアランの武将「也烈抜都兒」（エリェ・パートゥ・エル、江南地方で軍務に服したエリア家初代棟梁）などがある。モンゴル王朝期のバトゥーやパートゥは「強い」という意味の形容詞が人名化したものという（上間、二〇一八、二四〇〜二四一）。先に掲げた李成桂と戦った倭寇「阿只抜都《アキバツ》」の「抜都」はこのバトゥーであろう。

ここで「攀安知」について考えると、「ハン」はトルコ語に由来する「王」を意味する言葉、また「アンチ」は「弓術の達人」を意味する言葉であり、これらが結びついて攀安知の名前になったものという（上間、二〇一八、二四〇〜二四二）。

なぜ、琉球に居住するようになったかという点については、次のような元末・明初の状況を掲げる。宋・元代の江南地方の交易都市にはペルシャ商人、アラブ商人、ユダヤ商人、アルメニア商人らが居住し、海外貿易の担い手として活躍し、泉州、福州、杭州などに蕃坊を形成していた。しかし、元末、明初には方国珍、張士誠、朱元璋の政策にみられるように外国人を排除する排外主義が台頭し、たとえば「至正年間の末期に杭州の東端に位置する沿海地域を占拠した方国珍の勢力は色目人を忌み嫌い、恐れをなしたイスラム教徒の丁鶴年なる人物は素性を隠して逃亡を重ね、ついには闇に乗じて東海の彼方へと行方をくらました」という（『歸田詩話』）（上間、二〇一八、三六〜五〇）。これはイスラム教徒の色目人の場合であるが、ほかの色目人でも同じである。こうした排外主義は元末のみならず朱元璋（洪武帝）が建国した明初においても変わるところがなかった。中世今帰仁から出土する特徴ある遺物は単なる交易によってもたらされたものではなく、人びとの渡来を考えなければならないというのが上間の主張である。

この議論は、いずれも考古資料にもとづき、「中世今帰仁」とされてはいるものの、年代観が曖昧であり、その点で問題を残している。考古学からの整理に期待するしかないが、上間の議論はいくつかの問題を提起するように思う。

アラン人とモンゴル遺民

こうした上間の議論は錯綜しており、よく理解できているかどうか、はなはだ心もとないが、この議論をふまえ筆者の考えを述べてみたい。アラン人が元室の左右の近衛部隊を成し、また前線を守る武に優れた人びとであり、やがて迫害の憂き目にあう色目人だったとしても、今帰仁に渡来した人びとをアラン人に限定せず、モンゴル遺民ほどに幅を持たせて考えてもよいのではなかろうか。本来アラン人固有のものであったとしても、一部の意匠のほかはモンゴルに広くひろがっているものが多いからである。

そのように考えると済州島とモンゴル遺民の例が想起され、これは琉球とモンゴル遺民の関係と相似形なのではないかという疑問が生じる。こうした勢力は反明勢力であったはずで、済州島のモンゴル遺民のように倭寇的勢力と結びついていた可能性は十分にある。

さらに上間の議論は、沖縄島北部の大宜味村以北では、どこの村落でも持っているほど「マキ」

名が濃密に分布していることと関係しているのではないだろうか。「マキ」名は、ほかに沖縄島北部からさらに東海岸沿いに南下した地域や久米島や渡名喜島などでもみられる（仲松、一九九〇）。この「マキ」「マキヨ」はすでに紹介したように馬を飼育する「牧」に由来するという考えがあり、沖縄島北部のいわゆる山北の地に偏在していることをモンゴル遺民との関係から説明することができるかもしれない。ただ、沖縄島では一三七〇年代にすでに多くの馬が飼育されていたと考えられ、沖縄島北部の牧をモンゴル遺民との関係で説明した場合、年代に齟齬をきたすという問題がある。『中山世譜』や『明史』には、一三八八年、北元の天元帝の次男である「地保奴」を琉球に配流したとする記事がある。この記事も、これまでの議論を踏まえると孤立した出来事を記述したものではないように思われる。モンゴル遺民に関する仮説は、さまざまな問題と関連してくるのである。ただ、上間の考えが正しいとしても、今帰仁グスクの勢力がすべて、上間の指摘するような人びとであったかどうかはわからない。今帰仁グスクに拠る勢力が、このような人びとを受け入れたということであったのかもしれない。モンゴル遺民の問題を含めて、今帰仁グスクに拠る人びとの性格に関する議論は今後の研究次第と言わざるを得ないが、検討に値する見解のように思われる。

攀安知の冊封と滅亡時期

攀安知の冊封時期について付記しておきたい。

琉球の三山の王たちがはじめて冊封されるのは、中山王武寧、山南王汪応祖の一四〇四年のことであると考えられてきた。これに対し孫薇は『中山世譜』に、一三九六年（洪武二十九）に「山北王珉蔑其子攀安知立受封」（山北王である珉が死亡し、その子どもである攀安知が立ち、皇帝による冊封を受けた）とあることから、琉球で最も早く冊封を受けたのは山北王の攀安知であったとしている。そして、冊封使来琉の記録がないことから、詔書下賜の形式が取られたのだろうとする（孫、二〇一六、二四・一二〇）。このことから、孫は山北が「王権発祥の地」であると考えるのである。

攀安知は、一四〇三年（永楽元）に永楽帝にはじめての使者善佳古耶らを遣わし、表文を奉り、祝賀の方物を貢ぐとともに、善佳古耶は永楽帝に攀安知の言葉、すなわち「国俗を変えるために冠帯と衣服を下賜するように」との要求を伝えたところ、これを受けて永楽帝は礼部に命じ、その国王と臣下に冠服を下賜した。「これは実は、永楽帝から使者が琉球に派遣され、下賜や冊封が行われる前の出来事であった」という（孫、二〇一六、一二二）。

『明実録』の一四〇四年の記事には山南王の冊封に関して少し引っかかりのある記述がある。村井章介による訳を掲げる（村井、二〇一八、一五）。

中山王世子武寧、父察度の卒を告げ、詔により襲爵を認められ中山王に封じられる

これより先山南王承察度卒す　この年従弟汪応祖明に入貢し、詔により山南王に封じられ、山北王の例により冠服を賜わる

ここで注目したいのは、傍点部分である。山北王攀安知は確かに一四〇三年に冠服を賜っているが、単に冠服を賜るだけなら「山北王の例により」とは言わないのではないかということである。「冠服を賜る」の前提が同じだからこそ「山北王の例により」としているのではないかと考えられる。その前提とは、山南王は山南王に封じられているのだから、山北王も同じく封じられていると考えるべきであろう。そうだとすれば、山北王攀安知は一四〇三年に冠服を賜る以前に冊封されているということになる。

もし、山北王攀安知の冊封が三山の各王たちの中で最も早かったのが事実とすれば、それは厚遇されたというよりも、懐柔策としての性格があったからではないかと思われる。

攀安知は、一三九六年一月から合計十回の朝貢をしているが、うち五回が洪武帝、五回が永楽帝に対してである。永楽帝に対しては、一四〇三年一月の最初の朝貢ののち、一四〇三年三月、一四〇五年四月と続き、一四〇五年十二月には朝貢と一四〇六年の元旦のための使者を送った。その後の朝貢はなく、最後になるのはそれから十年ほど経った一四一五年四月であり、攀安知の使者は中山王思紹の使者とともに馬と方物を貢いだ（孫、二〇一六、一二三）。

最後の朝貢は中山王思紹の行ったものであり、山北は実際には一四〇六年には滅亡していたというのが孫の考えである。その裏づけになるのは、『中山世譜』では山北の歴代の四王（今帰仁、帕尼芝、珉、攀安知）の在位期間を延祐年間（一三一四〜二〇年）から永楽四年（一四〇六）までとしており、攀安知は一四〇六年で終焉を迎えることを明記していることである（孫、二〇一六、一三〇

〜一三二)。これは中山王武寧が一四〇六年に使者を明に送ったのを最後に記録から消える時期と一致している。この考えにしたがえば、思紹、尚巴志の父子は一四〇六年に中山王武寧、山北王攀安知をともに滅ぼしたことになる。

3　中山王察度の貿易と対外交渉

察度の私貿易

察度に仕えた程復なる人物が「輔祖察度四十余年」(察度は一三九五年に薨去)と述べていることから、この程復が一三五〇年代から、あるいはどんなに遅くとも中山王察度が朝貢を開始する一三七二年以前には琉球におり、察度の中国との間の私貿易を助けていたのではないかという推定は先に述べた。正史における中山王の王統は一三五〇年の察度の即位をもって英祖王統から察度王統へと交代するが、まさにその頃から察度は私貿易を開始したことになる。

察度が、朝貢開始以前の時期に中国との間で私貿易を行っていたとすれば、入手した豊富な中国産陶磁器を流通させるルートを持っていたはずであり——それは朝貢貿易開始後も同じだが——、察度以前の十四世紀中頃までの琉球弧内で福建産粗製白磁などの流通が完結するあり方とは別の次元の流通規模である。それまでの沖縄社会の交易者にはできない流通のあり方である。かりに従来の交易者に、広範な流通ルートを持つ外部の交易集団が関与した形式を想定しても、実質的に主導権を握るのは外部の交易集団であろう。

元末の動乱期に中国との間で私貿易を行う場合、通常の交易者であったとしても、商行為がうまくいかない場合や、反乱を起こしている集団に結びついた場合は、掠奪などを行う倭寇集団に豹変したとしてもおかしなことではない。むしろ、それが普通であったのではなかろうか。

浦添グスクは察度王統の時代以降に構造化しはじめ、城塞型の大型グスクの道をたどることになる。察度は十四世紀中頃から私貿易を行い、その後、明を中心とする朝貢体制に組み込まれ繁栄をきわめることになるのである。[32]

察度の出自を考えるために、先に掲げた正史が記述する察度の生い立ちを振り返ってみたい。父は浦添間切謝名村の奥間の大親の子、母は天女であり、成長しても畑仕事をせず朝な夕な魚釣りや猟に遊び惚け、妻になった勝連按司の娘が察度の草屋に行くとその中には黄金があり、畑には金や銀が転がっていたという記述や、外国の商船から鉄を買って農民に農具を作らせたという逸話からは、察度が在地の農民や漁師などではなく、交易者であったことを示しているように思われる。

また、交易による鉄の入手、鉄で農具をつくり農民に分け与えるという逸話は尚巴志にも結びついている。『中山世譜』では尚巴志が造らせた日本刀を異国の商船が積んでいた鉄の塊と交換し、それで農具をつくらせたところ、農民たちは感服したという話になっている。

この両者の共通点は鉄を獲得する才覚があったこと、外に開かれた交易を行ったことである。後述するように、思紹、尚巴志は沖縄島社会のアウトサイダー、外来者であり、同じように鉄を異国（日本）から獲得する察度もまた外来者であったことを物語っているように思われる。[33]

察度と朝鮮半島

察度という人物を考えるうえで、高麗、朝鮮王朝との関係は見逃せないように思う。

一三九二年に朝鮮王朝を興した李成桂が高麗の最後の王である恭譲王から譲位のかたちで王位を継承し、翌年に国号を朝鮮と改めるが、実際に実権を掌握したのはクーデター（威化島回軍）によって開城（開京）を攻めた一三八八年のことであった（水野、二〇〇七、八六）。

高麗から朝鮮王朝に交代した後の一三九四年、中山王察度は朝鮮に礼物を捧げ、朝鮮被虜人男女十二人を朝鮮に送還するとともに、朝鮮に亡命している山南王子承察度の引き渡しを求めている（『朝鮮王朝実録』）。すでに述べたように、朝鮮に交代した直後の一三九二年に察度は被虜の男女八人、一三九七年にも被虜人および漂着人の九人を立て続けに送還している。そして、一四一六年、朝鮮王朝からはじめて琉球に使者李芸が送られるが、その役割は、倭寇によって被虜人となって琉球国に転売された多くの朝鮮の人びとを連れ帰ることであった。実は察度は一三八九年に使者玉之を高麗に送り、朝鮮被虜人を送還しており、これが察度が高麗と関係を結んだ最初の出来事とされているが、一三八八年にすでに実権が李成桂にあったとすれば、恭譲王と交渉してもその実効性は疑わしいし、むしろ李成桂との関係樹立を目的とするものであったのではなかろうか。そうであれば一三八九年の察度の使者玉之の派遣と朝鮮被虜人の送還も、後の朝鮮王朝への朝鮮被虜人の送還と同じ意味を持つことになる。

ここで注目したいのは一三九四年の段階で、中山王察度が朝鮮に亡命している山南王子承察度の送還を求めたという事実である。ここでの論点は、これまでもしばしば取り上げてきたようにふたつある（吉成・福、二〇〇六／吉成、二〇一一／吉成、二〇一八など）。

ひとつは、なぜ山南王子承察度が朝鮮に亡命することができるほどの政治的な近さがあり、また中山王察度も同じように朝鮮に山南王子承察度の送還を求めることができるほどの政治的な近さがあったのかということである。琉球の中山、山南と朝鮮の政治的な近さの問題である。

いまひとつは、高麗から朝鮮へと政権が交代する過程で（高麗時代末期の一三八八年に実権は李成桂に移行している）、あるいは移行した直後から、なぜ察度はにわかに高麗や朝鮮に朝鮮人被虜人を送還し、関係を結ぼうとしているのかという点である。

朝鮮に亡命したとみられる人物は承察度だけにとどまらない。一三九八年の『朝鮮王朝実録』の記事には、中山王に追われた山南王温沙道が配下の者十五人を引き連れて晋陽に寓居し、李氏はこれに衣食を与えたが、同年の記事には客死したとある。

ところで、朝鮮と何らかの関係を持った琉球の王たちの名前には共通点がある。ほかに王名が多くあるにもかかわらず、すべての名前に「察度」「承察度」「温沙道」というように「サト」の音を含んでいるのである。そして、この三人が「サト」の音を含んでいる王のすべてなのである。

これを「サト（察度）」「ウフサト（承察度）」「ウフサト（温沙道）」と読む立場もあるが（東恩納、一九六九）、なぜ後者のふたつが「ウフサト」と読めるのかよくわからない。恐らく、ウフサト＝大里という沖縄にみられる姓からの類推によるのではないかと思われる。

この「サト」を普通名詞であるとみなしたのは孫薇であり、「里（サトゥ）」の原義は、領主の意味の里主の下略であり（『琉球語辞典』）、冊封使録では「サトヌシ」は公子＝貴族の子どもと記録されていることから、「サト」は貴族であり、豪族であるということになるとしている（孫、二〇一六、四二〜四三）。普通名詞とする考えには賛同するが、前者の「里主」は「里の主」の意味であり、後者の「サトヌシ」は「里の子」から意味付けしたものであり、それを合成してしまうことにならないだろうか。

これより、さらに一五〇年ほど後の話になるが、第二尚氏尚清王の冊封使として一五四三年に来琉した陳侃の『使琉球録』には「王之下則王親、尊而付与政也、次法司官、次察度官、司刑名也」とあり、「法司官」（三司官）の下に裁判を担当する「察度官」の名称がみえる（原田訳注、一九九五、二〇五）。ここでこの例を持ち出すのは「察度」とは固有名詞ではなく、役職あるいは社会的地位を表す普通名詞であった可能性を提示するためである。

そもそも「察度」が固有名詞か普通名詞かという議論は、『朝鮮王朝実録』では山南王子承察度が亡命し、中山王察度が朝鮮に承察度の送還を求めた一三九四年に、『明実録』では山南王承察度が明に朝貢しており、このふたりの承察度が同一人物ではありえず、どのように解釈したらよいかという問題から出発している。ただし、『朝鮮王朝実録』では山南王子承察度であり、『明実録』では山南王承察度という違いがある。

この矛盾を解くには「察度」を固有名詞と理解せずに、普通名詞とみなすほかに有効な解決策はないように思われる。孫は、文字通りに解釈して山南王の承察度（『明実録』）とし、『朝鮮王朝実録』については中山王察度からみれば山南王（名前は不明）の王子である承察度であるとみなしている（孫、二〇一六、四〇〜四一）。ただ、この孫の見解でも、山南王子承察度と山南王承察度は同一の人物ということになり、矛盾は解決しない。しかし、「承」は「察度」を形容する言葉であるとし、固有名ではないと考えれば、同一の表記であっても別人を指すこともありうることになり、このふたつの記事は矛盾しないのではないだろうか。

さて、なぜ察度は実権が李成桂に移行した後の高麗あるいは朝鮮に朝鮮被虜人を送還し、関係を持とうとしたのだろうか。承察度、温沙道はなぜ亡命先に朝鮮を選んだのだろうか。

浦添グスクでは、遅くとも十四世紀代前半から高麗系瓦の瓦工が渡来するなど高麗とのかかわりを持っており、その関係はどのような性格のものであったのだろうか。この問題を考えるうえで鍵になるのは、やはり高麗から朝鮮王朝への交代を契機ににわかに朝鮮への使者の派遣が活発になり、しかも朝鮮被虜人を次々に送還している点である。裏を返せば、高麗時代には接触を取れなかった事情があったということであろう。それは、中山王察度を中心とする交易者たちの中に反高麗勢力を含んでいたからではなかろうか。一概に反高麗勢力と言ってもその内実は多様である。高麗はモンゴル、元に侵略・干渉され、さらに内部でも親元派とそれに抵抗する勢力が存在し、国外に逃げのびた人びとも多く存在した。そうした反政府勢力などの中には倭寇に身を投じた者もいたことは、すでに指摘がある（鶴田、二〇〇六、一〇）。

かりに察度が高麗と関係があったとすれば「サト」の名称は何に由来するだろうか。そのように考えてみると突き当たるのは、朝鮮王朝、高麗時代の地方官を意味する「使道（サト）」という地位名称である（吉成・福、二〇〇七／吉成、二〇一八）。つまり、察度、承察度、温沙道などの名称は、そうした地位名に就いていたか、知っていた人びとではないかという結論にゆきつく。

以上は、朝鮮半島の政治情勢が高麗から朝鮮王朝に移行するにともない中山王察度がにわかに使者を送り、朝鮮被虜人を送還するようになったのはなぜかという問いを出発点にして仮定を重ねてきたものであるが、議論のはじめの問いが誤りとは思えない。

4　山南の朝貢主体をめぐる問題

中山と山南にまたがる王統

中山王察度が一三七二年に明に朝貢したのち、一三八〇年に山南王承察度が朝貢することになる。中山と山南の関係について、王名（察度と承察度）がともに察度（サト）という普通名詞を含んでいること、中山王察度が山南王子承察度の送還を朝鮮に求めていること（『朝鮮王朝実録』）のほかに、中山と山南は同一船で朝貢し、同一の使者を派遣している場合があること、明の洪武帝崩御、永楽帝即位の白詔紅詔を中山に発し、山南王一列に開読することを令達したことなどの点から、中山と山南は敵対関係にあるとは考えられず、むしろ同一の社会的、政治的基盤を持っていたのではないかと論じたことがある（吉成、二〇一一、一九八〜二〇一）。

また、山南の内部を仔細にみれば、明に朝貢した勢力には、少なくとも二つの系統があり、山南における勢力間の対立をみることができる。それは「承察度」にみられるような王名に「サト」を持つ王たちと、英祖王統ゆかりの人物と考えられる汪英紫氏と汪応祖の間の対立である。

この対立を考えるにいたった契機は、浦添ようどれには誰が眠っているのかという問いである。結論は英祖王とは言い切れないということであった。浦添グスクが造営され始めるのは十三世紀末から十四世紀初であり、そもそも英祖王の存命期間（一二二九〜一二九九年。在位期間は一二六〇〜一二九九年）に浦添グスクが存在していたかどうかもわからないのである。

浦添ようどれに英祖王が葬られていると考えるためには、いくつかの条件をみたさなければならない（吉成、二〇一八、一八三）。

①『中山世譜』などに記述されている英祖王が浦添の極楽山に築いた墳墓は浦添ようどれであった。

②英祖王が亡くなった時（一二九九年）には、崖下に掘削された洞穴である浦添ようどれに安置されたが、高麗系の瓦葺の建物は存在しなかった。

③浦添ようどれに葬られた英祖王の遺体は、ようどれ内に新たに建築された高麗系瓦葺の建物に改葬された。「癸酉年高麗瓦匠造」の「癸酉年」が一三三三年であることから、死後三十四年後のことであり、浦添ようどれの造営（一二六一年）からは実に七十二年後のことである。

④正史では極楽山に墳墓を築いたのは一二六一年のこととしているが、この時期は浦添グスクの造

営前と考えられる。したがって、英祖王の居城は別にあり、浦添ようどれだけをここに築いた。

⑤浦添グスクの構造化が進むのは十四世紀半ば以降であるが、その時期には英祖王統は終焉を迎えており、その後に浦添グスクを居城とした有力者（察度王）は英祖王の墓である浦添ようどれを破壊することなく丁重に扱った。この問題に関連して、察度王の墓はどこにあるか不明である。

以上の諸点のほかに、正史における英祖王統に関する記述、特に第四代の玉城王の時代に琉球国は三つに分裂し、三山時代になったとする記述などから、英祖王はもともと口碑のように伊祖グスクを居城としており（英祖王は『おもろさうし』巻十二―六七二では「伊祖の戦もい」と表現される）、英祖王をはじめとする英祖王統自体が浦添グスクに居住しなかった可能性を指摘した。その場合の居城は玉城グスク（山南の一角）と考えた。もちろん、英祖王統が一時的にしろ、浦添グスクを居城にした可能性まで排除するものではない。

英祖王統第四代である玉城王の名前について、『中山世鑑』『中山世譜』は一三〇六年に玉城王子になったので、後に即位してもそのまま玉城王になったとする。しかし、第二尚氏時代には王族や功績のあった臣下は、賜った領地の地名を冠して某王子、某按司などと称していたため、向象賢が『中山世鑑』を編纂した際に資料にした国廟の位牌に玉城王と記されていたために、当時の習慣と地名を結びつけてこのように記述したと考えられるという（諸見訳注、二〇一一、六七）。蔡鐸本『中山世譜』の玉城王の注には、玉城王は玉城グスクを居城にしたとする伝承がある（原田訳注、一九九八）。

以上の点を踏まえて考えると、三山時代の山南で王叔、王弟の名義で朝貢主体となる汪英紫氏、汪応祖もまた、英祖王統にゆかりの人物や王名とほとんど同じ音であることに思い当たる。伊祖、恵祖、英祖、英慈などである。恵祖、英祖は「伊祖」（イーズ）の当て字であろうとする解釈は古くからあったが（比嘉、一九七一）、それだけにはとどまらないのである。

王名を表音文字として読むと、次のようになるという（孫、二〇一六、五五）。時代は異なるが参考になろう。

- 恵祖（huizu／フェズゥ）　• 英祖（yingzu／イェンズゥ）　• 英慈（yingci／イェンツゥ）
- 英紫（yingzi／イェンツゥ）　• 応祖（yingzu／イェンズゥ）

いずれも類似した音であるが、ことに英祖と応祖は全く同じ音であり、英慈と英紫はかなり近い音であることがわかる。

この事実が意味するのは、英祖王統が山南の一角である玉城グスクに拠ってから勢力を維持あるいは拡大し、山南王叔汪英紫氏、山南王弟汪応祖（後に山南王）として朝貢を行うようになったということであろう。汪英紫氏を「八重瀬（エージ）グスク」と結びつける解釈が有力のようであるが、これとて仮説にすぎない。

冊封使徐葆光の『中山伝信録』には豊見城の箇所に「山南王弟故城」とある（孫、二〇一六、五七）。山南王弟名義で朝貢したのは汪応祖であるから、この人物のことであろう。[34] 汪英紫氏と汪応祖は姓も同じで、時期的に汪英紫氏を汪応祖が引き継いで朝貢していることから父子などの血縁関係にあったと考えられる。

山南の並立する朝貢主体

中山王察度は亡命した山南王子承察度の送還を朝鮮に求めていることから、中山と山南はもともと対立した関係にあるとは考えられず、同一の勢力と考えられる。

問題は、山南で朝貢主体が並立している点である。『明実録』によると、山南王承察度は一三八〇年十月から一三九六年四月まで合計七回の朝貢（元旦の慶賀使などを含む）を行っており、山南王叔汪英紫氏は一三八八年一月から一三九七年二月まで合計六回の朝貢を行っている。回数ではほぼ同数であり、汪英紫氏の朝貢時期が遅れて始まるという違いがみられるだけである。汪英紫氏が朝貢を始めてからは、このふたりは並立して朝貢を行っている。明の洪武帝は一三八三年と一三八五年の二回にわたって山南に対して印鑑を下賜しており、山南王とともに山南王叔も王として認知していたと考えられる。山南王叔汪英紫氏の朝貢を認めていること自体、王叔であっても王と同じ扱いをしていることであり、王の名義でなくとも印鑑を下賜することは十分に考えられる。まさに、この点にこそ洪武帝の琉球対策のあり方を窺うことができる。

村井章介は、『明実録』一三八三年の記事に「詔賜琉球国中山王察度鍍金銀印幷織金文綺帛紗羅凡七十二匹、山南王承察度亦如之」とあり、山南王が中山王と同時に印を賜ったかに見えるが、二年後の山南・山北両王が駝紐鍍金銀印を賜るとする記事と齟齬し、「「亦如之」は「織金文綺帛紗羅」のみを受けるとも解しうるが、なお文脈上しっくりこない。疑問として残しておきたい」（村井、二〇一八、三八）とする。しかし、二年後に印を賜る「山南王」とは朝貢を認められる山南王叔汪英紫氏を指すものであろう。察度系統の王（承察度）と英祖系統の王叔（王とは名乗れなかった）が対立関係にあり、王叔にも朝貢を認めざるをえなかったからこそ二人に対して洪武帝は別々に印鑑を下賜したものと考えられる。

次は、汪応祖の場合である。

『明実録』における冊封記事を見ると、一四〇三年三月に山南王弟として汪応祖の朝貢記事があり、その翌年に汪応祖の冊封に関する記事がある。汪応祖は承察度の「王弟（従弟）」であるが、承察度には子どもがなかったため、前王の承察度によって後継者に指名され、国民をよく治めているという内容である。

こうした汪応祖の「自己申告」による記事が『明実録』に残されるのは、明に対して、あえて汪応祖が正統な後継者であることを説明する必要があったためであるという（和田、二〇〇六a、二二～二六）。このことは承察度と汪応祖との間に断絶があったことを示している。汪応祖は、結局、王弟としての朝貢一回を含めて、一四一三年八月まで合計で十二回の朝貢を行うことになる。

汪英紫氏は山南王承察度がすでに朝貢を始めており、そこに割り込むために王叔を名乗って朝貢を始めたのである。朝貢の開始時期は遅れるが、汪英紫氏は対明関係について言えば承察度と力が拮抗していたからこそ可能になった朝貢であろう。

こうした経過をみると、汪英紫氏と汪応祖は承察度と敵対する勢力であったこと、汪応祖は汪英紫氏の後継者であったらしいことがわかる。承察度を取り囲むように、山南王叔（汪英紫氏）と山南王弟（汪応祖）が存在していたのである。

承察度が一三九六年を最後に朝貢しなくなることは、『中山世譜』で中山王察度が一三九五年十一月に薨去したとされることと符合するかのようである。この頃を境にして、察度、承察度、温沙道など「サト」の名前を持つ王たちは一斉に歴史の舞台から姿を消すことになる。

九　倭寇の拠点としての「三山」

1　明の倭寇対策における琉球の位置づけ

未成熟な「王」と「三山」

明の洪武帝が使者楊載を派遣し、琉球を招諭したのにこたえて、琉球から中山王察度（一三七二年）、山南王承察度（一三八〇年）、山北王怕尼芝（一三八三年）、山南王叔汪英紫氏（一三八八年）が相次いで朝貢することになる。

こうした朝貢が行われるようになったのは、すでに述べたように明が中国沿海部に猖獗する倭寇を排除するためであった。倭寇を誘引する要因となっていた中国沿海民の下海、渡航を禁止するとともに（海禁政策）、明を中心とする朝貢体制を確立し、私貿易を禁止したのである。

こうした状況の中で琉球は招諭されるが、琉球と明の倭寇対策との間にはどのような関係があったのだろうか。

洪武帝は楊載を派遣し琉球を招諭したが、すぐに応じたのは琉球国中山王察度であった。続いて山南王、山北王、山南王叔が朝貢を開始した。ここで問題になるのは、琉球には中山、山南、山北という三つの朝貢主体になりうる勢力が存在していたことを洪武帝が把握していたのかということである。この三つの〝小国家〟（ここではこのように呼んでおく）の名前は、明が便宜的に与えた名称であろう。中山はともかく山南、山北という地理的な位置を表示する名前を自称することはないと考えられるからである。しかも、さらに山南王叔を自称する人物が朝貢し、この人物にまで洪武帝は他の三王と同じように鍍金銀印を下賜しているのである。

これまでの議論の中には、海禁政策、朝貢体制の確立という中国の海防・貿易政策を巧みに利用し、あるいは間隙を突くように、琉球が東アジア、東南アジアを結ぶ交易ネットワークを築き上げ、一躍、海域アジアに躍り出たとする考えがある。琉球が、海禁政策で海外貿易が困難になった明の海商たちの穴埋めをする役割を果たしたということであろう。しかし、三山は〝小国家〟として自称する名前を持つような勢力ではなかったことを考えれば、本当に、既存の琉球の勢力に明の海商たちの肩代わりをさせようと考えたのだろうかという根本的な疑問が生じる。

　これまでみてきたように、三山は農耕によって主たる発展を遂げたわけでもなく、十四世紀半ば以降、にわかに旺盛な活動を行うようになった交易者たちの拠点であった。大型グスクとその周辺の集落群、港湾がひとつの有力な交易者集団の居住単位であろう。ここで集落群として想定しているのは、たとえば今帰仁グスクを支えていたとされる今帰仁ムラ跡、親泊ムラ跡などである。

　また、朝貢開始後の政治体制においても、王相（国相）、長史、典簿などの役職は中国の王相府を模倣したものであり、しかもこれらの役職には明初においては明から任命された久米村の中国人集団が就いていたのである。

　こうした中国人集団は朝貢貿易や東南アジアとの貿易の多くの部分、たとえば文書作成から航海にいたるまでの外交のほとんどの部分を担っていたばかりではなく、内政面においても大きな役割をはたしていたのである。たとえば、『明実録』によれば「長史程復」を「琉球国相兼左長史」に、「王茂」を「琉球国相兼右長史」にするようにという琉球国中山王思紹の請願が受け入れられ、また「琉球国相亜蘭匏」も琉球国中山王察度の請願が受け入れられたものという。亜蘭匏について「国の重事を掌る」とあることから、この「国相」とは内政でも重要な位置にあったことがわかる。こうしたなかで最も重要な中国人である懐機は、思紹、尚巴志、尚忠、尚思達、尚金福の五代にわたって仕えた国相であり、柴山《さいざん》の『千仏霊閣碑記』には「王、己を上に欽《つつ》しみ、王相、政を下に布《し》く」とあるという（冨島、一九八五、一八八〜一九三）。

「統一国家」が形成された十五世紀前半においても久米村の中国人が国政に深く関与していた、というより実権を握っていたと言っても過言ではない状況であったことを考えると、十四世紀後半における三山の政治体制の実体はほとんど空洞であった、それが言い過ぎだとすれば未成熟だったと言えるのではないだろうか。政治体制が未成熟だったとすれば、その頂点に立つ王もまた同様であろう。

こうした久米村の中国人集団や琉球に対する多くの優遇策をはじめとする明のテコ入れがあってはじめて、琉球は歴史の舞台に姿を現すことが可能になったのである。

「倭寇」と「三山」の関係

山南には山南王がいるにもかかわらず、山南王叔をも「王」と認め朝貢を許している点は重要であろう。これは、山南王叔の朝貢の願いを認めた（認めざるを得なかった）ということであり、そのために山南にふたりの朝貢主体が並び立つことになったと考えられる。

そもそも琉球を招諭した洪武帝にとって「王」はひとりで十分であったはずだが、三山の王たちが次々に登場し、それればかりか第四の山南王叔まで登場することになったのは、海禁政策で活動できなくなった明の海商たちの肩代わりを琉球にさせたという単純なものではなく、倭寇や倭寇になりうる多様な交易者たちを琉球の中に囲い込んだためというのが実態に近いであろう。

しかも、朝貢開始後のことではあるが、琉球は内乱の絶えない状況であることを洪武帝も把握しており、『明実録』の一三八三年（洪武十六）の記事に梁民と路謙を琉球に派遣し、山南と山北に鍍金銀印を下賜するとともに、「三山相抗争するを止めよ」とする詔をもたらしているのである。そのような政情が不安定な琉球をあえて積極的に利用するだろうか。

朝貢開始以前の私貿易は別にしても、朝貢開始以降の明との貿易は中国産陶磁器の質、量において十四世紀半ばまでの交易から大きな飛躍があり、また流通範囲のスケールの違いはまったく別の次元である。その点を考えれば、九州・本土地域などの交易者や海商などが関与したと考えざるを得ないことは、さきに述べた通りである。

一三九二年（洪武二十五）、琉球は官生（南京国子監への留学生）を明に派遣するが、山北からの官生は存在しなかった。『南雍志』（明代の南京国子監の記録）一三九一年（洪武二十四）の三月の条には次の一文があるという（岡本、二〇一〇、六一～六二）。

又礼部の臣に諭して曰く、琉球国中山・山南の二王は、皆向化すれば、寨官の弟男子　姪を選び、以て国子に充てて待し、書を読み理を知らば、即ちに遣りて国に帰らしむべし。宜しく行文して彼をして之を知らしむべし。

ここでは三山のうち中山、山南の寨官の子弟のみ官生の派遣許可が出されているが、それは「向化」したという理由からである。要するに、中山と山南は明に恭順の意を示しているが、山北は示していないということであろう。ここで「向化した」と評価されている中山、山南もまた、以前はそうではなかったということになる。これは、なぜ明が琉球に優遇策をとったのかという問いに対する明瞭な解答になろう。

山北の勢力の中に、さきにみたようにモンゴル遺民と深く関連する勢力が存在していたとすれば「向化」しないことも理解することができる。

2　倭寇の「受け皿」としての琉球

倭寇の「受け皿」論――倭寇とは一体誰のことか

琉球の存在が明の倭寇対策に重要な役割を果たしていたことを論じてきたが、ここではそうした研究の流れの中で唱えられるようになった倭寇の「受け皿」論について検討したい。

琉球（沖縄島）が倭寇の「受け皿」であったとする議論を始めて展開したのは赤嶺守であったと思われる。赤嶺は次のように述べる。

（明の琉球に対する――筆者注）優遇政策の背景には、当時、中国沿岸地帯を頻繁に襲っていた倭寇の猖獗があった。朝貢体制の枠外にいる日本の倭寇勢力に対しては、沿岸地帯に衛所や千戸所といった軍営を築き海防を徹底して排除しようとしたが、倭寇の襲撃は一向におさまる気配をみせなかった。そこで洪武帝は、新興国家〈琉球〉を、海禁令の下での倭寇勢力の〈受け皿〉として位置づけ、多くの中国商品を下賜した海船で運ばせ、そこに自由な交易を可能とする環境（市場）をつくりあげることによって、中国商品を求める倭寇をすこしでも多く中国沿岸から削ごうとしていた。（赤嶺、二〇〇四、九七）

この議論について来間泰男は、「朝貢体制の枠外にいる日本の倭寇勢力」の「受け皿」という意味だとすれば、「琉球国」は中国商品を「日本の倭寇勢力」に引き渡す媒介者だったことになり、「琉球国」は実際には「倭寇」が運営していたことになると批判する（来間、二〇一四b、九七）。

確かに、赤嶺の議論は、既に存在していた三山が朝貢貿易によって得た中国商品を運び、琉球に自由な市場をつくり、そこに倭寇を参入させたと読めなくもない。しかし、それでは倭寇対策にならないだろう。結局、倭寇の「受け皿」論で問題になるのは、三山と「倭寇」の関係をどのように考えるのかという点にある。

岡本弘道もまた琉球を「受け皿」とみなすが、ここでは海寇の「受け皿」とする。明から梁民と路謙が派遣された一三八三年（洪武十六）を画期として、琉球の朝貢回数は急激に増える。こうした朝貢回数の急増の背景を岡本は次のように説明する。

琉球への路謙、梁民の派遣に先立つ一三八〇年（洪武十三）、一三八一年（洪武十四）は、明と日本との朝貢にきしみが生じる時期である。一三八一年の「日本国王良懐」（懐良親王）の入貢は却けられているが、国王宛の文書は、連年の倭寇の活動を放置して顧みないことに対する抗議の内容が大半を占める。明が日本の正統な君主として「良懐」を承認している以上、明の対日本交渉、ことに倭寇対策は閉塞状況になった。時期を同じくして、一三八一年十月の明の海禁令、一三八三年以降の海防体制の強化、同年四月の勘合制度の開始など、朝貢システムの構築が図られる。琉球の路謙、梁民の派遣と中山王への鍍金銀印の下賜、そして三山の各王への論旨も、明の朝貢・海防政策の転換に位置づけて考えることができるとする（岡本、二〇一〇、二四～二六）。

そして次のように結論づける。

対倭寇政策に特定して考えると、日本との朝貢関係の中で日本の政治権力に倭寇の禁圧を求める路線から、朝貢体制の枠外にある倭寇勢力・密貿易者の勢力に対しては海禁・海防・勘合制度などによって徹底的に排除してゆく一方、琉球という新興勢力を朝貢体制の中に取り込み、海禁令の下では必然的に密貿易者とならざるをえない海商勢力に対する一種の「受け皿」とすることによって、アジア海域世界の状況を「礼的秩序」のもとに収斂させていく――その意味では単なる対倭寇政策というよりも「対海寇政策」と呼ぶべきか――への転換があったのではなかろうか。さらには琉球に対して従来以上のテコ入れを行い、有力な交易主体に育てることによって、アジア海域世界の中で朝貢体制の「正常な」運営を進めることを、洪武帝は目指していたと考えられる。そのためには既に明朝に恭順を示している中山王・山南王のみでなく、もうひとつの対立勢力であり倭寇勢力と結びつきかねない山北王に対してもメッセージを送る必要があったのであろう。このような観点から、路謙・梁民の派遣は決して軍馬の需要を動機としてなされたのではなく、対海寇政策、さらには洪武帝の目指す朝貢秩序体制の実現を目的として捉えるべきである。（岡本、二〇一〇、一二六）

この指摘で注目すべきは、「日本国王良懐」に倭寇の禁圧を要求しても埒があかないため、対倭寇対策の路線を変更し、琉球を朝貢体制に組み込むことによって海禁令の下では必然的に密貿易者にならざるをえない海商勢力の「受け皿」にしようとしたという点である。明に密輸していた海寇を琉球に引き受けさせることによって、一三八三年（洪武十六）以降、琉球の朝貢回数が急激に増えることになったということになる。琉球を舞台に、海寇の非合法的な活動を、朝貢という形式に転化させたということになろう。

岡本は海寇という言葉を用い、海禁令の下では密貿易者にならざるをえない勢力としているが、では「日本国王良懐」に倭寇禁圧を求める路線から変更した結果として、明（福建）の沿海民の「受け皿」として琉球を利用したということだろうか。それとも「海寇」には密輸を行う日本の商人なども含まれるのだろうか。後者の場合、海寇と三山の関係はどのように考えればよいのだろうか。

来間泰男は、岡本の議論にふれて、倭寇の「受け皿」の意味を、海禁令によって活動の場所を失った「海商勢力」にその場を提供したということであろうと述べ（来間、二〇一四b、七二）、その海商勢力（倭寇勢力）を「華僑勢力」と理解するのである（来間、二〇一四b、九七）。来間は、岡本の議論について検討する際、「海寇や海商勢力」といい、倭寇という言葉は出していないが、同じことであるとも述べている（来間、二〇一四b、七七）。しかし、それらが同じであるとしてしまえば、海禁令によって活動の場所を失った中国沿岸の海商勢力＝倭寇ということになってしまう。そして、この考えにしたがえば久米村の中国人集団が倭寇であるということになる。

しかし、海禁政策は、中国沿海民たちが下海して倭寇を誘引しないことを目指したのであるから、中国の海商と倭寇を区別しているはずで、また洪武帝は懐良親王（のちに「日本国王良懐」）に倭寇禁圧を求めている以上、それが中国沿海の海商とは考えにくい。

岡本は、路謙と梁民の派遣について、既に明朝に恭順を示している中山王と山南王のみでなく、もうひとつの対立勢力であり倭寇勢力と結びつきかねない山北王に対してもメッセージを送る必要があったとしていることから（出典は『南雍志』か）、琉球の「三山」は倭寇的な活動をしていたか、あるいは倭寇と結びついて活動しかねない勢力だったということになろう。

ここでは、倭寇の「受け皿」の意味を文字通り、倭寇を朝貢体制の中に取り込んで、朝貢貿易のみを行う存在に転化させたと考える立場を取りたい。もちろん、非合法的な密貿易者も含むが、密貿易者が時には倭寇的な活動をしなかったとは考えにくい。

岡本の議論は一三八〇年代の朝貢システムの再確立について論じ、対倭寇政策が、日本に禁圧を求める方針から、矛先を変えて琉球を海寇の「受け皿」にする路線に変更された経緯について述べているが、これは一三六九年の懐良親王に倭寇対策を求めるがうまくいかず（一三七二年に懐良親王は「日本国王良懐」として冊封されるが、倭寇禁圧は成果をあげないまま終わる）、琉球を倭寇の「受け皿」として招諭した構図と同じではないかと思われる。

このようにみてくると、明の海禁政策、朝貢体制の確立は、倭寇対策としての琉球の位置づけにも密接にかかわるものであり、決して無縁とは言えない。

確かに琉球は東アジア、東南アジア世界の中継貿易において重要な役割を果たすことになるが、それは倭寇を沖縄島に取り込んで正常な交易者とするとともに、中国の海商の穴埋めをもさせたというのが実態に近いと考えられる。

沖縄島の三山が倭寇などではないという議論になるのは、そこにゆるぎのない前提があるからだろうと思う。それは、グスク時代開始期以降、沖縄島は農耕によって徐々に発展し内実のある社会に成長していたという考えである。

しかし、十四世紀半ば以降の沖縄島の状況は、旺盛な交易活動を行うが、そこには交易をめぐる覇権・主導権争いがあり、しかもそれは大型グスクの城主であっても簡単に交代してしまうほどの闘争であったと考えられる。こうした認識がなされないのは、後の正史が中山、山南、山北の領域を記述しているように、面的な勢力圏があり、そうした政治体制が三山時代には盤石なものになったと考えているからであろう。

しかし、中山王察度と山南王承察度との間に親和的な関係が想定されるように、あるいは山南の領域とされる場所から山南王承察度のほかに山南王叔汪英紫氏が朝貢に名乗りをあげたように、実際は拠点（グスクと港湾、その周辺の集落群）を押え、占拠したにすぎない有力者、あるいはそうした人物たちのネットワークだったと考えられる。こうした状況の中では交易の主導権は、その時の力関係によって容易にかわると考えるべきである。もちろん、そうした主導権争いには外部からの渡来者も加わり、また倭寇的な勢力もその中には存在したであろう。

明へ朝貢した琉球の各「王」たちは、いわば交易の利権をめぐる争いに勝った交易者たちである。在地勢力ももちろんいたであろうが、十四世紀半ば以降の沖縄島を草刈り場にした交易者たちも少なからず存在したと考えられる。

ここでは沖縄島が倭寇の「受け皿」となって、朝貢主体としての「三山」が存在していたと考える。三山それぞれに朝貢業務を行う久米村のような中国人集団が存在していたのではなく、かつて東恩納寛惇が指摘していたように（東恩納、一九七九）、中山の領域とされる那覇に存在していた久米村の中国人集団が三山の朝貢業務を一手に引き受けていたと考えざるをえない。それは、明が琉球を舞台に、倭寇勢力を朝貢体制の中に組み込もうとしていたとすれば当然のことである。中山と山南、中山と山北などが同時に朝貢を行い、同じ使者を派遣している場合があることによく表れているように思われる。

改めて、王相（国相）の問題を考えると、王相として名前を残す人物は、第一尚氏後の王茂、懐機ならまだしも、程復、亜蘭匏にいたるまで中山に関係して登場するのは不思議である。中山の王相とは、久米村が三山の朝貢業務を一手に引き受けていたように、形式的には山南、山北の王相でもあったからではなかろうか。

十　琉球国の形成

1　城塞型大型グスクと中世城郭

大型グスクは武力の象徴か

正史は、佐敷に拠点を置いていた思紹、尚巴志の父子によって三山が統一されたとする。『中山世譜』は思紹の父は葉壁(伊是名島、伊平屋島)の人である鮫川大主であり、佐敷に移住し大城按司の娘と一男一女をもうけ、ひとりが思紹、もうひとりが場天ノロであったと記す。尚巴志は一三七二年(洪武五)生まれであり、二十一歳になった一三九二年(洪武二十五)に思紹の後を継いで佐敷按司になったという。

思紹、尚巴志がはじめに拠点としたグスクは佐敷上グスクに比定されているが、年代は十四世紀後半を中心に十六世紀頃までである(沖縄県佐敷町教育委員会、二〇〇三、二一)。佐敷上グスクには「貼石状石列」があるが、これは地山面を階段状に削り、石と土を詰め込み造られたものであり(沖縄県佐敷町教育委員会、二〇〇三、二一)、これまで見てきたような壮大な城壁を持つグスクではない。

写真①② 中世城郭に分類される佐敷上グスク（写真は筆者撮影、以下同じ）

佐敷上グスクの主体部は四つの階段状の平場を持つ構造になっており、「つきしろの宮本殿」の建つ平場（一段）、「つきしろの宮拝殿」東側の平場（二段）、「宇佐敷慰霊塔」や「カマド跡」がある平場（三段）、「休憩所」や「舞台」が建てられている平場（四段）からなる。それぞれの段ごとに建物や造成の跡があるという（沖縄県佐敷町教育委員会、二〇〇三、二一）。

佐敷上グスクはほかの大型グスクが構造化される時期と並行する時期に造営され、佐敷按司の時代にここを拠点としていた思紹と尚巴志が中山王武寧や山北王攀安知を破り、三山を統一することになるのである。

石積みの城壁を持つ構造化の進んだ城塞型の大型グスクは軍事的、政治的な拠点とされてきたが、佐敷上グスクに注目して考えると、城塞型の大型グスクの存在をもって軍事的に有利であったとは言えないことになる。思紹、尚巴志が拠点としたとされる佐敷上グスクが壮大で美しい石積の城壁を持たなかったからといって、それは決して軍事的に劣っていたことを物語るものではなかった。戦法の違いもあろうが、軍事力の優劣を考えるうえで、城塞型の大型グスクの有無はその指標にはならないということである。

写真③④　琉球型の大型グスクである中城グスク

中世城郭遺跡

佐敷上グスクは、沖縄諸島にみられる典型的な城塞型の大型グスクとは異なる「中世城郭」に分類される。琉球型のグスクと構造が異なっており、系譜の異なるグスクに位置づけられる。

三木靖は、琉球文化圏では城壁で囲まれた大規模なグスク（大型城塞）と、尾根や台地の先端部地域を、堀を入れて本体と切り離して安全を保つ全国の中世城郭にみられる築城法を用いた「グスク」が存在することを指摘したうえで、佐敷上グスクを後者に位置づけ、三山統一を達成した「第一尚氏の拠城で、高石垣を伴わず、一部に貼石を伴う、全国の中世城郭様式による山城の佐敷上グスク（中略）が調査完了後の二〇一三年国指定遺跡になった。これは沖縄県に、主に切岸と空堀で造った曲輪を主郭とするグスクが沖縄島に残存していると初めて確定したことであり、グスク研究が新たな段階に到達したことを意味している」（三木、二〇一五、七二）と述べている。

ここで「中世城郭跡」の研究史を振り返っておきたい。

奄美大島などに分布する城郭跡に「城郭遺跡」の名前を与えたのは高梨修（高梨、二〇〇七、三三）であるが、高梨によれば城郭遺跡とは、階段状の平坦面（曲輪）、尾根を分断して構築される空堀、土塁（盛土施設）によって構成される構築物であるという（高梨、二〇〇七、三二一〜三二二）。

高梨は、奄美群島の城郭遺跡は研究者によって「……グスク」と呼ばれているが、実際に「グスク」の名称を持つものは少なく、沖縄諸島などにみられるグスクと同一のカテゴリーに分類して理解すべきではないという。したがって、過去に城郭遺跡は、沖縄諸島の珊瑚石灰岩の石垣をともなうグスクの発生期にあたるグスクと考えられ、十二世紀後半~十三世紀後半に位置づけられて理解されたこともあるが（名嘉・知念、一九八五）、石垣をともなうグスクと城郭遺跡を区別せずに、形態差を年代差に置きかえる理解の仕方は根本的な誤りを犯していることになる（高梨、二〇一五、二五四）。

　奄美群島で堀切などを持つ城郭遺跡が確認されているのは、奄美大島、喜界島、沖永良部島である（高梨、二〇一五、二五九）。奄美大島の代表的な中世城郭に位置づけられるのは赤木名グスクであり、喜界島では七城跡である。高梨による奄美大島の詳細な調査結果によれば、竜郷町、旧名瀬市（奄美市名瀬）、旧住用村（奄美市住用町）に集中的に分布しており、そのほか大和村で若干例が確認されているという。特に旧名瀬市では四十五例確認されている（高梨、二〇一五、二五四~二五五・二五八）。

　沖縄諸島ではその北部地域にみられ、當眞嗣一によって「土より成るグスク」の名称で紹介された城郭遺跡が、それに対応するものであろう。堀切、土塁、切岸などを持つ城郭跡である。當眞はアマグスク（国頭郡字奥間）、パンナギグスクと小玉森（国頭郡字比地）、喜如嘉《きじょか》グスク（大宜味村字喜如嘉）、津波《つは》グスク（大宜味村津波）、仲尾次上グスク（名護市字仲尾次）を詳細に報告するとともに、中世城郭跡に該当するものとして根謝銘《ねじゃめ》グスク（大宜味村。謝名グスクとも呼ぶ）、名護グスク、親川グスク（名護市）をその典型例としてあげている（當眞、一九九七、一七）。

　これらの奄美群島、沖縄島北部に偏在してみられる中世城郭跡と佐敷上グスク跡が、構造の面からみてまったく同じカテゴリーに分類されるかは不明であるが、いずれにしろ九州・本土地域の城郭と系譜的な関係を持つ遺跡であることは間違いないであろう。

これらの城郭遺跡の年代については、十分に解明されているとは言えないが、奄美大島の赤木名グスク跡、喜界島の七城跡の構築物の使用年代については、十四世紀代を含む年代観が確認されているという（高梨、二〇一五、二六一）。

赤木名グスク跡の場合、発掘調査ではその発展過程に三つの段階があったことが明らかになっている。第一は十一世紀後半～十二世紀前半頃で中世城郭の形態を整える以前と考えられる段階、第二は十四世紀後半から十五世紀代頃で中世城郭として構造化する段階、第三の段階は十七世紀後半から十八世紀前半頃で、現在地表観察できる城壁の最終形態が構造化された段階とされる（奄美市教育委員会、二〇一五、三三）。このうち第二の段階、三山時代から琉球国時代にかけての時期は、倭寇の活動が活発化する時期に重なり、歴史的関係は判然としないが、南西諸島においてグスク・山城の中世城郭が形成されはじめるという（奄美市教育委員会、二〇一五、三三）。

城郭遺跡の由来については「城郭遺跡の構造、その偏在的傾向を示す分布等は、外来勢力による影響を考えなければ、その出自の歴史的背景を説明することはできない」（高梨、二〇一五、二六二）とされる。

こうした城郭遺跡の分布と形成時期の問題は、佐敷上グスクを拠点としていた思紹、尚巴志の出自を明らかにするばかりか、城郭遺跡が分布している沖縄諸島北部を拠点としていたとされる三山時代の山北の勢力の実体についての問題をも提起する。

三木靖は十五世紀の琉球国の軍事行動とのかかわりから「中世城郭跡」の形成時期を十五〜十六世紀と理解するが（三木、一九九七／一九九九）、この理解では中世城郭跡が沖縄諸島北部にも分布している理由を説明することは難しい。

この十四世紀後半に遡ることができる「中世城郭跡」が沖縄諸島北部に分布している事実は、十四世紀後半以降の山北の勢力の実体が外来者、特に倭寇勢力に関連するのではないかという問題、さらに山北の勢力の背後には奄美群島を拠点とする人びとが存在していたのではないかという問題を提起する。尚巴志が三山統一後に、旧山北の統治・監視のため今帰仁グスクに「北山監守」（初代監守は後の国王尚忠）を置いたというのも（『中山世譜』）、こうした勢力に対して依然として強い警戒があったためではないかと思われる。

琉球が一三九二年に官生を派遣する時に、山北だけが「向化」していないと理解できる記録が残されており、また山北が倭寇と結びつきかねない存在とみなされていたのは、そうした事情が背景にあったからではないかと考えられる。

問題になるのは、山北の拠点である今帰仁グスクが壮麗な石垣の城壁を持つ城塞型の大型グスクであることをどのように考えるかという点である。この問題に対しては、今帰仁グスクの城主が奄美群島にもおよぶ中世城郭に拠る倭寇的な勢力を従えており、山北の拠点である今帰仁グスクが滅んでもかれらの活動が終息することなく、継続されていたと考えればよいのではなかろうか。また、モンゴル遺民の移住を仮定するとして、済州島の事例のようにかれらが反明勢力として倭寇と結びついていたとしても不思議ではないように思われる。

なお、さきにモンゴル遺民との関連で、「牧」を意味すると考えられる「マキ」「マキヨ」が沖縄島では大宜味村以北と東海岸を南下した地域、それに久米村や渡名喜島などに分布していると紹介した。さらに、奄美群島においても「マキ」の名称を確認できることを考えると（仲松、一九九二）、少なくとも琉球弧の北半では本土地域の中世城郭を造る文化と「牧」の分布がおおむね一致する傾向にあることがわかる。「牧」とモンゴル遺民の結びつきは考えやすいが、分布を考える限りでは、

写真⑤　今帰仁グスク

写真⑥　今帰仁グスク基壇（復元）

奄美群島を含むという点では城郭遺跡と牧の間により強い相関があるのかもしれない。[35]

2　思紹の冊封

思紹は一四〇七年四月、「琉球国中山王世子」として明に朝貢し、歴史の舞台に姿を現す。この中山王とは武寧のことである。しかし、この一年半前の一四〇五年十一月に「琉球国中山王世子」として皇帝名義の宴で女真族の頭目とともに歓待を受けた「完寧斯結」なる人物がいた。この中山王も武寧のことであり、武寧の世子を名乗る人物が一年半余りの間にふたりも登場することになった。思紹の一四〇七年の朝貢の際の使者は三吾良亹であり、この人物は一四〇四年に武寧の甥として武寧の使者となって察度の死を報告し、また一四〇六年には中山王武寧と山南王汪応祖の朝貢の使者となっていた人物であった。思紹は、この三吾良亹を使者に皇帝に「表文」（皇帝宛文書）を送ることで中山王世子完寧斯結を抹殺し、さらにその後、別の使者を送って「父である中山王武寧の死亡」を報告した。武寧まで「生きていたにもかかわらず」思紹によって抹殺されたのである。こうしたことが可能だったのは、中国本土や朝鮮では世子の任命は王妃とともに厳格であり、皇帝からの使者も派遣されていたが（冊封されていたが）、琉球の場合、冊封が王にとどまっており、その盲点を突いたことにあった（孫、二〇一六、三〇～三二）。『中山世譜』には「武寧謝罪遁隠。至今数百年、寂然無跡。故薨寿不伝」とあり、どこにいったかわからず、いつ死んだかもわからないというのである。

思紹、尚巴志は、城塞型の大型グスクに拠ることもなく、佐敷上グスクを拠点とする佐敷按司から身を起こし、一四〇六年には中山王武寧、山北王攀安知を滅ぼす。その翌年には思紹は中山王として、詔書によるものであったとはいえ（『中山世譜』）、明の永楽帝に冊封されるのである。この冊封によって思紹は無事に王統の交代を明に認めてもらうことになる。

思紹の前に冊封された武寧は、一三九一年（洪武二十四）から「中山王（察度）世子」の身分で察度とともに明に使者を二度派遣していたが、武寧が単独で「中山王世子」の名義で朝貢したのは一三九六年十一月であった。しかし、世子名義で、単独で朝貢したのはこの一回のみで、父察度の死（一三九五年）を報告できないまま、察度の名義での朝貢が一四〇三年までの七年間に七回行われた（孫、二〇一六、二五～二六）。

その武寧が察度の死亡を永楽帝に報告したのは一四〇四年二月であり、同年論祭使・冊封使が来琉している。『明実録』に武寧の名前が中山王として記録されるのは、一四〇五年三月の冊封に対する報恩使の派遣、同年四月の皇帝の誕生日に対するお祝いの使者、同年十二月の一四〇六年元日のお祝いの使者の派遣、くわえて一四〇六年三月には山南王とともに三吾良亹を使者として朝貢するとともに、六人を官生として入学させている時である。これをもって中山王武寧は歴史の舞台から姿を消すことになる（孫、二〇一六、二八）。

察度の死後、武寧が父である察度の死をすぐに明に報告できなかったのは、父親の築いてきた中国との関係を維持し、継続できるか不安であったからとする考えもあるが（孫、二〇一六、二五～

二六)、武寧による察度の死の報告からわずか三年余り後に思紹が中山王として冊封されたことを考えると、沖縄島社会における覇権争いが激しかったことも関係しているであろう。

3 山南王と思紹、尚巴志の関係——三山統一の時期をめぐる仮説

思紹、尚巴志父子が一四〇六年に中山王察度と山北王攀安知を滅ぼしたとすれば、山南王が滅んだのはいつかが問題になる。山南王の朝貢主体を見ると、思紹が朝貢するようになる一四〇七年以降では、一四〇七年三月から一四一三年八月までの間の七回は汪応祖(汪応祖は「王弟」名義で一四〇三年三月に朝貢を始めており、全期間で合計十三回)、その後、一四一五年三月の「山南王世子他魯毎」名義の朝貢を含め山南王他魯毎の朝貢が一四二九年十月までの間に九回(一四二四年十二月の「山南王」名義も含む)である。他魯毎の朝貢は一四一五年三月から一四一七年四月までに三回の朝貢を行ってから七年間の空白があり、一四二四年六月から一四二九年十月までの六回の朝貢という二期に分けて考えることができる。

思紹が中国に朝貢するようになる一四〇七年四月以前の一四〇三年三月から、すでに汪応祖が朝貢しており、それが一四一三年八月まで続き、思紹、尚巴志による中山王武寧と山北王攀安知の征服とは関係なく朝貢をしていることになる。

この事実は、思紹、尚巴志が中山王、山北王を滅ぼした後も山南王を服属させることができなかったか、山南王である汪応祖も、その後の他魯毎も、もともと思紹、尚巴志の「身内」(主従関係

など）であったかのいずれかであろう。尚巴志が中山王武寧、山北王攀安知を倒していることを考えると、前者の可能性はほとんどないように思われる。

和田久徳は、思紹、尚巴志と山南王の関係を「身内」として、ひとつの仮説を提示している。「佐敷按司の尚巴志が永楽元年ごろ山南を征服して自ら山南王となり（汪応祖と称したらしい）、同三年に中山王武寧を破って思紹を中山王にした。そして永楽二十年に思紹をついで中山王となった尚巴志が山北王攀安知を敗死させた。ただ山南王の場合は尚巴志から長子の他魯毎へ継承され、中山に従属的な関係の下に暫く存続する特殊な形であった」（和田、二〇〇六b、三二）と述べている。

山南王が尚巴志から他魯毎へ継承されたとするのは、他魯毎の朝貢期間は、中山と山南の使者と朝貢船が同一であるという事実にくわえ、『歴代宝案』の最後にあたる巻四十三に「山南王併懐機文稿」と題し、山南王他魯毎に関する文書が中山王相の懐機に関する文書とともに年次順に一緒に収録されているからである（和田、二〇〇六a、二六〜三二）。懐機とは、思紹、尚巴志など第一尚氏の五代の王に仕えたとされる久米村出身の国相である。

尚巴志が山南を征服して山南王汪応祖と称したというのが事実とすれば、父である思紹が中山王に冊封されるのが一四〇七年のことであり、汪応祖が山南王に冊封されるのが一四〇四年であるから、子どもの尚巴志＝汪応祖の方が早いことになる。しかも、その尚巴志が思紹を継いで中山王に「鞍替え」し、尚巴志の長子である他魯毎が山南王として汪応祖こと尚巴志を継いだことになる。中山王に冊封された思紹、尚巴志と、山南王である汪応祖、他魯毎の関係について、敵対してはいなかった(「身内」であった)ことをよく説明するが、なぜこれほど複雑にする必要があったのかがわからない。

中山王の思紹、尚巴志が、ここでみてきたようにその関係性は不明ながら、山南王の汪応祖、他魯毎を服属させ、名目的に山南王として朝貢させていたとすれば、思紹、尚巴志が中山王武寧、山北王攀安知を征服した一四〇六年が、実質的な三山統一の時期だったということになる。

4 思紹、尚巴志の出自

思紹、尚巴志が外来者(日本人)であることを端的に示すのは、かれらが拠った佐敷上グスクが切岸と空堀を持つ、本土的な構造を持つ中世城郭であったという事実である。この城郭が盛んに使用される十四世後半以降は、南北朝の動乱期、沖縄島の三山の混乱期であり、また元末・明初の混乱期にも重なる。

この事実を踏まえれば、思紹、尚巴志にまつわる逸話や伝承がよく理解できる。

『中山世譜』には、尚巴志が三年かけて造らせた日本刀を、異国の商船が積んでいた鉄の塊と交換し、それで農具をつくらせたところ、農民たちは感服したという逸話があることはすでに紹介した。察度も鉄を入手し、その鉄でつくった農具を農民に与えたことになっているが、交換財は家や畑にごろごろあった金や銀であるのに対し、ここでは日本刀である。なぜ、ことさらに日本刀なのかという点に注目したい。さきに紹介した南朝の懐良親王のからむ林賢・胡惟庸事件でも、反明勢力に密輸しようとしていたのは火薬と日本刀であった。日本刀は日本から中国への重要な輸出品だったのである。

そうした視点から思紹の父鮫川大主が葉壁山（伊是名島、伊平屋島）の出身（葉壁人）だったとされていることを考えると、これは実際に沖縄諸島の北西端の出身であることを語るものではなく、沖縄諸島の北の「外部」の出身であることを語るものであると思いあたる。葉壁山が沖縄諸島の内と外を媒介する場所としての意味を負っていると考えてよい。[36]

思紹、尚巴志は、構造化された大型グスクに拠ることもなく（後に首里城の主になるにしても）、また朝貢もしていない。にもかかわらず、尚巴志が佐敷按司になってからまたたく間に（十四年後に）中山王武寧と山北王攀安知を滅ぼすことになるが、これはどうして可能になったのであろうか。

その点に思紹、尚巴志の素性を考える手がかりがあるように思われる。朝貢貿易の枠外で密貿易（時には掠奪も）を行っていた存在ではないかということである。圧倒的な軍事力を持ちえたのは、鉄に象徴される財力と軍事力のゆえであろう。

なお、ここでは赤木名グスクなどの奄美群島の中世城郭と佐敷上グスクとが同じ構造を持つとしても、同一の倭寇的な集団と考える必要はないという立場をとるが、この点についてはいくつかの形態の異なる中世城郭間の関係を含めてさらに検討が必要であろう。

5　史料のない時代の歴史復元

ここまで見てくると、やはり折口信夫の「琉球国王の出自」（一九三七年）を振り返ってみる必要があろう。琉球国王の出自は肥後の名和氏の支流である「さしき人」であるとする議論であり、「さしき人」は倭寇であるというのである。肥後（高瀬）は南島路の起点である。

折口の議論の出発点になるのは『琉球国由来記』巻十三に記される、本土に漂着し、帰還した聞得大君をめぐる伝承である。

この聞得大君の石厨子を祀っている友盛嶽《ともり》という本土的な名前、そして同名の御嶽が琉球列島に広く分布しているという事実（浦添間切安茶波村の友盛嶽の神名は「大和ヤシロ船頭殿加那志」）、聞得大君の帰還に際して迎えに行った場天祝《ばてんのろ》が本土から土産に持ってきた「たじよく魚」（きびなご）が場天祝のいる海に寄ってくるようになったこと、そして「たじよく魚」が寄ってくる時は昔から場天祝は「ヤマトバンタ」にいることになっていること、この「ヤマトバンタ」は大和人と縁のある崖であり、しかも佐敷尚氏（第一尚氏）に関連する場天祝、鮫川大主（思紹の父）などに結びついていることなど、本土との繋がり、特に佐敷尚氏と本土の繋がりを想定させる地名、伝承が多いことを折口は指摘する。

こうした琉球社会と本土社会のかかわりを示す伝承に着目し、さらに傍証を挙げながら先に記したような結論にいたるのである。

傍証のひとつは地名の類似であり、伊座敷《いざしき》（大隅）と佐敷（肥後）が遠くない所にあるように、謝敷《じゃしき》（国頭）と佐敷（島尻）が沖縄島にもあることである。肥後八代の名和氏が渡琉を企てたとする直接の根拠は、この佐敷という地名の一致にある。沖縄の佐敷の由来は名和氏の支流の「さしき人」にあるのではないかというのである。ここから議論は発展し『おもろさうし』の中で対句として用いられる「やまとたび（大和旅）」「やしろたび（八代旅）」などの「やまと」と「やしろ」を問題にする。「やしろ」とは「山城（京）」と考えられ、誰も疑う者はいないが、折口は「やつしろ」が促音化し、さらに促音点を避けての発音と考えると、「やしろ」とは「やつしろ」、つまり肥後の八代を指すというのである。「大やまと」は遠い中央地方を指し、「やまと」と言えば九州の南部を指す。そして、「やしろ」は「やまと」よりは奥地を指しつつ、対句になったとする。肥後・八代、佐敷を支配していた者として、名和氏、菊池氏、相良氏などが考えられるが、菊池、相良とは関係がありそうにもなく、名和氏が該当すると述べる。

佐敷按司とは渡琉する以前の郷国の地名を負っていることになるが、その屋敷にあった神石を「月しろ」と呼んだのはなぜかということが次の話題である（写真①②参照）。

月しろの「しろ」とは神聖なものを指す。月の出に先立って三尊仏の来迎を拝することができると信じられていたが、後に「月待ち」の習俗にみるように、更け静まってから出る月ほど神秘を持つと考えられるようになり、そうした信仰で見られた月影を「月しろ」と言ったと推定する。そして、望月に祭礼を定めるのは八幡神に見られ、十五夜月に八幡神を観じたとし、月しろに来迎を観じることは八幡神以前からあったが、八幡信仰と合体していっそう力強くなったという。佐敷苗代の庭の月しろも八幡神の霊石であり、月が王の守護神となることは第二尚氏にも認められたとするのである。そして次のように述べる。

倭寇の「八幡船《バハン》」の船印にしたと言ふ旗には、月形のだし物が、さしてあつたのではないか。さうでなくとも、「八幡大菩薩」と、月しろとは直ちに連想せられることであつた。「月白」信仰の基礎は、八幡神の存在を思ふことが出来る。かうして、月しろの影向《ヤウガウ》を持つた石を祀った理由も、薄明りがさして来る。（折口、一九七六、六三）

折口が、月しろと八幡神の関係を考えるのは、佐敷苗代の庭の月しろの霊石が八幡神と結びつくこと、つまりは倭寇との関係を考えているからである。

第一尚氏の家紋が「左三巴紋」、すなわち八幡神の神紋であることとの理由は、そこにあると考えられる。また、名和氏の系図では、法名に「紹覚」「紹契」「紹貞」「紹果」など「紹」の字が付き、「思紹」も同じであるとする指摘にも注目する必要がある（谷川、二〇〇七）。

第一尚氏の出自が倭寇だからといって、思紹が冊封を受け、朝貢体制に組み込まれている以上、倭寇的な行動を維持したというのは、すでに述べたように誤りである。

史資料がきわめて乏しい時代の歴史過程を探る場合、民俗学の立場からの議論が史実と重なる部分がある時には、一応、その議論を受け入れて正しいかどうか検証してみる必要があろう。折口の議論が全面的に正しいとは考えないが、九州の西岸地域あたりから沖縄諸島に渡島し、やがて琉球国を築くことになる交易者たちがいたとする考えは、正しい方向を指しているのではなかろうか。

『おもろさうし』——思紹と「日本内」

佐敷の人物を謡う次のおもろがある。

巻十四—一〇一八

一てどこんの大やこ　　　　手登根の長老は
たうのみち　あけわちへ　　中国との交易の道を開け給いて
てどこんす　　　　　　　　手登根様こそ
にほんうちに　とよめ　　　日本中に鳴り轟き給へ
又てどこんのさとぬし　　　手登根の里主は

このおもろの手登根《てどこん》は佐敷にある地名であり、そこの「大やこ」（長老）は「中国との交易の道を開いた」と謡われる。手登根の長老とは誰のことかわからないが、佐敷を出自として中国との貿易を行ったとすれば、思紹、尚巴志の父子のほか見当たる人物がいない。最初に冊封されるのは思紹であるから、思紹の可能性が高い。

このおもろの注目すべき点は、日本本土を指す場合、「やまと」が普通であるのに「日本」が用いられ、しかも「日本内に　とよめ」という表現は『おもろさうし』の中でこの一例だけである。また、これまでの議論に関連して言えば、「里主」が用いられる唯一の用例でもある（吉成・福、二〇〇六、三二四）。ここでの「日本」は、仲松弥秀が指摘するように、琉球と大和を包括する概念で用いられているのではなかろうか（巻末【補論②】）。そうだとすれば、本土からやって来た外来者（「どちらにも帰属する」存在）であるからこそ「日本内」に名声を轟かせよと謡われているのではなかろうか。

この人物が『おもろさうし』の中で大きな役割を果たした存在として謡われていることは間違いなく、ここでは思紹と考えるが、なぜ「手登根の長老」とされるかは検討する必要がある。もちろん、中国との交易の道を開いた思紹よりさらに古い時代に、歴史上に名をとどめない人物が、佐敷の手登根にいた可能性もまったく排除することはできない。そうであれば、われわれの知ることのできない世界が古琉球史には大きな広がりをもって存在していることになる。

6　朝貢体制下に「倭寇国家」は存在するか――「倭寇国家論」批判に対する回答

本章後半では、三山時代から琉球国形成にいたるまで倭寇勢力や海商勢力が一貫して大きな役割を果たしてきたことを論じてきた。思紹、尚巴志が九州・本土地域を出自とする人物であるとすれば、それはかれら以前にも本土地域から渡来した海商たちが沖縄島で活動していた歴史の帰結であろう。

琉球が倭寇国家であるとする考えには反論があるので、第一章を閉じるにあたって回答しておきたい。

村井章介は、「琉球王朝の起源を倭寇勢力に求める説が、最近精力的に唱えられている(吉成・福二〇〇六等)」(村井、二〇一九、二四八)として、筆者らを批判しているので、それに対してできるだけ答えたい。村井の批判とは別の視点から「倭寇国家論」に対する批判があり、それに反論した経緯があるので、その点を踏まえて回答したいと思う。

村井は琉球の活動のさまざまな側面を記述し、最後にそうした琉球の諸側面の理解の仕方を提示する(村井、二〇一九、二四八〜二五一)。村井が参照文献として「(吉成・福二〇〇六等)」としていることから、おもに『おもろさうし』から倭寇国家論を展開した吉成直樹・福寛美『琉球王国と倭寇──おもろの語る歴史』(森話社、二〇〇六年)を念頭においたものと思われる。そこでは確かに、琉球国形成後の琉球の倭寇的活動を提示し、倭寇的性格について述べているが、村井は、そうした倭寇的性格だけではなく、琉球が倭寇に請託している事例、あるいは琉球と倭寇が敵対する事例を掲げることによって、「倭寇国家論」を誤った考えであるとするのである。しかし、その後の拙著において考古学や歴史学の成果の中に位置づけながら修正を行っており、その点も踏まえて以下に述べたい。まずは村井の挙げる事例をまとめる。

①琉球国の倭寇的性格について

琉明間で活動していた人びとは、生粋の琉球人、琉球に渡航した福建人、琉球に居留した華人を問わず、倭寇的性格を内包していたとし、村井はいくつかの事例を列挙する。

(i)一四一五年、第一尚氏の初代思紹王の使者・直佳魯は、南京からの帰途福建で「狂悖《きょうはい》を肆《ほしいま》にし、海舡を擅奪《せんだつ》し、官軍を殺死し、中官を殴傷し、其の衣物を奪ふ」という仕儀におよび、死刑に処された。同行者の「阿勃馬結制《うばまうつち》等六十七人」も同罪だったが、永楽帝は処断を思紹王に委ねた。「阿勃馬結制」は一四二四年から四〇年にかけて明だけではなく、シャム・ジャワ・旧港との外交にも活躍した第一尚氏王朝を代表する外交専家であった。

(ii)一四五二年には「福建沿海の居民」が「中国の貨物を収販し、軍器を置造し、海船に駕して琉球国に交通し」、琉球人を「招引し、寇を為す」動きがあり、直前に広東で起きて海寇が群がり集まった「黄蕭養《こうしようよう》の乱」との類似性を指摘する声に応じて、明の礼部は榜を立てて禁約を公示した。黄蕭養の乱は私年号「東陽」を立てた民乱として知られる。

(iii)一四七四年には、第二尚氏尚円王が明に派遣した使節団の「本船の姓名を知らざる番人」が、福建に着くなり居民を殺害し家屋を焼き財産を略奪したため、翌年、琉球はその制裁として二年一貢、使節団は一五〇人以下、私貨は携帯禁止となった。

②倭寇への請託者としての事例

琉球と朝鮮半島の関係については、はじめは琉球使が朝鮮を訪れていたが、やがて倭人に主導権を奪われ、その請負となっていく傾向がみられる。一四三一年、尚巴志王の正史として夏礼久《かねく》が至り、「父祖の代には交好の礼を修めてきたが、その後久しく倭人に阻隔され、今回も琉球に到来した対馬賊首六郎次郎の商船に乗せてもらって来た。いま倭寇にさらわれた朝鮮人が百余人琉球にいるが、船が狭く風も好くないので、連れて来ることがかなわない」と述べた。倭人船に琉球使節が便乗するかたちは、琉球が外交文書を倭人に託して朝鮮に届けてもらうかたちに移行していく。そうなると偽使が現れるようになる。偽使はすでに一四二三年には現れており、世宗王のもとでの会議で、琉球国の使節ではないという理由で、進上品を受け取らずに追い返すことがきまった事例がある。

③倭寇と敵対する事例

琉球が倭寇などの海賊を敵対勢力とみなし、軍事的行動をとることがあった。一五二二年の「真《ま》玉湊碑文《たまみなと》」は首里城と那覇港を結ぶ道・橋の完成を記念して建てられたもので、港湾機能を支える城塞と水源の防衛のために各地から速やかに兵力を結集させることが謳われている。ここで想定されている、海外から那覇港を攻撃する敵が「いくさ（軍）・かぢよく（海賊）」だったことは、同碑文の軍勢結集策の拡大版がしるされた一五五三年の「屋良座森城碑文《やらざもりぐすく》」で確かめられる。

村井は以上の諸事例をあげたうえで、「琉球は、ときとばあいにより、倭寇の一員であり倭寇への請託者であり倭寇への敵対者でもあった。その性格の変化を、単純に時期をくぎって把握することもむずかしい。諸史料が語る琉球のさまざまな顔を、どれも史実の反映として受けとめなければならない」としたうえで、次のようにまとめている。

はじめ琉球は海禁を採る明により、東南アジア等の物資を輸入するための「貿易公社」として位置づけられ、手厚い優遇措置のもと「万国の津梁」の繁栄を謳歌した。福建の沿海住民の一部は琉球王に仕えて貿易の利権を確保したが（久米村人）、海賊集団に身を投じる者もおり、それが琉球使節を巻きこむこともあった。十五世紀なかばころより明は対外交通縮減策に転じ、琉球への優遇を削減した。琉球は貿易利潤にのみ頼らず、内政の充実へ重心を移動し（尚真王の盛代）、国家的な土木工事を実施して海防態勢を固めた。（村井、二〇一九、二五二）

倭寇国家論に対する批判であるが、来間泰男から拙著『琉球の成立――移住と交易の歴史』に対する批判の中にも次の一文がある。

吉成はついに、琉球王国そのものが倭寇の国であると主張するにいたった。そうだろうか。「琉球王国」は、倭寇的状況への対応のため、明によって作られたのである。だが、それは倭寇の国ではない。（来間、二〇一四b、一二二）

本書の中でも述べてきたように、琉球は明によって倭寇の「受け皿」となったのであり、琉球には朝貢開始以前から倭寇的活動を行っていた人びとも存在していたと考える。もちろん琉球のすべてがそのような人びとによって構成されているわけではない。琉球が倭寇の「受け皿」になったという意味ではまさに琉球は倭寇国家と呼んでも構わないが、しかしこれまでみてきたように明を中心とする朝貢体制の中に位置づけられた倭寇である。それは「去勢された倭寇」(吉成、二〇一五、九九)と呼ぶほかない存在である。明に優遇され、活発な交易で繁栄を謳歌している琉球が、倭寇的な活動をして明の怒りを買う理由などないのである。

来間は倭寇対策で形成された国家だから、琉球は「倭寇国家」であるはずがないと述べているが(来間、二〇一四b)、それは大きな誤りである。倭寇を朝貢体制の中に位置づけて、倭寇としての性格をいわば去勢することに明の眼目があり、したがって倭寇対策と、それによって「倭寇国家」(正しくは「去勢された倭寇国家」)が形成されることには何の矛盾もない。

朝貢体制の枠組みの中に位置づけられ、十五世紀半ば頃までは多くの優遇策の恩恵を受けているにもかかわらず、村井のあげるような倭寇的な行動をとる事例が存在していることにこそ、琉球国の本質があらわになっていると言えなくもない。琉球国が倭寇に請託したり、倭寇と敵対することがあるのは、右のように考えれば容易に理解できるのではないかと思う。

第二章　「琉球王国論」とその内面化

『琉球の時代』とその後

第一章で、思紹《ししょう》、尚巴志《しょうはし》の出自は、その拠点としていた佐敷上グスクが本土地域にみられる中世城郭の構造を持つことから、本土地域である可能性がきわめて高く、しかも朝貢主体になることもなく、中山王武寧《ぶねい》や山北王攀安知《はんあんち》を軍事力で圧倒したことなどから、倭寇的な存在ではないかと推定した。考えてみれば、佐敷上グスクの構造が本土地域の系譜を持つことは、大規模な城壁などを持つ琉球型の大型グスクとは異なる系譜を持つグスクが沖縄諸島に存在することを認めれば容易に理解できたはずである。そうした視点を欠いていたのは、本来は異なる系譜を持つグスクを時間的な前後関係に置き換えて理解しようとしたり、本土地域の中世城郭跡を琉球のグスクの枠組みの中に位置づけて考えてきたことに原因がある。こうした事実は、考古資料を「琉球王国」の形成にいたる、単線的な発展過程に並べてしまう発想があったことを示すものであろう。そこには、まさに「琉球王国論」の持つ陥穽があったと言うほかない。

さらに付け加えるならば、三山の枠組みの中ではアウトサイダーとも言うべき思紹、尚巴志が、なぜまたたく間に中山王武寧、山北王攀安知を滅ぼすことができたのかという疑問も、三山とはグスク時代開始期から営々として力を蓄えてきた勢力であり、その三山を次々に破り、統一しえた者もまた、在地社会で着実に実力をつけてきた存在とみなすことによって解決してきたと考えられる。こうした見方に立てば、沖縄島への渡島者などは視野に入らないであろう。ここにも、農耕社会の存在を前提として「琉球王国」へと内的に発展したとする「琉球王国論」が持つバイアスがあったと考えざるをえない。

本章では「琉球王国論」を批判的に検討するが、はじめに「琉球王国論」の見方や考え方とは具体的にどのようなものなのか、さらにそれはどのように形成され、どのようにして確固たる歴史像として沖縄の人びとに深く内面化されることになったのかについて考えることにしたい。

そもそも「琉球王国論」とは何かについて、あらかじめごく簡単に説明しておきたい。

古琉球時代の琉球国が繁栄し、栄華を誇ったことは間違いのない事実である。ただ、王国に対する評価が絶対的なものであるために、その主体性、自立性、独自性が強調されすぎ、その結果「琉球王国」が成立し、繁栄にいたる歴史は、みずからの手による内的発展の過程として描かれてきた。こうした歴史観は方法論を制約しており、新たな史資料が発見、発掘されても、それらは「琉球王国」へといたる過程に位置づけられる補助的な史資料としての意味しか持たなくなったのである。そうした傾向は、琉球史研究のみならずそれに関連する分野にも影響を与え、外部からの影響を過少に評価する傾向が生み出されたと考えられる。

ここでとくに問題になるのは、ひとつの有力な歴史像にとどまるだけであれば、新たな有力な仮説の提示によって再考されうる余地は大きいと言えるが、その歴史像が人びとによって共有され、さらに内面化されると、新たな見方どころか、従来の歴史像を変えうる新たな史資料さえ無効化される可能性があるという点である。

一　「琉球王国論」を読む

「琉球王国論」について検討するうえで第一に取り上げなければならないのは、高良倉吉『琉球の時代――大いなる歴史像を求めて』（筑摩書房、一九八〇年）であろう。「琉球王国論」とは何か、という問いを考えるにあたって避けて通ることのできない著作である。もちろん、この著作で提示されている歴史像が突然生みだされたわけではなく、研究史の前段があるが、ここでは「琉球王国論」の金字塔と言えるこの著作から検討することにしたい。

なお、『琉球の時代――大いなる歴史像をめぐって』には三つのバージョンがある。筑摩書房から一九八〇年に刊行された旧版、さらに旧版の叙述を大幅に改訂し（高良、二〇一二、三〇七）、沖縄の出版社であるひるぎ社から刊行された一九八九年の新版、そして旧版の誤字・脱字や初歩的事実誤認の訂正のみにとどめ（高良、二〇一二、三〇七）、筑摩書房からちくま学芸文庫として二〇一二年に刊行されたバージョンである。ここでは研究史を振り返るという目的から、基本的に旧版を用い、必要に応じて残りのふたつのバージョンを参照することにする。

旧版の引用にあたっては（高良、一九八〇）の記述は省略し、括弧内に引用頁のみを表記する。

あらかじめ『琉球の時代――大いなる歴史像を求めて』の目次を掲げておきたい。ここでは章だけを記載し、見出し項目については省略する。

プロローグ——マラッカにて
第一章　黎明期の王統
第二章　琉球王国への道
第三章　大交易時代
第四章　グスクの世界
第五章　尚真王の登場
第六章　琉球王国の確立
エピローグ——古琉球と現代

ここでは、その目的から第四章までをおもにとりあげ、それ以下の章については必要に応じて参照することにしたい。

本章では第一章での議論を踏まえて、高良の描く歴史像を紹介しながら、その歴史像の前提や議論がはらんでいる問題点を指摘する。さらに、高良の描く歴史像が、なぜ現在にいたるまでのおよそ四十年にわたってもっとも有力な仮説でありつづけることができたか、換言すれば琉球王国論がどのようにして人びとのこころの深くに内面化されることになったのかについても、可能な限り検討したい。

もちろん、第一章で論じた議論がすべて正しいわけではないのは当然のことであり、第一章の議論にこだわるつもりはない。しかし、従来の通説を見直す手がかりはすでに十分に蓄積されている。

1 「琉球王国」の形成まで

『琉球の時代』に描かれる琉球史を、その特徴を把握できるように大まかに概観したい。「第一章　黎明期の王統」では旧石器時代からグスク時代までを要約しているが、ここでは貝塚時代（縄文時代並行期～平安時代後期並行期）以降について取り上げる。

貝塚時代～グスク時代

高良倉吉は、「貝塚時代」と「グスク時代」を次のように要約する。

貝塚時代

①五、六千年ほど前に縄文文化の影響を受けて貝塚時代が始まる。

②基本的な生活は、野山に木の実を拾い、イノシシを狩り、カタツムリを集める陸型の採集と、海浜・浅海（ラグーン）で貝類や魚類をとる海型の採集とをあわせた自然物採集経済だった。

③土器を製作・活用しており、石器もみがかれた比較的精巧なもの（磨製石器）を用いていた。

④こうした時代は紀元後十世紀前後頃までつづいたと考えられている。

（二七～二八）

グスク時代
①人々の居住場所が小高い丘や丘陵斜面に立地する。
②炭化した米や麦などが出土するので、すでに穀類農耕が開始されていた。
③鉄製利器の使用がみられる。
④外来文化のインパクトを示す類須恵器《るいすえき》（須恵式土器）や中国陶磁器などが出土する。　（二八）

考古学的成果の時代的制約の問題にすぎないが、奄美・沖縄諸島の貝塚時代の開始の五、六千年前という年代は七千年前頃とすべきであろう。

高良は貝塚時代の次に来るグスク時代について、「グスク（またはグシク）時代は一〇世紀前後から開始される先史時代末期の段階」（一五三）と述べているように、先史時代に含めているが、『琉球の時代』巻末の付図２「時代対照表」（図⑬）では、グスク時代は先史時代と古琉球時代にまたがる時期であるという認識のようである。現在の編年では、沖縄先史時代とは後期旧石器時代と貝塚時代（あるいは新石器時代）を指し、その次に来る時代をグスク時代としているのではなかろうか。その開始は十一世紀代半ばであろう。

なお、この図によればグスク時代は十四世紀から始まる三山時代までの時代を指すものとみなしている。

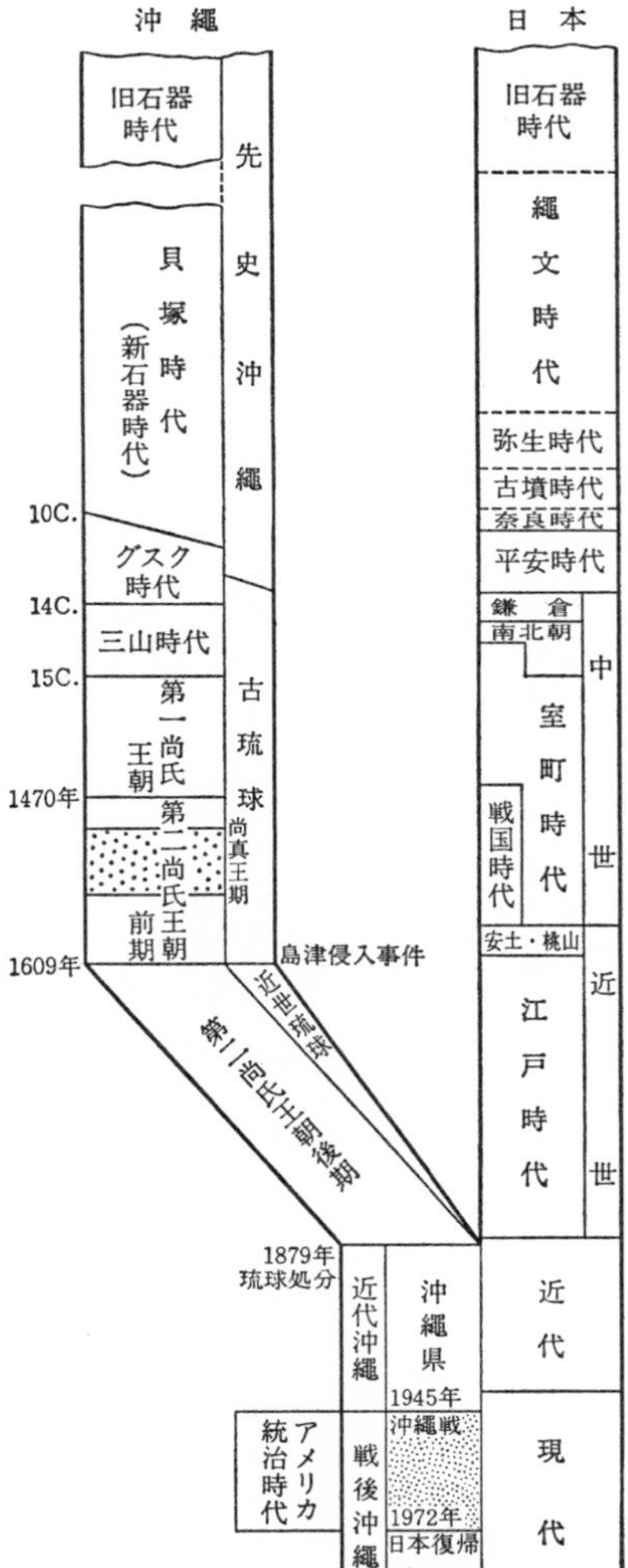

図⑬　時代対照表（高良、1980、巻末）

高良が、グスク時代を先史時代と古琉球時代のまたがる時期として位置づけるのは、古琉球時代以前に農耕が開始されており、古琉球時代には農耕社会がすでに成立していたということを表現する意図があると考えられる。

高良はグスク時代の特徴を要約した後で、「右の特徴は、グスク時代をもって沖縄が穀類栽培を中心とする農耕社会に移行したことを教えている」（二八）と述べ、また同じ内容を「ようするに、沖縄は一〇世紀前後頃まで自然物に依存する採集経済を主たる内容とする原始社会であり、その後につづくグスク時代をまって、しだいに農耕社会へ移行した、ということになろう」（二八）と繰り返している。これは先史時代末期（グスク時代の初期）に農耕社会が成立していたことを指摘するものであろう。つまり、高良の編年は、先史時代から古琉球時代への移行は内的に発展し、古琉球時代にはすでに農耕社会が成立していたことを表現しているのである。

グスク時代の開始にあたって「外来文化のインパクトを示す」という表現に示されているように、外来の土器や陶磁器の流入を例としてあげて外部からの影響を指摘している。しかし、この外来文化のインパクトは、単なるモノの移動にとどまるものではなく、グスク時代の開始期頃に喜界島を中心とする奄美群島から南下した人びと（もとをたどれば九州などを出自とする交易者たち）が南海物産を求めて移住してきたことによるものであった。高良がグスク時代の大きな特徴としてあげる稲などの穀物栽培もまたこの時に、交易者たちとともに渡来した農耕民がはじめたと考えられる。

稲などの穀物栽培は渡来者によって移植され、しかも穀物栽培の開始は農耕社会の成立を意味するものではなかった。

中国産陶磁器の沖縄諸島への流入に関して補足すれば、グスク時代開始期以降から十三世紀半ば頃までは北（博多など）からの受け身の受容であり、それ以降は中国からの直接的な流入も含まれるようになり（沖縄島の交易者が特定の福建粗製白磁をもたらす）、十四世紀半ば以降は中国からの流入が圧倒するという経過をたどることになる。

三山時代の成立

高良が次に検討するのは「三山時代」の成立過程に関する問題である。

中国の『明実録』には、洪武帝の招諭（使者は楊載《ようさい》）を受けて一三七二年に中山王察度《さつと》、一三八〇年に山南王承察度《しようさつと》、一三八三年には山北王怕尼芝《はにじ》が明に朝貢する記事があり、朝貢体制の一員となっているが、この中山、山南、山北とは何かと問いかける（五七）。

『中山世譜』などの正史では、英祖《えいそ》王統四代目の王、玉城《たまぐすく》王の時に、王は酒食におぼれ政事を怠ったので、国政は大いに乱れ、延祐年間（一三一四～二〇年）に至り、大里按司が山南王を、今帰《なき》仁《じん》按司が山北王を称して国が三分し、その後、琉球は中山・山南・山北という三勢力の抗争する三山の時代となったという。

高良はこの記述について、「天孫氏二五代、舜天王統、英祖王統とあたかも有史以来統一王統がつづいてきたかのごとき前提があり、その前提に立ってはじめて「統一」から分裂に転じたと唱えているのである（三山分立論）。多くの歴史家たちが、この正史流の説明を祖述して三山分立論をお題目のごとく唱えてきた。果してそうだろうか」（五七）と疑問を投げかける。

高良は、「私たちの前に明らかなのは、一四世紀八〇年代の沖縄には中国に対して沖縄を代表する唯一の勢力は存在せず、少なくとも中山・山南・山北と称する三勢力がすでに存在していたことだけである」としたうえで（五七。傍点原文）、「三山分立論」にはじめて異を唱えた伊波普猷の「三山進化論」に注目する。高良は次のように伊波の見解を要約する。

沖縄の各地にアヂ（按司、あんじともいう）と称される首長がおこった。彼らは相互に対立・抗争し、力の強い者が弱いアヂを従え、その者よりは、さらに強大なアヂが彼を敗り従属させた。こうして、しだいに集合した勢力が沖縄に三つできた、それが三山である、と（三山進化論）。（五八。傍点原文）

高良がこの伊波の三山進化論を支持するのは、「王統中心主義に立つ正史の歴史観に比較的自由でありえた彼は、同時に歴史をダイナミックにとらえる眼をもっていた」（五八）のであり、伊波の三山進化論には「具体的な根拠らしいものは何もなく、もっぱら歴史をとらえるとぎすまされた彼の〝直観〟ともいうべきものに拠っているのであるが（中略）このほうが三山分立論よりも歴史の理にかなっている」からだという（五九）。この三山進化論は現在にいたるまで有力な仮説であると考えられるが、「根拠らしいものは何もな」いというのである。

この考えが一定の説得力を持つのは、池田榮史が指摘するように、グスク時代以降の農耕の開始からグスクを造営するまでの過程に、本土地域の「縄文時代から弥生時代への変化、および古墳社会の成立にいたるまでのあいだの歴史理解論が、暗黙のうちに援用されている」（池田、二〇〇四、六）からであろう。本土地域の弥生時代から古墳時代にいたるまでの歴史過程を想起して比喩的に考えると、沖縄島のグスク時代開始期以降の歴史過程を理解しやすいのである。

しかし、第一章で見てきたように、農耕の開始がただちに農耕社会への移行を意味するものでなく、三山時代が姿を現す十四世紀半ば以降においても依然として農耕社会が成立していたとは言い難いとすれば、こうした「根拠らしいものは何もな」い三山進化論の基盤は脆弱である。

グスク時代以降の農耕社会の進展にともない首長(アヂ)を頂く勢力が形成され、それらが争い弱者を統合するようになり、やがて三つの勢力(三山)になったとする考えは、農耕社会の成立を前提とする典型的な内的発展論に基づくものにほかならない。三山時代の成立過程を見直さなければならない理由はその点にあり、まったく異なる視点(本書で採用したのは交易社会論の視点)から三山時代の成立を考える必要がある。伊波普猷の〝直観〟とは結局のところ、農耕の開始が農耕社会の成立を意味するという常識的な考えを暗黙の前提とするものにほかならなかったのである。

なお、高良は、舜天や英祖は(かりに実在の人物としても)アヂ興亡のドラマの中から他を圧倒してより強大となった覇者であったはずだが、せいぜいのところ沖縄の中部地方などの沖縄のある地域を掌握していたにすぎず、しかもその覇権は永遠に安定するようなものではなく、有力なライバルによってたちどころに転覆されるような脆弱なものであったとし(五九)、次のように述べる。

その転覆劇を〝矛盾〟のないように中国の易姓革命流の知恵で粉飾したのが舜天・英祖・察度がそれぞれ人民に推されて王位についたという正史の話であろう。覇者が三人もそろいにそろって人格者で、その人格に敬服したからわれらが王に人民がまつりあげたなどという話は明らかに粉飾なのであって、真実はもっとなまなましいドラスチックなものであったはずである。「中山」とは、実はこうしたドラスチックな沖縄歴史の営みがつくりあげた一つの勢力なのであろう。（五九～六〇）

三山時代の内情

中山が沖縄島の中部地方で覇権を握った頃、南部地方（山南）、北部地方（山北）でも中山と同じことが起こっていた（六〇）。高良は三山の形成にいたるまでの歴史過程を抗争に次ぐ抗争の時代であったと考えている。

三山時代の「王」について、高良は「承察度や怕尼芝たちもまた（中略）荒々しい抗争の中から実力でライバルを押え山南王・山北王を称する地位を得たのであろう」（六〇）と述べていることから、舜天や英祖の時代は脆弱な政治基盤であったが、朝貢に招諭される中山王察度、山南王承察度、山北王怕尼芝などの時代になると、名実ともに実力を備えた「王」になったと考えているようである。

中山王察度につづいて山南王承察度、山北王怕尼芝が朝貢を開始したのは「中国皇帝の権威を後盾に他山に対して政治的優位を得ようとしたこと、対中国貿易を積極的におこない二山に対して経済的優位を得ようとしたことなどをめぐっての、三人の王＝覇者たちの競争を示すように思う」（六〇～六一）と述べ、三山の王たちの相次ぐ朝貢は他山に対する優位性を確保する意味合いがあったと推定する。

この後の高良の記述は山北、山南の当時の状況について触れるが、山南については「山南の内訌」の項を立て、山南王承察度が七回朝貢しているほかに山南王叔汪英紫《おうえいじ》（氏）[37]名義の朝貢が六回もあることを指摘し、山南を代表する覇者が二人もおり、王と王叔の関係はどのようなものであったかという疑問に対する従来のいくつかの仮説を紹介し、「いずれにしても、山南は〝小さな平和国家〟とは無縁の内訌の絶えない〝小王国〟だったことはまちがいなさそうである」（六六）とする。

三山の王たちが名実ともに実力の備わった王ではなく、また彼らが統治する三山が内実のともなった小王国などでもなかったことは、中国（明）が多くの優遇策をもってテコ入れしなければ朝貢主体として活動しえなかったことなどからも窺うことができる。また、第一尚氏以降の行政機構にしても、王相（国相）、長史などの官職は中国の行政府を模倣したものであり、しかも中国の皇帝が任命していることを考えると、十四世紀後半において国家としての政治体制のみならず、そこに戴く王もまた内実は未成熟であったと考えるべきである。

三山の朝貢主体自体、中国との朝貢貿易を求める交易者たちによる「利権争い」によって生み出された存在であり、彼らは在地の交易者を含むとしても、沖縄島を「草刈り場」とした倭寇、海商たちであったと考えられることは、第一章で論じた通りである。こうした点を踏まえれば、各王たちの朝貢の開始は「政治的優位」を求めるという側面もあったことは否定できないが、何よりも「利権の獲得」に重点があったというべきであろう。

山南の内訌については、山南のみにかかわる問題ではなく、察度―承察度―温沙道と汪英紫氏―汪応祖という中山、山南にまたがる権力（利権）争いではなかったかという仮説を提示した。なお、高良が紹介している「山南の内訌」に関する見解は、伊波普猷（「南山王の朝鮮亡命」一九三一年）、東恩納寛惇（『黎明期の海外交通史』一九四一年）、嘉手納宗徳（「山南王の系譜」一九七七年）などによるものである。

思紹・尚巴志の登場

次いで「琉球王国」の形成に進むが、『中山世譜』などの正史に沿っての記述である。「山南が内訌により政情不安の頃、中山でも突如として大異変が発生した」（六七）という文章で始まる。

察度の後に中山王となった武寧は悪虐非道の治世を敷いたため治世は大いに乱れ、これを遺憾とした佐敷按司尚巴志は武寧にまみえ、政道を改めるべきことを強く迫り、もし聞き入れなければ義兵をあげざるを得ないとおどかしたが、武寧は耳をかそうともせず、逆に兵備を整え諸按司に号令を発して尚巴志を討とうとさえした。按司たちは兵を動かさなかったので、尚巴志の軍勢の前に武寧は孤立し、やむなく城を出て降伏した。そこで、尚巴志は父尚思紹を立てて新しい中山王とした。以上が中山王に思紹が就くまでの正史の記述（高良による概要）である。高良は、正史では武寧降伏を一四〇六年としているが、佐敷按司（尚巴志）という山南の一首長が中山王をいさめることがなぜできたかの説明はまったくなく、舜天・英祖・察度の王位交代の時と同じように易姓革命流の真実にもとる道徳的歴史叙述を重ねているが、真相は正史とは正反対に尚巴志による中山王位の簒奪であろうと述べる（六七）。

一四〇六年の武寧追放に関して、『明実録』一四〇五年十一月の条に「琉球国中山王武寧世子完寧斯結（中略）に宴を賜る」とあるが、高良はこれが文字通りだとすれば武寧の世子に「完寧」がいたことになると述べる。[38] 武寧の名は一四〇六年以後『明実録』から姿を消し、翌年から「中山王世子」として「思紹」が登場してくるが、これは『中山世譜』が尚巴志による武寧追放を一四〇六年としていることと符合することを指摘する（六八）。

思紹の出自については「尚思紹の父は葉壁山（伊是名・伊平屋島）出身の鮫川大主《さめかわうふぬし》であった。鮫川大主は島を出て佐敷に移り大城按司の娘をめとり一男一女をもうけた。尚思紹と馬天ノロがこれである。息子の尚思紹は苗代大親《なわしろうふや》と称され、美里子《みさとしい》の娘を妻として尚巴志をもうけた」（六八）という正史の「遺老伝」を紹介する。そして、「尚巴志は、与那原港に出入りする異国商船より鉄塊を買い求め、それにて農器をつくり百姓に与え人望をあつめた」（六九）とする逸話を紹介し、「いずれにしても、尚巴志の登場によって、沖縄歴史は大きく動きはじめた」（六九）と述べる。

統一王朝の成立

武寧から中山王の王位を簒奪した思紹、尚巴志は一四一六年に山北王攀安知を、一四二九年にはて生じる正史の記事の真偽を論じるためである。

山北征討に関する記事の筋を追うと次のようになる。高良の要約にしたがう。

思紹が中山王として朝貢するようになった後の一四一六年、山北王であった攀安知の権勢を笠に着たやり口にがまんのならなかった山北の羽地《はねじ》按司、国頭《くにがみ》按司、名護《なご》按司が兵を率いて中山王に降る。この形勢をみた思紹は世子尚巴志に命じて山北征討の軍を発し、中山軍は浦添《うらそえ》按司、越来《ごえく》按司、読谷山《よみたんざ》按司（後の護佐丸）の中山の首長たちと、投降した山北の三按司を合わせた六軍、総勢三〇〇〇人に及んだ。中山軍は山北の主城今帰仁城に激しい攻撃を加えるが、城が要害に地にあったことや攀安知と部下の平原《てーはら》に率いられた山北軍の勇猛果敢な戦いぶりによって攻略が思うようにいかない。尚巴志は一計を案じ、勇猛であるが少々知恵の足りない平原をそそのかして内部分裂をおこさせ、そのスキをついて今帰仁城を攻め落とすことにする。今帰仁城は三方険阻な地形に囲まれているため、特に西南の方面は防備が手薄であることを羽地按司に教えてもらう。尚巴志は早速夜陰に乗じて密偵を西南から城内に侵入させて平原を買収することに成功する。翌日平原が攀安知に城を出て中山の奴らをけちらしませんかともちかけると、攀安知は同意し平原に城の守備を命じて手勢を率いて出陣する。この機をうかがっていた尚巴志は軍を分け、一軍を西南の方面から城内に侵攻させる。攀安知は中山軍相手に勇猛ぶりを発揮していたが、後ろを振り向くと城から火の手があがっている。あわてて攀安知が兵を城内に返すと平原が「攀安知よ、お前は王としての資格が足りない、オレは中山に降った」と大声をあげたので攀安知は大いに怒り平原を一刀のもとに斬り殺す。攀安知は中山軍を相手に死力を尽くしたがもはやこれまでと観念し、城内の守り神である霊石に向かって「余は死ぬ、お前一人生きながらえることもあるまい」と言い捨て、その石を斬り、そしてみずからの命を絶つ。この霊石はイビであり受剣石として今でも城跡内にある。攀安知が自害に用いた愛用の刀は城下の志慶真《しけま》川に投ぜられ、その後夜な夜な怪しい光を放った。後世、この刀を伊平屋の人が拾い中山王に献じたが、これが尚家に伝わる宝剣千代金丸《ちよがねまる》である（六九〜七一）。受剣石とは、すでに紹介した十字を切刻された霊石のことである（本書第一章八節2）。

高良はこうした正史の山北滅亡の記述について「真相はまったく不明だが、このままでは攀安知・平原ともうかばれまい。私は、もっと荒々しい、野心に燃えた古人たちの激突を想定してみたくなる」（七一）と述べ、攀安知は一四一五年六月を最後に『明実録』に登場しなくなるが、これは攀安知が一四一六年に滅亡したとする正史の記事と時を同じくしているという（七一）。

正史では山北の攀安知が滅んだのは一四一六年とするが、すでに論じたように中山と同じ一四〇六年と考えるのが合理的である。さきに紹介した尚巴志が中山の武寧を滅ぼす記事と、この山北の攀安知を滅ぼす記事は同年であったとするのが本書の考えである。攀安知の最後の朝貢（一四一六年六月）は一四〇五年十二月以来の朝貢であり、実際は思紹が行ったものと考えられる。

山北滅亡から五年後の一四二一年、思紹は死去し、その跡を継いで尚巴志が王位に登る。尚巴志に残されている課題は山南を滅ぼし琉球の統一権者になることであり、この課題を一四二九年に汪応祖から王位を継承した他魯毎を滅ぼすことによって達成することになるというのが正史の記述に沿う高良の考えである（七二）。

しかし、尚巴志が一四〇六年に中山王武寧と山北王攀安知を滅ぼした時が実質的な三山統一の時期であり、山南の汪応祖、他魯毎は中山王尚巴志と主従などの「身内」の関係にあったと考えられる。では、正史に記述される山南王他魯毎の記事は虚構なのだろうか。

他魯毎は一四一五年、中国皇帝よりの使者陳季芳によって山南王に封じられ、その後、中国にしばしば進貢使を派遣するが、一四二九年十月を最後に『明実録』から名前を消す。正史の記す他魯毎の滅亡の経緯は、以下の通りである。

他魯毎はおごりたかぶり日夜宴遊にうつつをぬかしたため、心ある臣下がその所業をいさめたが聞きいれない、政道は大いに乱れ、彼の命に服しないものにはことごとく弾圧を加えたので、山南の按司たちは他魯毎を見限り中山王尚巴志のもとに走る。これを知った他魯毎は激怒し、中山に兵を差し向ける手立てを練る。この情報を得た尚巴志はすかさず兵を発し、諸按司の支持を失った他魯毎を攻め滅ぼす（七二）。

高良はこの記事について「この山南滅亡の事情は平原の裏切りを除けば山北滅亡のストーリーとまったく同一であり、山北同様に王としての徳足らざる点が敗因と説明されている。攀安知も他魯毎もいわば自業自得の末路というわけである。ずいぶん身勝手な歴史叙述ではないか」（七二）と述べる。

『遺老説伝』（正史『球陽』の外伝。十八世紀編纂）には次の記事がある。

尚巴志には金彩の美しい屏風がある、それを知った他魯毎はノドから手の出るくらいにその屏風を欲しがる。そこで尚巴志は一計をめぐらし、山南の大里にはカデシガーと呼ばれる立派な湧水があるからそれとなら交換してもよいと他魯毎にもちかける。他魯毎は深く考えもしないで二つ返事で承知するが、その水を田に引いて耕作し、生活の用水としていた大里の百姓たちは大いに困る。尚巴志は自分に従うならば泉をこれまで通り使用してよいとしたので百姓たちはたちまち尚巴志になびく。これ人民のことに思いをいたさない他魯毎の滅びた理由である（七二～七三）。

このように正史の叙述を追いながら尚巴志による三山統一の過程を描いた後に次のように述べる。

一四一六年山北滅び、一四二九年山南もまた滅んだ。沖縄歴史はここにはじめて統一王朝をもつことになった（しかし、中国に対してはその後もやはり「琉球国中山王」を称した）。尚巴志の建てたこの統一王朝を「第一尚氏王朝」という。（七四。傍点原文）

しかし、はじめての正史である『中山世鑑』では尚巴志は一四〇二年に佐敷按司になり、まず山南王他魯毎を滅ぼし、一四二一年に中山王武寧を退け王位に就き、そして一四二二年に山北王攀安知を破って三山を統一したとする。『中山世鑑』と『中山世譜』という二つの正史で三山統一の時期が異なるのである。

また、正史の記事を検証する史料としては『明実録』に記録された朝貢・冊封記事があるにすぎず、冊封記事からは王位交代の様相を知ることができるものの（冊封の要請に際して「……王世子……」と記載されているが、本当に世子であるかは不明）、山北や山南がいつ滅亡したかに関しては朝貢記事に頼らざるを得ない。しかし、三山が毎年のように朝貢していたとは限らず、また山南王や山北王名義の朝貢が本当にそれらの王たちの朝貢であったかどうか必ずしも明らかでないことを考えると、確実な史料とは言えない。したがって、三山統一にいたる興亡の過程はあくまで推測の域を出ず、さまざまな史資料を駆使して検討しなければならないことになる。

山南王他魯毎の滅亡の記事が虚構である可能性は、正史の三山描写の枠組みを考えると納得できるように思う。場合によっては、山北王攀安知や中山王武寧の滅亡の記事も虚構である可能性さえある。三山描写が、いわゆるインド＝ヨーロッパ語族（印欧語族）に固有に認められる「三機能体系」の枠組みに沿っているからである（吉成・福、二〇〇六／吉成、二〇一一）。三機能体系とは、世界を三つの機能、すなわち神聖性・主権性、戦闘性・力強さ、生産性・豊穣性に分類して考えるものの見方であり、実体に即しているかどうかということには関係がない。正史における三山時代から統一王朝にいたるまでの興亡の描写において、中山（神聖性・主権性）、山北（戦闘性・力強さ）、山南（生産性・豊穣性）とそれぞれの機能が割り当てられており、王たちの名前など、たとえなにがしかの真実をもとにしているとしても、それぞれの記述の枠組みは後世につくられた可能性が高いのである。山北が戦闘性を象徴するのは、攀安知が勇猛果敢な戦士であり、その所有する「千代金丸」が後に琉球王朝第一の宝剣となったとされること、山南が豊饒性と結びつくのは、他魯毎が山南の民に豊作をもたらしていた嘉手志川《かでし》（湧水）を尚巴志が持っていた金の屛風と交換するが、屛風とは『おもろさうし』では酒と並んで富を象徴することによる。中山には尚巴志が持ち、打つことによって霊力が高まる鼓が象徴する神聖性・主権性が割り当てられている。

この三機能体系は、朝鮮半島から渡来した多様な人びととともにもたらされた可能性があることから、巻末【補論①】において詳しく論じた。沖縄島と朝鮮半島の関係は、第一章で論じたように、十四世紀以降の沖縄島の対外交渉を考えるうえで重要なテーマのひとつである。

三山からみればアウトサイダーとも言える佐敷按司にすぎない思紹、尚巴志の父子が沖縄島に統一王朝を打ち立てることができたのは、彼らの居城であった佐敷上グスクが中世山城の構造を持っていることに象徴されるように、その出自が本土地域であり、倭寇的存在だったからである（本書第一章十節1～5）。三山統一を成し遂げることができたのは圧倒的な軍事力によるものであったと考えられる。この点に、思紹、尚巴志による三山統一の過程の記事が、何らかの事実を含んでいるにしても虚構ではないかと疑う理由がある。高良が「身勝手な歴史叙述」と正史を評価するのには理由があるのである。

2　大交易時代

歴史の舞台への登場――朝貢の開始

『琉球の時代』に話を戻すと、次は琉球の交易の話題である。

琉球がにわかに歴史の舞台に登場するのは、さきに述べた洪武帝の招諭に応じ朝貢を始める記事が『明実録』に記載されるようになった時である。一三七二年（洪武五）正月の正使楊載の琉球への派遣の記事と、同十二月に中山王察度が弟泰期《たいき》らを朝貢に遣わした記事が最初である。

この『明実録』の記事の意味について高良倉吉は次の五点を掲げる。

①この記事は、琉球史にとって信頼のおける最古の記録である。
②歴史的実在の明らかな最初の人物として「中山王察度」とその弟の「泰期」の名前が出てくる。
③この記事においてはじめて「琉球」の表記が使われている（以後、中国人は一貫してこの表記を使用する）。
④一三七二年を起点に琉球が中国の朝貢体制に入った。
⑤「察度」の肩書である「中山王」とはいかなる意義を持つかという疑問も含まれる。

この五点を掲げた後、次のように述べる。

沖縄史にとって記念すべきこれら五点の問題は、沖縄史がみずからの自主的な力によって提起したものではなく、中国における強力な帝国（明）の出現とその対外伸張によってはじめて生じたものである。いうなれば、東アジアの一角に営々とみずからの歴史をつくりつつあった沖縄に、明の出現により本格的なスポットライトがあびせられはじめたということなのだ。このような意味で、『明実録』には、『隋書』や『元史』の段階とはちがった意義が見出されねばならないだろう。それは明の建国の意義が、東アジア世界にとって元などの段階にくらべていかに構造的に重いものであったかの反映であり、「琉球」の明確な登場もその一つの例証だと思われる。（四八〜四九）

明の洪武帝は、中山、山南、山北の各王たちに対してなぜ、朝貢の招諭をしたのだろうか。それは洪武帝がとった海禁政策と朝貢体制の確立が密接に関係しているが、その点について高良は次のように述べる。

対外的には、歴代王朝の例にならって諸国に使節を送り入貢・帰順をうながし、とくに対外交易については朝貢貿易のみに限定するきびしい交易政策を打ち出した。朝貢貿易とは、中国皇帝の権威に服し、その証として貢物を進上する政治的・儀礼的関係を前提にしてはじめて認められる公的な交易のことである。（中略）一種の国家管理交易と見てよい。またそれに関連して、洪武帝は、海禁政策と称される中国人の海外進出を閉鎖する禁令を厳達した。（中略）朝貢貿易システムと海禁政策という明の対外姿勢は、これまで多くの研究者が指摘しているように、元末期から明初期にかけてとくに跳梁をきわめはじめていた和寇[39]・海寇と呼ばれる海賊、あるいは海賊的私貿易者を排除するためであった。彼らの暗躍のため中国沿岸は混乱し、治安維持のうえでも大きな脅威となっていた。（四四～四五）

確かに琉球は洪武帝に招諭されることによって朝貢体制の中に組み込まれることになるが、高良の説明では、なぜ洪武帝は琉球を朝貢に招諭したのかという理由は語られることはなく、実体のある王を頂く周辺諸国の中の一国（実際は三人の王）として招諭されたかのようである。

こうした考えにはいくつかの問題がある。

ひとつは、三山の各王たちは、すでに述べたように国家を統治する王とみなすには実体が乏しいことであり、いまひとつは各王たちを招諭したのは中国沿岸に猖獗する倭寇を沖縄島に囲い込み、朝貢体制の中に組み込み、正常な交易を行う朝貢主体に転化させるためであったことである。

また、高良は、琉球が中山王察度の代をもってはじめて対中国貿易が開始されたという意味にとってはならないとし、朝貢貿易は一種の公貿易であり、私貿易はまた別の問題であることを指摘する。そしてグスク時代の遺跡から出土する中国産陶磁器は、察度以前から中国との間で何らかの形による私貿易があったことを示しており、察度はその伝統を踏まえつつ中国の公貿易政策に即応して対中国貿易を私貿易から公貿易へと転換したと理解すべきと述べるのである（五二～五三）。

ここには、公貿易を私貿易に転換したのはあたかも察度であるかのようなニュアンスがあり、それは「私貿易時代から公貿易時代へと転換せしめた察度は、琉球を中国の朝貢体制の一員とすることによって公貿易の前提を確立した」（五三）という一文に明瞭に表れている。たとえ、察度が公貿易に「即応」したとしても、主体はあくまでも明の洪武帝である。私貿易から公貿易への転換にしても、朝貢体制の一員になったことにしても、察度はつねに受け身だったはずである。

交易の主体

中国の海禁政策と朝貢体制の確立によって琉球は歴史の舞台に登場することになる。

中国の側からみれば海禁政策は中国商人の活動が制約され、中国、朝鮮、日本を結ぶ交易ルートの主役がいなくなることを意味した。そこで中国商人に代わる新しい勢力の台頭が要請されることになる（八五〜八六）。「その仕事を積極的に買って出たのが、王国形成に熱中していた琉球なのであった」（八六）。ここでも「積極的に買って出た」と琉球が主体的に行動したかのような記述になっているが、実際は明による「働きかけ」によるものであった。高良の記述の特徴のひとつは、これまでもみてきたように琉球の主体性を強調することである。

『歴代宝案』（中国人居留区である久米村に残された、一四二四年から一八六八年までの四四〇年余にわたる対外通交の公文書を収めたもの）によれば、十四世紀から十六世紀にかけて展開された琉球の対外交易は、「東シナ海を西進して中国へ、北上して日本・朝鮮へ、そして、南下して南シナ海を足

図⑭　交易ルート図（高良、1980、87）

場に東南アジアの国々へ、と実に壮大な交易ルートが展開されている」（八七）。

『歴代宝案』の外交文書の大半は中国関係のものであるが、朝鮮関係の文書をはじめ暹羅（シャム）、安南、爪哇（ジャワ）、旧港（パレンバン）、満剌加（マラッカ）、蘇門答剌（スマトラ）、巡達（スンダ）、仏太泥（パタニ）など東南アジアの国々との関係を示す文書も収録されていることを指摘し（八八）、琉球の外交・交易を明らかにするための試みとして地図化している。それが図⑭である。そして、次のように述べる。

その交易ルート図を一見しただけで理解できることは、琉球が、東アジアの交易ルートを支え、なおかつこれと東南アジアを結ぶ交易ルートをも開拓することにより、一四世紀から一六世紀にかけてのアジア史に一つの重要な役割を演じたことであろう。すでに述べたように、三山の抗争から第一尚氏王朝、第二尚氏王朝とつづく一連の歴史過程は、琉球内部においては幾多の興亡と謎にみちみちた英雄たちのおりなす王国形成のドラマであった。同時にまた、その時代こそ、中国との深い結びつきを背景としながら、琉球人がアジアの海へと船を盛んにくりだした得意の時代でもあったということができるのである。（八八〜八九）

村井章介は、高良が作成した図⑭について、「現在のタイ・マレーシア・インドネシア方面への航路が、かならず福州・広東・安南を経由していたように描かれているなど、ルートについても疑問が多いが、さらに問題なのは、どの国との関係も濃淡なく、かつ双方向だったかのようにイメージを与えてしまうことである」（村井、二〇一三、三六三）と述べ、「琉球と諸国の関係は双方向だったか」という問い対し、次のような事例を掲げる。

『歴代宝案』の宣徳六年（一四三一）の暹羅国あて琉球国中山王咨文である。「更に煩《ねが》はくは、今去《い》く人船は四海一家もて念と為し、官買を寛免し、自ら両平に蘇木等の貨を収買するを行なはんことを。国に回《かえ》りて応《まさ》に大明御前に進貢するに備ふべし」。この時期の対シャム関係において、「官買」（官庁との公定価格による取引）の免除、「両平」（双方が満足できるという意味）の実現が、琉球側の焦眉の課題で、交渉が決裂して派船をみあわせたこともあった。「四海一家」は明のスローガンに倣ったものだが、「両平」とは具体的には市場価格による取引をさす（村井、二〇一三、三六三。傍点原文）。

琉球が「市場での取引でこそ双方が潤う」と主張し、シャムもそれをうけいれたことは、明への進貢品の買いつけという貿易目的は看板にすぎず、民間ベースの商取引が主流になりつつあったことを物語る。（村井、二〇一三、三六三）

村井は、先の地図の与える印象なども手伝って、双方に帰属する船が行き交ったかのように思われるが、『歴代宝案』による限り、相手国の使節と外交文書は、ことごとく琉球船の帰航を利用して琉球に到来しており、大交易時代の琉球・東南アジアの外交は、ほとんど一方的に琉球からの働きかけによって行われたもので、東南アジア諸国は受け身の対応に終始したと述べる（村井、二〇一三、三六四）。

民間ベースの交易

村井は、『歴代宝案』から窺うことのできるのは、あくまで漢文の外交文書がなんらかの関わりをもった領域でしかなく、そこでみたものが琉球の海域交流のすべてではないとし、別系統の史料からは「南蛮」と呼ばれた東南アジアから来た船が、十五世紀の那覇港に碇を下している姿が浮かんでくるとして、次のおもろを掲げる（村井、二〇一三、三六七）。

巻十三―七五三

一しより　おわる　てだこが　　首里におわす太陽子（王）が

うきしまは　げらへて　浮島を造成して
たう　なばん　よりよう　なはどまり　唐、南蛮の寄り合う那覇港
又ぐすく　おわる　てだこが　グスク（首里城）におわす太陽子が

浮島は、『おもろさうし』では那覇と喜界島を指すが、ここでは那覇。「げらへる」は「造営する」の意味である。

また、次のような記録が残されているという（村井、二〇一三、三六八）。

①一四六一年に琉球に漂到した朝鮮人肖得誠の見聞（『朝鮮世祖実録』八年二月辛巳条）に「一、市は江辺に在り、南蛮・日本国・中原の商船来りて互市す」とある。

②日本・琉球地誌である『海東諸国紀』（朝鮮・申叔舟。一四七一年）に付属する「琉球国之図」の那覇付近には、A「石橋」、B「那波皆渡／国庫／九面里」、C「宝庫」、D「湾口／江南・南蛮・日本商船所泊」とある。石橋は首里から道と浮島を繋いで一四五一年頃に造られた「長虹堤」、国庫および海辺に置かれた肆《みせ》は「親見世」、九面里は久米村、宝庫は港内の島に置かれた王家の宝物庫「御物城《おものぐすく》」。

③元禄九年（一六九六）の古琉球時代の琉球を描いた彩色地図「琉球国図」（太宰府天満宮旧蔵、沖縄県立博物館蔵。『海東諸国紀』「琉球国之図」と深い関係があるとされる）には、a「石橋／此下有

五水」、b「那波皆津、日本人・本嶋人家有此／此地王之庫蔵衆多有／波上熊野権現／九面里、江南人家在此」、c「江南・南蛮宝物在此、見物具足《みものぐすく》広」、d「那波皆津口《みなと》、江南・南蛮・日本之船入此浦」とある。

これらの四つの史料（巻十三―七五三のおもろと①～③）のいずれにおいても「南蛮」の存在感が大きく、那覇港に入る船を列挙した部分を抜き出すと「たう・なばん」「南蛮・日本国・中原商船」「江南・南蛮・日本商船」「江南・南蛮・日本之船」となり、唐・江南か日本が欠けている例はあるが、南蛮はすべてに入っている。御物城に納められるのも「江南・南蛮宝物」であったとし、村井は次のように述べる。

> 国設の貿易市場兼倉庫「親見世」に象徴されるように、琉球という国はもっぱら「海船行商」をなりわいとしていた。那覇港に入る「商船」のなかで、『歴代宝案』に収められるような外交文書を携えた公的性格の船は、むしろ少数派だったのではないか。南蛮につぐ存在感を示す日本船すべてがそういう性格でなかったことは確実である（『歴代宝案』にはヤマトとのあいだで応酬された文書は一通も見いだせない）。とすれば、南蛮船、江南船も、その大半は民間ベースの商船だったのではないか。一四七七年、暴風のため与那国島に漂着した済州島人が、本国に送還される途上の那覇で、「江南人及び南蛮国人、皆来たり商販し、往来絶えず」という様

子を目撃した（『朝鮮成宗実録』一〇年六月乙未条）ことは、その一端を語るものである。

（村井、二〇一三、三六八〜三六九）

国家的な記録（『歴代宝案』）には残ることがない民間ベースでは、南蛮、中国船、日本船が那覇港にやってきていたのである。しかし、海禁令下であっても中国船が那覇港にきていたということは、この時期（十五世紀半ば？）の海禁政策は弛緩していたのだろうか。

高良は、琉球は数多い中国への朝貢国のなかでも進貢貿易に特に熱心だったとし、中国も琉球に対しては特に優遇策をもって臨んでいたと述べる（九二）。そして、秋山謙蔵『日支交渉史研究』（岩波書店、一九三九年）を引用して明に対する進貢回数の概略の数値を掲げ、琉球は一七一回と群を抜いて多く、「二位安南八九回、六位シャム七三回、一〇位朝鮮三〇回、一二位マラッカ二三回、一三位日本一九回」だったとする（九二）。高良は、中国は琉球に対して優遇策をもって臨んだとしているが、なぜ優遇策をとったのかについて理由は述べられておらず、琉球が朝貢貿易に熱心だったからとしか読めない。それを中国の琉球に対する「恩情」と述べているが（一三六）、これは誤りである。その優遇策こそが琉球を歴史の舞台へと登場させる要因であり、また活発な交易活動を促す要因であったのである。

琉球の朝貢回数が多かったことが、交易品のなかで重要な位置を占めていた中国産陶磁器を誰よりも多く入手し、転売しうる優位をもたらし、琉球の地位をはなはだ有利に導くものであった（九二)。そして、「こうした意味をもつ陶磁器類を琉球が誰よりも多く入手しうる条件と地位をもったことが、琉球の壮大な交易ルートの基礎を支えているものの一つだったと見なすことができるだろう」(九三)と述べる。

『琉球の時代』では「恩情」の内容についてふれることはないが、『アジアのなかの琉球王国』(吉川弘文館、一九九八年)ではその点について言及している。中国において元を打倒して明を建国したといっても、モンゴルの影響はまだ中国に及んでいたので、洪武帝はそれらを平定するために軍事行動を継続する必要があった。それに必要な馬の調達ルートの多くはいまだモンゴル人の影響下にあった。そこで注目されたのが琉球ルートであり、琉球から大量の馬が中国に運ばれた。やがて、モンゴルの平定が完了し、琉球の馬の需要は激減するが、それでも琉球に対する優遇策は維持されたと述べる(高良、一九九八、六二~六三)。そして優遇策がとられた理由を次のようにまとめる。

平たくいえば、琉球は明朝にとっていわば「恩人」なのであり、「恩人」に対する方策として琉球優遇措置がとられたのである。(高良、一九九八、六四)

この考えは、曹永和によって講演の形式で発表されたものであるが、ここではその要旨を紹介し、批判的に検討している平田守(平田、一九八六)から引用する。

琉明関係の初期段階は馬という軍事目的のためにはじまったとする曹永和の議論を平田守は画期

的なものとしながらも、一体どれほどの量の馬が中国に入ったのか、どのような形質のものであったかという疑問を投げかける。

こうした問題を検討した結果、琉球から進貢する馬の数には一貫性がないため、軍馬供給とは考えられず、のちの明代後期の万暦年間（一五七二～一六二〇年）になると進貢数がほぼ四匹と一定することから形式的、儀礼的なものであったことを指摘し、朝貢ではないが軍馬供給を目的としたものは、洪武十六年（一三八三）に梁民が市馬で九八三匹を貨幣で買ったのが唯一の例であるとする（平田、一九八六、七七～八六）。

また、馬の形質から言えば、琉球の馬は矮小とみなされていたが、実際は朝鮮在来種で現在でも済州島に残されている朝鮮果下馬よりは大きく、四川、雲南、貴州一帯の川馬と同じくらいの大きさである。川馬とは山地を走るのに巧みであるという点でも琉球の馬に似ている。蒙古馬は辺馬と呼ばれ、川馬はこれよりは小さい。明の洪武期では軍馬として川馬を使用しており、琉球の馬も後代になって評価が下がるまでは十分に軍事用に使えたという（平田、一九八六、八六～九〇）。

このように平田守は、北方民族と対峙している洪武期の明にとって琉球は、緊急時に軍馬を確保しうるルートとしての性格を持っていたと指摘する（平田、一九八六、九一）。洪武帝期においても琉球はつねに軍馬の供給を期待されたわけではなかった。その点で優遇策は、軍馬の供給という「恩人」への方策とは言えないのである。

軍馬の供給のほかに曹永和があげる琉球への優遇策の理由には、もうひとつある。それは倭寇対策の一環として琉球を羈縻《きび》することである。羈縻とは敵対しうる異民族を懐柔し、繫ぎとめておくことを言うが、琉球の場合に即して言えば、倭寇的勢力を朝貢体制に組み込んで正常な交易者に転化させたことが、それに当たるであろう。

高良は、あくまでも琉球の明に対する貢献が優遇策の理由と考えるが、実際はいかに沖縄島に囲い込んだ倭寇的勢力を正常な交易者として活動させるかが眼目だったのである。

朝鮮被虜人

高良はその後、日本との交易（ヤマト旅◉40）、朝鮮との通交などにも筆を進めるが、その過程で、田中健夫『中世対外関係史』（東京大学出版会、一九七五年）から、当時「那覇が東アジアにおける重要な奴隷市場であったことは疑う余地はあるまい」（一〇四）という一節を引用している。田中はその理由として、琉球から朝鮮へ倭寇に掠奪されている被虜人がしばしば送還されていることを指摘しているが、さらに高良は東恩納寛惇『黎明期の海外交通史』（琉球新報社、一九四一年）から資料を追加し、一四三一年頃に被虜人が百人余もいたこと、一四五六年頃にはそのうち老いたる者五人がいて、女子はみな琉球の人と結婚していたこと、また日本人で琉球に売られている者がたしかに存在していたことも、田中の見解を補強するものであろうと述べる（一〇四）。

ここで考えたいのは、第一章で述べたように、那覇に奴隷市場があり、一四三一年段階で百人余の倭寇に掠奪された朝鮮の被虜人がいたとされることである。朝鮮あるいは高麗に対しては、すでに一三八九年に中山王察度が倭寇に掠奪された被虜人を送還しており、さらに同年、高麗は金允厚を報聘使として琉球に派遣し、翌年の一三九〇年八月には金允厚は朝鮮被虜人三十七人を送還していることから、この時期にはすでに奴隷市場は存在していたのではなかろうか（本書第一章七節2）。
十五世紀前半、特に一四一九年の応永の外寇以降、倭寇は衰退したとされている。その時期に当たる一四三一年に、那覇の奴隷市場に百人余の朝鮮被虜人がいたとされるのは、依然として倭寇の活動は、相応の規模で存在したということだろうか。[41]
いずれにしても、十四世紀末の段階で倭寇による朝鮮の被虜人が琉球に相当数存在したことは、沖縄島で活動する倭寇や海商の存在を抜きに考えることはできない。

対外交易の構造

高良は「東アジア・東南アジアにまたがるかくも広大な交易ルートをなぜ琉球は築きえたのだろうか」（一三三）という問いを提起し、客観的条件と主体的条件に区別して検討する。なお、この点に関する高良の記述については、ひるぎ社の新版における記述も含めて来間泰男（来間、二〇一四b、二二一〜二二七）が検討を行っているので参照していただきたい。本書の記述は、その検討に多くを負っている。

高良は「客観的条件の主な要因は、やはり中国の朝貢貿易制度と海禁政策をぬきには語れない」（一三三）と指摘する。なぜ中国の政策が重要であったのかについては、おおまかに要約すれば次のように述べている。

海禁政策は中国商人の自由な渡航を大きく拘束することになったが、その中国商人の活動が後退した分だけ新興勢力の進出する余地が大きく広がった。しかも琉球は進貢貿易を通じてしかおこなえない対中国貿易を最も活発に展開し、中国産の商物を最も多く入手できる立場にあった。日本商人に依存する形式になるが、琉球は日本・朝鮮との交易ルートを確保しており、このルートを通じて日本商品を大量に入手することができた。さらに、東南アジアとの活発な交易を展開し南海産の至宝を那覇に集めることもできた（一三三～一三四）。そして、壮大な交易ルートを築きえた客観的条件を総括して次のように述べる。

仮に、日本商人が琉球同様に中国交易や南海渡航を頻繁におこなうことができ、東南アジア諸国もまたみずから頻繁に中国・日本に通って交易をおこない、中国もその商人の海外交易活動を全面的に奨励するような対策をとったとしたならば、琉球が東アジア・東南アジアにまたがる壮大な交易ルートを展開する余地などまったくなかったといえる。それがそうならなかったところに、琉球の台頭しうる客観的条件が存在したと理解すべきであろう。（中略）東アジア・東南アジアの国々が琉球を一つの「市場」「卸問屋」として相互に依存しあう構造であり、その構造をたくみに演出しえた琉球の位置である。琉球の対外交易の隆盛を認識するカギは、こうしたグローバルな構造にあった。

（一三四～一三五）

この総括の前段についてはその通りであろうが、「その構造をたくみに演出しえた」とするのはおかしい。「たくみに演出しえた」とすれば、それは琉球の主体的条件であり、客観的条件ではない。海禁政策と朝貢体制下で琉球が朝貢貿易に積極的に打って出たと考えたために、「たくみに演出しえた」という表現になるのだろうが、実際はそうではなく、明の働きかけによるものであった。

次いで主体的条件である。

第一は船舶・造船術の問題であるという。

しかし、まったく意外なことだが、琉球人がアジアの荒海を越えて壮大な交易ルートを開拓するのに用いた船隻は中国の皇帝からタダで支給された大型のジャンク船であった。『明実録』には皇帝が琉球へ海船を下賜した記事が多く登場しており、琉球側からの要請をうけて船の修理はおろか古くなり損壊のはげしい船にかえて新しい船隻を再支給するケースもまた多い。尚巴志の時代にはその船隻数がすでに三〇艘にも達していたというから、皇帝の琉球に対する恩情ぶりはまことに驚くほかない。（一二六）

「恩情」がなぜ琉球に寄せられたかの説明はない。これまでの文脈に沿って考えると積極的に朝貢貿易を行っているからであるということになる。しかし、明から琉球への海船の下賜という問題は、琉球の客観的条件であり、主体的条件ではない。やがて十五世紀後半以降に「メイド・イン・リュウキュウ」のジャンク船が造られるようになったとしても（一三六）、「たくみな演出」によって貿易構造を形成させたのはそれ以前の明代初期のことであろうから、この議論は妥当ではない。

第二の主体的条件は、航海術である。

航海には羅針盤が用いられ（看針舎人と呼ばれる係がいる）、天文航法とともに用いられていたこと、火長（船長）、管船直庫（事務長）がおり、かれらが「稍水《しょうすい》」と称される水夫・要員を指揮・監督して海船をあやつり、使節団・貢物・礼物・附搭貨物などを無事目的地に届ける大任をおびていたらしいが、この最高責任者ともいうべき火長は琉球に帰化および居住する中国人であり、航海術にすぐれた中国人が大きく関与していたことなどを指摘する（一三七）。

さらに、海外に派遣された使節団の中の通事（通訳官）も例外なしに中国人であったこと、『歴代宝案』に収められた漢文の外交文書、表箋文・咨文・符文・執照文などもすべて中国人に手によって作成されたことなどを述べる（一三七）。

そして次のように結ぶのである。

したがって、こうした技能を有する中国人集団の存在も主体的条件の三点目としてあげねばならないだろう。（一三七）

一つ目は造船術、二つ目は航海術、三つ目は漢文の使用である。

なぜ、これらのすべてが主体的条件になるのだろうか。いずれも中国人居留区（久米村）に住む中国人によってなされたのである。来間泰男が指摘するように「『琉球に帰化および居住する中国人』とすることによって「実質は琉球人」と印象づけている」（来間、二〇一三b、二四）ということだろうか。

高良は、次いで「商人としての国家」という項目を立て、琉球は国家が商人としてふるまう商人国家であることを述べるが、それは次のような内容である。

まず、漢字がなぜ東南アジア諸国に通用しえたかという問題である。東南アジア諸国には、海禁政策以前から渡航し、また海禁政策以降も密航した中国人、すなわち「南洋華僑」の存在があった。琉球が中国人技能集団である久米村を持っていたように、東南アジア諸国も同様の集団を持っていたのである。また、東南アジアにおける貿易相手国が琉球と同じく中国の朝貢体制の一員であり、漢文外交文書作成者と中国語通訳官をもたねばならず、当時アジアにおける最大の国際語であった中国語、漢文によるコミュニケーションが可能な前提があった（一三八～一三九）。

そして、もうひとつの主体的条件を掲げる。それは主体である琉球が三山を経て第一尚氏王朝という一つの統一国家を持つに至ったことであるとする。

あれほど対外交易を活発に営んだはずの琉球であるにもかかわらず、その社会には一人の商人もいなかった。琉球船は厳密には「商船」ではない。国王の派遣する官船であり、外交ルールを前提とした公用船であり、航海技術要員を除く乗組員はあくまでも使節人員（役人）であり、「商人」は一人も含まれていなかったのである。換言すれば、国家が国家みずから商人としてふるまう国営貿易であり、派遣される国家の要員（使節団）が商人的活動をおこない、公用船が商船としての性格を同時に持つところに特色があった。（一三九）

国家＝商人であることを述べたうえで、久米村の中国人の国家における位置づけについて次のように力説する。

それゆえ、こうした交易の推進主体である国家が成立せず、国内が個々バラバラであったならば、対外交易の進展・隆盛は見られなかったはずだ。たしかに、久米村の中国人技能集団の対外交易に占める比重は大きかったが、しかし、彼らはみずから対外的に琉球を代表する存在とはなりえないのであり、その技能を琉球の国家に登用される存在でしかなかった。（一三九〜一四〇）

すでにみてきたように、久米村の中国人たちの存在がなければ三山時代、統一国家成立以降においても、琉球の商業活動の核になる朝貢貿易などはなしえなかったのであり、しかも彼らこそが琉球という国家の商業活動の命運を握っていたと言えるのである。言葉をかえて言えば、彼らこそ交易国家の中枢に存在したのである。それは、三山時代から統一王朝の初期において、琉球とはどのような実体を持った「国家」であったかを検討する過程で明らかになったことである。

高良は「大交易時代」の章を次の文章で結ぶ。

一四世紀末から一六世紀にかけて、琉球内部では王国形成の運動が着実に進行し、外部に対しては中国との関係を主軸とする壮大な対外交易が展開した。国内における王国形成のテンポは早まり、その物質的基礎として対外関係＝対外交易が作用し、対外関係＝対外交易を推進する主体として王国は自己の存在を国内的にも積みあげていったのである。王国形成と対外関係＝対外交易というこの二つの相関した動向は、琉球が琉球として自己を成長させる過程であり、東アジアと東南アジアをむすぶ世界に一つの市民権を打ち立てる意義をもつ歴史的営みであったといえるように思う。（一四一）

朝貢貿易も三山時代の「王」も、いずれも中国（明）からの働きかけによって開始あるいは存在するようになったのであり、このふたつに関係はあるだろうが、いずれも他者から与えられたものとして存在したのである。

グスクの世界

第四章「グスクの世界」は、①第一尚氏第六代王である尚泰久《しょうたいきゅう》時代に、互いに争ったふたりの人物、王位を奪う野心を持ち、勝連グスクを居城にする阿麻和利《あまわり》、そして中城グスクを居城とする忠臣護佐丸《ごさまる》の話題（この両者の逆臣・忠臣という構図は後世に創作されたものであるらしいこと）、②勝連グスク本丸の地層から読み取れること、具体的には上からⅠ層（阿麻和利を最後とする何代かにわたる按司たちの暮らした時代）、Ⅱ層（コーラルを敷きつめた層。勝連グスクの立地する丘を整備する時のもの）、Ⅲ層（勝連グスクの存在する丘に、グスク時代の小集団が暮らした場所。土器、貝器、類須恵器、獣骨器、鉄器、中国製陶磁器類〔宋代の青磁も含む〕などが出土）という時代の変遷を反映したものになっていること、③グスク論争とそれを解決するためのモデルの提示がおもな内容である。

グスク論争とは、高良にしたがうと次のような論争である。

> グスクの本体を聖域と見るかそれとも集落と見るか、あるいはグスク時代とグスクのかかわりをどうとらえるか、グスクとは空間的にどう限定されるべきか、グスクと階級社会の形成をどう関連づけるかなどのさまざまな争点をめぐってはげしい論争が展開されるに至っている（グスク論争）。そして、現在なおその論争は決着を見ていない。（一六〇）

高良は、城塞的グスクと非城塞的グスクのふたつに区別して考えるべきであり、ともにグスクと呼ばれるのは両者がともに聖域としての性格を持つからにほかならず、発生的に非城塞型のグスクが城塞型のグスクに先行するという（一五八〜一五九）。グスクは本来、聖域であると考えたのは仲松弥秀であり、これに高良は「聖域説」と名付けたのである。

仲松は聖地を中心とする集落空間構成の解読を琉球弧全域にわたって精力的におこない、石垣の有無や、グスクの多様な形態にかかわらず、村落の聖域としての性格が認められ、その聖域としての性格は集落の葬所から発生したと考えたのである[42]（仲松、一九六一）。

これに対して、嵩元政秀は、グスクをA式（政治的権力者の居城、切石積みグスク）、B式（原始社会終末期から古代社会に移行する時期頃の防御または自衛意識をもって形成された集落、野面積みの石垣遺構を持つグスク）、C式（発生当初からの墓地、聖地。遺物は出土しないか、B式より後代のものしか出土しない）の三つに分類し、大量の陶磁器片、食料残滓が出土するB式が多いことから集落とみなす（嵩元、一九六九）。これを高良は「集落説」と名づけた。

こうしたグスクのあり方をめぐって、高良は「グスク展開のふたつの道」を考える。

グスク時代には沖縄の人びとは小高い丘や丘陵斜面などにそれぞれ小さい集団をなして住んでおり、その付近には天然の湧水があり、人びとはそれを生活用水として用い、またそれによって潤う狭い地所を水田として拓き稲作農耕などを営んでいた。その時代、人びとは居住場所の付近に一つの聖域を持っていた。こうした単位集団は各地に発生し、歳月を重ねるうちにアヂ（按司）と呼ばれる首長が登場する。按司は政治的統率者としての性格を強め、攻防を繰り返し、より強大なアヂが登場した（一六〇〜一六一）。

やがてアヂたちはこうした単位集団を別の場所に移動させたり、すでに集団の移動した小高い丘を大きく石垣で囲い城塞を築くようになった。城塞にならなかった高地性集落はそのまま丘上にとどまったが、やがて移動をはじめ、また他集団と集合して新しい集落を営みはじめたので、かつての集落跡には聖域のみが取り残された。しかし、かつての聖域に対する信仰の念は変わらず、なかには死者を葬る霊地・葬地としての意味を帯びたものもあらわれた。一方、城塞に変容したかつての集落跡・聖地に対する尊敬の念も消えておらず、人びとは聖域をあがめるとともに城塞やその主であるアヂに対しても畏敬の念を抱くようになった（一六一〜一六二）。

このグスクの展開にも、内的発展の見方で歴史過程を考えていることを明瞭に読み取ることができる。一見、合理的に説明できるように思われるが、グスクの多様性がこれほど単純に説明できるのかという疑問がある。

高良は勝連グスクに玉ノミウチ嶽・肝高ノ嶽などの聖地があり、それがグスクと呼ばれるゆえんであるとするが（一五九）、そもそもグスクと御嶽《うたき》のふたつの聖地の違いは何だろうか。この違いがわからなければ、グスクとは何かという議論に決着がつくとは考えがたい。同じものなのか、どちらが古くからあったのかさえ明らかでない。

御嶽という名称だけ考えれば、修験道がなんらかの影響を及ぼしていることは容易に想像がつく。修験道の影響を考えるうえで参考になるのは島津氏の例であろう。

栗林文夫によれば、十六世紀前半から十七世紀初め（大永年間から慶長年間頃）までに鹿児島で活動した修験者の人数と、それ以後の人数を比較すると、全八十五人中、前者が六十七人、後者が九人、時期不詳が九人であり、七十九パーセント余りが大永から慶長に集中しているという（栗林、二〇一八、一五八～一五九）。なお、この数字は永松敦が作成した「島津氏関係仏教者（修験者）一覧」によるという（永松、一九九三）。

以上の数字のように、全体的な傾向として中世末期から史料上にみえる修験者が増加することは、中世末頃、島津氏が修験者を重視し、修験者たちを軍事・政治上に積極的に登用した歴史的事実の表れだとする（栗林、二〇一八、一五九）。

では修験者の重要な役割は何であったかといえば「祈禱」であろうという。中世において祈禱は戦闘行為そのものと見なされており、敵方との戦闘状態のなかで、相手を打ち負かすような祈禱を行うことができる修験者たちが、島津氏から重宝がられたという（栗林、二〇一八、一六〇）。

このようにみてくると、琉球に修験者の活動がおよぶのも中世の後半のことだったのではないかという推測が成り立つ。しかも、こうした戦闘行為において祈禱し、相手を打ち負かそうとするあり方は、男女の違いはあるものの、『おもろさうし』の中で謡われる聞得大君をはじめとする神女の姿にも重なり合うものがある。

御嶽という名称が、かりに中世の後半に伝わったとしても、「御嶽」と呼ばれている聖地は琉球弧の各諸島（群島）、島嶼間で様相を異にしている。すでに存在していた聖地に包括的に「御嶽」

の名称を与えた官用語だったのではないかと考えられる。

高良は「グスクの世界」を締めくくるにあたって次のように述べる。

勝連城跡はみすぼらしい遺構でしかない。一般にはただ逆臣阿麻和利の城として知られるのみであるが、雑草におおわれたその小丘にいかに深く重い歴史が埋もれているか、まさに、ここには黎明期の沖縄歴史を照射する巨大な視点が横たわっているのだということはあまり知られていない。

東アジア・東南アジアの海域にくりひろげられた大交易の時代が海に刻まれた歴史であるとするならば、琉球内部に営まれた諸相を伝えるグスクの世界は丘に刻みこまれた歴史であったということになろう。この海と丘の二点から延びる歴史線上のバニシング・ポイントともいうべきところに、琉球王国の確立期、すなわち尚真王の君臨する重要な時代がそびえ立っている。

（一六六）

二　『琉球の時代』が描く歴史像と特徴

これまで一九八〇年に刊行された高良倉吉『琉球の時代――大いなる歴史像を求めて』を概観してきたが、本節ではそこで描かれる歴史像と、その叙述の特徴についてまとめておくことにしたい。

1 歴史像

高良の議論を、ここで改めて簡単に要約しておきたい。

①グスク時代の開始とともに農耕が始まり、農耕が経済の中心となる農耕社会に移行し始めた。中国製陶磁器や類須恵器（カムィヤキ）が出土することから、グスク時代には外部からのインパクトがあった。

②農耕社会が進展していくにつれ、各地にアヂ（按司）を頂く勢力が生まれ、かれらが抗争を続け、弱者を統合した結果、三つの勢力（三山）が形成されるようになった。三山の王たちは抗争の中で、実力でライバルを抑えた者たちであった。

③三山のうちで、山南は山南王承察度のほかに、山南王叔汪英紫氏も朝貢しており、内訌の絶えない、政情の不安定な「小王国」であった。

④佐敷按司であった尚巴志は、三山鼎立の時勢を打開し天下を統一する志をもって、一四〇六年中山王武寧を滅ぼし、父思紹を中山王の位に就けた。尚巴志はさらに、一四一六年に山北王攀安知を、一四二九年に山南王他魯毎を打倒し、三山を統一した。

⑤東アジアの一角に営々とみずからの歴史をつくりつつあった三山時代の沖縄にスポットライトがあたることになる。建国したばかりの明の洪武帝が琉球をはじめとする中国の周辺諸国に対して

行った朝貢の招諭を受け入れて、明に朝貢を開始したことが『明実録』に記録として残されることになったからである。一三七二年正月の洪武帝の使者楊載による招諭と、同年十二月の中山王察度が弟泰期を遣使として朝貢した記事がそれである。これは琉球に関する最古の記事である。

⑥洪武帝は元末明初に猖獗をきわめた倭寇対策のために海禁政策（中国の沿海民が下海することを禁じる）をとるとともに、朝貢体制を確立することによって、私貿易を排除し、洪武帝が王と認めた人物の名義の朝貢船以外の入港を認めなくなったことが、洪武帝による各国への招諭の背景にある。こうした政策によって琉球もまた招諭されたのである。

⑦海禁政策によって中国商人の活動が制約され、中国、朝鮮、日本を結ぶ交易ルートにおいて主役がいなくなることになった。そこで中国商人に代わってその仕事を積極的に買って出たのが王国形成に熱中していた琉球であった。

⑧こうした状況のもとで、琉球は東アジアの交易ルートを支え、なおかつこれと東南アジアを結ぶ交易ルートをも開拓することにより、壮大な交易ルートを形成した。十四世紀から十六世紀にかけてのアジア史において一つの重要な役割を演じた。

⑨中国は琉球に対して朝貢船の下賜（尚巴志の時代までに三十隻）など優遇策をもって臨んだが、それは琉球が朝貢貿易に熱心だったことに対する「恩情」からである。朝貢回数では、二位の安南の八十九回に比べて琉球は一七一回と群を抜いて多かった。

⑩東アジア・東南アジアにまたがる壮大な交易ルートを琉球が築きえた客観的条件は、中国の海禁

政策と朝貢体制の確立であった。東アジア・東南アジアの中で琉球を一つの「市場」「卸問屋」として相互に依存しあう構造であり、グローバルな構造であった。その構造をたくみに演出したのが琉球であった。

⑪主体的条件は、琉球に帰化し、琉球に居住している中国人が担った造船術、航海術、漢文の使用であった。久米村の中国人技能集団の対外交易に占める比重は大きかったが、しかし彼らはみずから琉球を代表とする存在にはなりえず、その技能を琉球の国家に登用される存在でしかなかった。

⑫琉球内部では王国形成の動きがあり、外部に対しては中国との関係を主軸とする壮大な対外交易が展開した。物質的基礎として対外関係＝対外交易が作用し、これを推進する主体としての王国は確固たるものになっていくという相関関係があった。

2　叙述の特徴

叙述の特徴は、ただ一点に尽きるように思う。それは、二点を除いて、琉球がいかに主体的に活動し、国家を形成し、また壮大な交易ルートを築くまでになったかを語ることである。このことを来間泰男は「琉球主体論」と呼んでいるが（来間、二〇一四b、六六）、適切な評価だろうと思う。こうした叙述のあり方は「大いなる歴史像を求めて」という副題が表現する通りに、いかに「琉球王国」が自立し、東・東南アジアに交易者として羽ばたき、また大きな影響をおよぼしたかというメッセージを送るには十分に効果的であったと考えられる。

この琉球の主体性の強調は、琉球（ここでは沖縄諸島）社会の内的発展の過程として歴史を叙述するあり方と表裏一体のものであり、結局はグスク時代以降の過程は、沖縄社会が内部の論理によって着実に発展を遂げ、やがて琉球王国の形成にいたるという歴史観に帰結することになる。「内部の論理」とは簡単に言えば、農耕の開始にともなう農耕社会の成立と農業生産を基盤とする内的な発展である。農耕社会の成立という前提、内的発展に傾斜した歴史描写、主体性の強調の三つは、一体のものと考えられる。

いずれにしても、この立場をとると、かりに外部の働きかけによる国家の形成と交易の繁栄が真実だとしても、みずからの力によってなし遂げられたことになってしまう。「二点を除いて」というのは、グスク時代開始期を含むグスク時代に外部からのインパクトがあったこと、明の洪武帝の朝貢の招諭によって歴史の舞台でスポットライトを浴びることになったことである。

外部からのインパクトといっても、外部からの社会的、文化的な影響があったことは認めるものの、人間集団の移住、しかも琉球弧内からの移住を想定しているわけではない。これもまた、あくまでも内的発展論の立場にたっていることを考えれば当然のことであろう。「琉球主体論」とは、外部からの影響をいかに低く見積もるかということにほかならない。

なお、付け加えるならば、高良の歴史描写には、「中山」とは、実はこうしたドラスチックな沖縄歴史の営みがつくりあげた一つの勢力なのであろう」（六〇）、「いずれにしても、尚巴志の登場によって、沖縄歴史は大きく動きはじめた」（六九）などのように歴史小説風の趣があり、それが『琉球の時代』が人びとを魅了する要因のひとつになっていることは疑いないだろうと思う。ただ、こうした特徴は、歴史叙述にいくばくかの虚構をはらんでしまう可能性と表裏の関係にある。

三　『琉球の時代』の意図するもの

1　沖縄の地域的独自性

すでにみてきたように『琉球の時代』は「主体性の強調」、それと表裏一体の「内的発展論」が全編を通して基調をなしている。それは高良倉吉が当初から意図していたものであることが、高良自身によって記述されているが、その前に『琉球の時代』の「エピローグ」の記述に注目したい。

高良は「エピローグ」において、琉球（沖縄）の歴史的特徴と古琉球の意義について述べるが、その前段に置かれているのが「強い地域的特質」という項目である。一九七八年にNHKが行った全国県民意識調査の結果をもとに論じられている。

どうやら、種々問題はあるものの現状の日本を肯定する空気が他都道府県では支配的であるのに対し、ひとり沖縄のみは日本のありかたに対して批判的な見方が強いようである。その他の項目を見ても、たとえば沖縄が全国有数の県民意識――「沖縄人《ウチナーンチュ》」意識――の強い地域であること、人間関係において今なお共同体的意識を強く残している地域であること、資本主義的なドラスティックな競争原理にいまだになじめない土地柄であること、などさまざまの面で沖縄が日本本土にくらべて独自性の強い地域であることを示していることがわかるのである（NHK放送世論調査所『全国県民意識調査――結果の概要』）。

（二三九）

そして、安良城盛昭による、この調査結果の分析を引用し、以下のように述べる。

右のNHK県民意識調査を沖縄に即して分析・検討を加えた安良城盛昭氏は、「沖縄住民の生活意識・信仰・経済生活・政治意識等々、多様な側面において、沖縄が、日本社会を構成する一地域一般に解消しきれない、きわめて独自な地域であることは火を見るよりあきらか」だと総括し（「沖縄の地域的特質」）、こうした地域的特質を有する沖縄は、日本社会の一員でありながらもなお日本社会そのものを地域として相対化してしまう力を発揮するのであり、沖縄を正しく把握した時に逆に日本そのものがよく見えるのだ、というきわめて重要な指摘をおこなっている（『新・沖縄史論』）。

安良城氏も説くように、この地域的特質を形成した主要な要因の一つは、日本社会に編成さ

れた沖縄の編成のされかたそのものをめぐる歴史的事情に起因するのである。（二三九～二四〇）

高良が安良城の見解として引用している『新・沖縄史論』（沖縄タイムス社、一九八〇年）の原文を要約すればおおよそ次のようになる。

日本社会には大きな変革期が三つあり、それぞれの変革期すべてにおいて沖縄は特殊な位置づけ方をされている。それは戦国の動乱期から近世初期の時期、つまり幕藩体制の成立あるいは近世社会の成立といわれる時期（島津侵攻）、もうひとつは明治維新（琉球処分）、それから敗戦後の変革期である。単に変革の影響を受けているというだけではなく、その受け方の中に日本歴史の本質的な一面が表現されており、したがって沖縄史の研究には決して日本の一地方の歴史研究にとどまりえない性格を、沖縄の歴史自体が与えており、三つの変革期において常に特殊な影響を受け、逆に日本本土にも特殊な反作用を及ぼした地域というのは沖縄を除いてはない（安良城、一九八〇、三九四～三九五）。

安良城盛昭は、明治期の「郷土史教科書事件」（琉球史を教えれば、昔を追懐して国民的精神の発達を阻害するとされたこと）にふれる中で、「日本社会の外にあって歴史的な発展を遂げ、日本国家とは別個に琉球王国＝古琉球として独自な国家形成を行い、薩摩の琉球征服と琉球処分の二段階＝二階梯を経て、漸く日本国家のなかに最終的に組み込まれた琉球の歴史は、本土の他のどの府県にもみられない独自性がみられるのは余りにも当然というほかはないのである」（安良城、一九八〇、三三五）と述べており、この認識は広く共有されているものであろう。

しかし、安良城は「辞令書と日琉同祖論」を論じる中で、古琉球において奄美から先島に至るまで残されている辞令書（十六世紀前半以降）が平仮名で書かれており、また政治と密接にかかわる『おもろさうし』巻一[43]（一五三二年）もまた平仮名であることを指摘し、三山時代から圧倒的に中国の影響を受け、その影響下に三山統一＝国家統一を行ったにもかかわらず、漢字ではなく、平仮名で書かれている事実こそが注目に値すると述べており（安良城、一九八〇、四六）、日本との関係を無視しているわけではない。なお、安良城は、日琉同祖の意識は向象賢《しょうじょうけん》（羽地朝秀。『中山世鑑』を編纂）個人が新しく思いついたといったようなものではなく、辞令書の形式や文字などから、琉球王府では古琉球の時代から確立していたのではないかとしている（安良城、一九八〇、八～九・四六～四七）。

辞令書や『おもろさうし』などの祭式歌謡は、政治文化や精神文化の根幹にかかわると同時に――言語そのものが文化の中核にある――、国家の政治体制の性格にも密接に結びつく問題であり、なぜそれらを平仮名表記したのかという問いは、古琉球時代の政治や文化を考えるうえで避けて通ることはできないはずである。この問題について現在にいたるまで有力な解答はないように思われるが、もともと日本語を話す人びとが沖縄に渡来して、その後国家を形成したからという説明だけでは不十分であろう。ここで念頭に置いているのは、三山を統一した思紹、尚巴志の出自が本土地域であるとする推定である。

2　琉球の歴史的特徴

琉球の歴史的特徴とは、高良によれば以下のようになる（二四〇〜二四二）。

①沖縄はそもそものはじめから日本の一員だったのではなく、日本文化の一環に属す文化を持ち、日本語と同系統の言語を話す人々が沖縄の島々に住みついて独自の歴史を営み、ついには古琉球の時代に日本とは別個に独自の国家「琉球王国」をつくりあげた。現在の日本の社会の中で沖縄と同じように日本のワク外で独自の国家を成立せしめた伝統を持つ地域は存在しない。

②日本の外で独自の国家を形成させた沖縄という地域は一六〇九年の島津侵攻、一八七九年（明治十二）の琉球処分＝沖縄の廃藩置県という二つの事件を契機に日本社会にはじめて編成された。したがって、「われわれはいつから「日本人」なのか、沖縄はいつから「日本」なのか」という切実な問題は沖縄では当然のように出てくるが、他地域の人々がこのような疑問を持つことはまずありえない。

③沖縄は②の過程を経て日本に編入されたが、一九四五年の沖縄戦の結果、アメリカの直接統治下に入ることになり、再び日本のワク外で生きるようになった。その中で祖国復帰運動が起こり、日本に復帰した。日本の内から外に放り出され、住民の主体的意志によってまた日本に戻るという経験をした地域も沖縄以外にない。◉44

以上の三つの特徴をあげたうえで高良は、沖縄の歴史は本当に日本の歴史だろうか、日本の一地方史だろうかという問いを投げかける。そして、琉球処分以後の近代史・現代史（戦後史）は、まぎれもなく日本史の一環であるし、島津侵攻以降の近世琉球も基本的に（傍点原文）は日本史の一環として把握できるが、古琉球を日本史として位置づけられるかについては疑問があると述べる。それは、古琉球の時代は日本史では中世に相当するが、中世日本は封建社会の形成・展開をもって特徴づけられる時代であるのに対し、古琉球の内容は封建社会以前の古代的様相に大きく彩られており、現行の日本史の時代区分概念をストレートに適用することはできず、また琉球王国は日本社会と区別される独自の国家であり、これは中世日本の守護大名や戦国大名の権力と同列に論じることはできないからであるという（二四一～二四二）。

そうした点を踏まえると、古琉球の研究は日本史にとって〝外国史〟の研究と理解するほかなく、この〝外国史〟としての古琉球研究の段階からいかなる脈絡で沖縄歴史が日本史研究の一環に位置づけられていくか、換言すれば古琉球という独自の国家を成立せしめた社会がいかなる経過で日本社会の一環に編成されていくかを検討すべきだというのである（二四二）。

高良はその後、『琉球王国』（岩波新書、一九九三年）の終章で、『琉球の時代』を振り返り、単一国家観や単一民族論が風靡する中にあって、従来の日本史像はみずからの含む多様性を軽視する傾向が強く、「古琉球の意義を評価できないときには、とりあえず「古琉球の研究は日本史にとって

〝外国史〟の研究にするしかなかった」」（高良、一九九三、一八二）と述べる。古琉球の評価に対する高良の苛立ちと、〝外国史〟研究にすることの戦略的な意図が明確に述べられているのである。
高良の古琉球史の認識を端的に述べている箇所が『琉球王国』にある。

かつて伊波普猷は『古琉球の政治』のなかで、琉球史の課題は、「日本民族の一支族が、異なった境遇の下に置かれて、どう変化したか」を検討することにあり、また、古琉球という時間をへて「変種になった琉球人」が、その後日本という「団体」にくわわっていくプロセスをあきらかにすることである、と的確に指摘していた。伊波の表現をかりれば、「日本民族の一支族」であること、日本という「団体」の構成員であることのみを強調して、琉球人が「変種」になった意義を度外視する歴史論こそ問題としなければならない。（中略）河上肇、伊波普猷がいだいたところの思いとは、多様性を認め合うスタンスを日本社会の属性としなければならない、ということだったとわたしは思う。　（高良、一九九三、一八二）

高良の認識する古琉球とは、伊波普猷のいう「変種になった琉球人」の時代であり、「琉球王国」という国家を形成し、独自の文化を作った時代である。そして、叙述においては「被害者的な歴史像に訣別し、いつの時代においても、歴史を生きた人々がたくましく活動した、そのダイナミズムをわかりやすく提示」（高良、一九九三、一〇）しようとするのである。

また、『琉球の時代』の「あとがき」には次のように述べられている。

それにまた、歴史の大づかみの流れを示すことに意は用いたが、本書は古琉球の通史を目的として書かれたものでもない。日本社会に編成される以前に成立した琉球王国の存在の大きさを示すためそれがいかなる形で自己の歴史を営んだかを説くことに主眼があり、また、その時代がいかに興味尽きない問題をはらんでいるか、その一端を語りうることができたのなら、私としてはそれだけで大いに満足である。（二五〇）

結局、高良は日本社会に編成される前の琉球王国の大きさを示すという目的があり、そのために古琉球時代に生きた人びとがたくましく活動した、そのダイナミズムを描こうとしたということになる。まさに、この点にこそ『琉球の時代』にみられる高良の歴史叙述の特徴である「琉球主体論」の核心がある。琉球王国、あるいは琉球王国にいたる過程の、沖縄の人びとの主体性、自立性、独自性の強調である。

この点に関連して、安良城盛昭は高良との対談の中で、近世琉球について「抑圧したものを外（薩摩）とだけみれば、それからの解放も外（明治政府）からしかやってこないことになるが、果たしてそうか。近世の琉球人がなぜ組踊りを創造しえたか、抑圧され卑屈に生きてきたことのみを一面的に強調していたのでは――抑圧史観ともいうべきものだが――説明ができないのじゃないかね。

政治的に従属していても、魂を売らないという主体性もあるわけだから」（安良城、一九八〇、四三四）と述べている。この安良城の発言の眼目は、抑圧はつねに外からとは限らず、また魂を売らない主体性はいつの時代にもあると指摘している点であるように思われる。[45] それはいつの時代であっても変わらないことであり、高良はこの安良城の指摘の影響を受けているようにも思われる。

ちなみに、この当時の琉球史の流れは大まかに次のように理解されていた。『図説琉球王国』（高良倉吉・田名真之編、河出書房新社、一九九三年）の記述にしたがってみることにしたい。

注目したいのは、沖縄の島々もかなり早い時期から縄文文化圏に含まれていた点がわかったことだろう。発掘が進むたびに、沖縄の先史時代を縄文文化の視点で理解できる事例が蓄積されてきたのである。

それと同時に注目されるのは、縄文時代の後期あたりから沖縄の土器が次第に個性的な性格を帯び始め、本土の土器文化とかけはなれてゆく傾向を強めることである。次の弥生時代の文化は沖縄に決定的な影響を及ぼしてはおらず、さらに古墳時代になると、沖縄からその痕跡さえ見出せなくなる。

これらの現象を総括すると、旧石器時代は措くとして、縄文時代には沖縄も本土も共通の文化圏にあり、歴史的な出発を共有していたことがまずわかる。そして、時代が下るに従って沖縄がしだいに独自の歴史過程、つまり個性化の道を歩んだこともわかる。

（高良・田名編、一九九三、七）

つまり、縄文時代までは沖縄も本土も共通の文化圏にあったが、縄文時代後期以降、徐々に独自の道を歩み始め、弥生時代以降は決定的な影響を受けていないとし、「変種になった琉球人」は一六〇九年の島津侵攻まで続いたと考えるのである。こうした歴史観が古琉球を考える際の強固な準拠枠として存在していたのである。しかし、この歴史観自体が、もはや大きな修正を余儀なくされていることは、近年の考古学研究の成果から明らかである。

3　沖縄海洋博と『琉球の時代』

高良の『琉球の時代』にみる歴史叙述の志向は、実はこの時に始まるのではなく、一九七五年に開催された沖縄海洋博覧会の展示構想の中にすでに認められる。

沖縄海洋博覧会では、政府出展施設、外国出展施設、民間出展施設のほかに沖縄県の出展施設として沖縄自体がテーマ化された沖縄館が設けられた。海洋博会場は空間的に四つに分けられ、それぞれ「魚のクラスター（海に親しむ）」「科学・技術のクラスター（海を開く）」「民族・歴史のクラスター（海に生きる）」「船のクラスター（海を行く）」というメイン・テーマとサブ・テーマを持っていたが、沖縄館は「民族・歴史のクラスター（海に生きる）」に設置された（多田、二〇〇四、八七、一〇九）。この沖縄館の展示に高良が果たした役割は大きく、そこで示される歴史観は『琉球の時代』と重なり合っているといってよいのである。

沖縄館のもうひとりのキーパーソンは作家の大城立裕であり、多田治は『沖縄イメージの誕生――青い海のカルチュラル・スタディーズ』（東洋経済新報社、二〇〇四年）の中で次のように述べる。

すでに大城は海洋博協会で、沖縄側の立場から活発に発言していた。海洋博の理念として、事務局が「沖縄開発の起爆剤」という点だけを強調したことに、異議を唱えた。

「沖縄にとって海は、古代においては資源を恵む母であり、海外から文化を運ぶ道であったが、一七世紀のはじめに薩摩が侵入していらい、戦争の道になり、現在は米軍基地としてこわもてしている。海洋博を契機に、沖縄の海の意味を原点に戻そうではないか。」（大城『光源を求めて』より）

この発言は、その場では全員の賛同を得たが、後になって大浜信泉・海洋博協会会長に呼び出され、「アメリカへの当てこすりになっては困る」と、やんわりと却下される。戦争や基地問題は、海洋博の暗黙のコードに抵触していたのだ。

だが、こうした大城のコンセプトは、結局は沖縄館に集約され、基本的なモチーフとなる。大城は県当局の依頼を受け、沖縄館の出展準備のキーパーソンにもなり、沖縄の文化にかかわる実力あるスタッフを呼び集めた。特に、高良倉吉の存在は大きい。彼こそが、九〇年代にはNHKドラマ『琉球の風』や首里城再建による琉球王朝ブームの立役者となった、その人であ

①ニライカナイの空間	海のかなたに神々の住む楽土があるとする信仰にまつわる展示。
②原おきなわ	考古資料や民具資料を展示し、古代琉球の人々の生活のイメージをたどる。
③ヒシ	サンゴ礁の礁原。古代琉球人は、最初にそこで漁法を発展させた。その漁法を展示。
④沖合漁撈	古くから沖縄の漁夫たちが命がけで、猛り狂う沖にのぞんだ様子を展示した。
⑤追込漁法	沖縄のなかでも代表的で独特な、追込網の漁法を展示した。
⑥つな引き	沖縄の伝統行事の綱引きに登場する旗頭を展示した。
⑦グシク（城）	古代琉球の政治的・軍事的・宗教的拠点であった、城のレプリカを展示した。
⑧大交易時代	14～16世紀の琉球人の海外での足跡をたどった。
⑨琉球の文化財	海の道が招いた文化財を、広く内外から集めて展示した。

表③　沖縄館第一室の展示内容（多田、2004、110）

る。大城いわく、高良がいなければ沖縄館は造れなかったとまでいう。今日沖縄で広まっている「大航海時代」「大交易時代」といった言葉は、もともと海洋博の沖縄館に端を発し、その最大の貢献者が高良なのだという。（多田、二〇〇四、一〇五～一〇六）

さて、沖縄館のテーマは「海やかりゆし――波の声もとまれ、風の声もとまれ」であった。館内展示は第一室、第二室、映像室からなり、第一室はメイン・テーマである「海やかりゆし」を展開し、十六世紀までの沖縄の「開かれた海」という輝かしく明るい過去を（表③）、第二室は「波の声もとまれ、風の声もとまれ」のサブ・テーマを展開し、沖縄の人びとにとって海は文化の道、平和の道であったことから、戦争への道であってはならないことをアピールした。第二室は二つのセクションに分かれ、①「閉ざされた海」は一六〇九年の島津侵攻以来、沖縄の海が閉ざされたことを示し、②「戦塵の中から」

は、第二次大戦下、沖縄の海が恐ろしいものに変わり果てたことを、米軍上陸の写真などから示したという（多田、二〇〇四、一〇九～一一〇）。

こうした展示のあり方について多田は次のような議論を展開している。

第一室から第二室への流れは、時系列的な歴史をたどり、「開かれた海」から「閉ざされた海」に移行したプロセスを描いているが、しかし製作者たちの実際の思考のプロセスは逆であり、現状の「閉ざされた」状況を打開するために、海洋博で県の出展を行い、「古来」の「開かれた」沖縄の海洋文化をアピールしようとした。かれらの不満は日本政府の経済主義や開発主義であり、また復帰後も変わらない米軍基地の現実であったが、それを直接表現することは無理であり、一六〇九年の島津侵攻が、そうした不満を間接化する契機として活用された。これによって十七～二十世紀の「閉ざされた海」に視点を広げ、問題を歴史化し、そしてこの時代と対照的に、十六世紀までの「古来」の沖縄の「開かれた海」やその「文化」「平和」を設定する。したがって、この立ち戻るべき沖縄の「原点」「本質」は、製作者の思考プロセスにおいては事後的に設定されたものだ（多田、二〇〇四、一一〇）。

この指摘を念頭に置くと、「閉ざされた海」とのコントラストを強調するために「開かれた海」が過剰に表現されているのではないかという疑いが生じる。そのように考えると、『琉球の時代』の「大交易時代」や「琉球王国の形成」に描かれる沖縄の人びとの主体性の強調、すなわち「琉球主体論」の背景がより明瞭に理解できるのである。

多田は次のようにも述べている。

「海やかりゆし」のパースペクティブは、そうではない現状へのアンチテーゼ、対抗言説として立ち上げられたのだった。七〇年代の復帰～海洋博のコンテクストの中で、沖縄の文化人たちは、切実な危機感から〈文化〉を立ち上げ、沖縄の〈歴史〉を新たに体系的に構築した。そこに集中されたエネルギーは、ものすごいものであった。沖縄館には、学者・芸術家・建築家・デザイナーなど、県内を中心に一二〇名以上もの専門家が協力し、二〇前後の委員会を作り、四〇〇回前後の討議を重ね、徹夜の議論も三〇日を超したという。

彼らはこの一大作業によって、沖縄館を制作しただけでなく、沖縄の〈歴史〉を制作し、〈文化〉を構築した。以後、この〈歴史〉〈文化〉のパースペクティブは、沖縄を見る視点として、一般社会にも広く浸透し、定着していく。（多田、二〇〇四、一一〇～一一一。傍線原文）

沖縄館の展示構想が、多分に政治的意図を含んでいたことを考えると、高良のその後の古琉球の歴史描写もまた政治的意図から自由であったとは言えないことになる。

4　古琉球の意義

高良は『琉球の時代』を締めくくるにあたって、古琉球の意義について次のように述べる（二一四五～二四七)。

①今日においてもなお発揮されている沖縄の地域的独自性を決定づけた最も主要な歴史的要因になった時代である。

②今日、「沖縄」と称している地域概念をはじめて成立せしめた時代である。奄美地方は島津侵攻の結果、薩摩に割譲されその直轄地になったが、古琉球の時代においてはまぎれもなく琉球王国の版図であった。そして、今なお基本的には沖縄文化圏(琉球文化圏)の一環である。

③古琉球の歴史は、沖縄内部に展開した王国形成史が対外交易の形をとりつつ東アジア史、世界史に関連して営まれたものであり、狭い「郷土史」のワクでは捉えられない広がりを持つ。

①と②の関連について高良は以下のように述べている。

トカラ海峡の南から台湾島の東海まで、弓なりに連なる島々、地域が個々バラバラの歴史的な展開をしている間は、琉球＝沖縄は単なる地理的概念にすぎなかったが、三山の抗争、両尚氏王朝の展開とともに一つの地域として統合され、他者とはまったく区別される琉球＝沖縄を成立させた。地域支配が進展し、北は奄美から南は与那国島におよぶ島嶼地域を支配する階級国家としての琉球王国の確立とは、同時に琉球＝沖縄という一つの地域を確定する動きであった(二四六)。この国家形成は沖縄文化圏(琉球文化圏)を一つの完結的な地域として統合する意味を帯びていた(二四六〜二四七)。

③については、古琉球を理解するためには東アジア史、世界史的な眼をもたなければならないことはいうまでもないが、同時に古琉球を通じて東アジア史、世界史の動向を認識することもできるとする(二四七)。安良城盛昭の指摘、すなわち日本史の画期において沖縄は特殊な位置づけられ方をされているが、そのなかで沖縄歴史には「日本歴史のある本質的な一面が表現されている」という発言を引用したうえで、「沖縄歴史に生起した事件を日本史的広がりでとらえる、逆にまた、日本史の「ある本質的な一面」を沖縄歴史の中から析出するという態度こそが、夜郎自大的な「郷土史」の範疇に訣別して沖縄歴史のゆたかな世界に迫りうる道なのである」(二四七)と述べる。

四　その後の「琉球王国論」の展開

高良倉吉『琉球の時代――大いなる歴史像を求めて』(一九八〇年)以降の歴史学研究(文献史学と考古学)は、当然のことながら研究の進展にともなう修正や見直しを含むものの、『琉球の時代』の内容のいくつかと議論の大枠の多くは通説化されてしまったように思われる。もちろん、その中には高良以前の研究も含まれるが、そうした研究で主張されていたことも高良によってよりいっそう強固な通説になったものがある。

高良の描写には、歴史には光と影の部分があるのは当然であるにもかかわらず琉球王国の光の部分だけが強調され、影の部分がない。それは、沖縄の人びとがあくまでも主体的に活動してきたことを基本とする歴史観に立っていることと無縁ではない。

『琉球の時代』以降、現在に至るまで、琉球国形成までの歴史過程の叙述は高良の影響が色濃く受けつがれていると考えられる。

もちろん、一九八〇年当時に比べれば、研究水準は格段に上がり、多様な見解も提示されている。特に、古琉球時代の十五世紀頃までの考古学研究の進展は著しく、また自然科学からの検討も加わり、従来の文献史学では到底カバーできない領域の知見が蓄積されるようになった。

高良の見解は、おおむね以下の諸点に強く継承されていると考えられる。それはおもに歴史を叙述する際の枠組みである。

①グスク時代の開始期（高良は貝塚時代末期とする）に沖縄諸島の人びとは農耕を受容し、生業は漁撈・狩猟・採集から農耕に転換した。また、農耕の始まりは農耕社会の成立を意味する。

②①の前提に立って、グスク時代開始期以降、琉球国の成立にいたる過程は沖縄社会の内的発展の歴史として描かれる。

③グスクから中国産陶磁器や徳之島産のカムィヤキ（類須恵器）などが大量に出土するが、これはグスク時代（グスク時代開始期を含む）に外部からの影響を受けたことを物語る。しかし、外部からの影響とは交易者との接触によるものであり、人間集団の渡来にまで言及されることはほとん

どない。
④三山時代は農耕社会が成立し、各地の小さな按司たちが抗争を繰り広げた結果、大きな三人の按司を中心に各勢力がまとまった時代である。
⑤十四世紀後半には、中国（明）の洪武帝によって朝貢に招諭されるが、当時、琉球には招諭されるにふさわしい王（④の三人の按司）が存在していた。
⑥琉球にとっては日本との関係よりも中国との関係のほうがはるかに密接なものであった。特に三山時代から琉球国形成の過程については沖縄社会の動向は中国との関係が強調して描かれ、日本が視野に入ることはほとんどない。

右記の点について、若干の補足をしたい。
①については、ほとんどの研究者が前提とする立場であり、農耕の開始が農耕社会（経済の中心が農耕になった社会）の成立であるとする点については、第一章でみたように来間泰男（来間、二〇一三b）が強く異議を唱えているにすぎない。
③に関して言えば、二〇〇〇年代以降、奄美群島の喜界島で発見された城久遺跡群の実態が明らかになるにつれ、喜界島が沖縄諸島以南のグスク時代の開始に果たした役割を重視する考えは有力な仮説になったが、今後の南島考古学の準拠枠になると考えられる沖縄考古学会の公式見解というべき沖縄考古学会編『南島考古入門——掘り出された沖縄の歴史・文化』（ボーダーインク、二〇一

八年）では、コラムの扱いで城久遺跡群の紹介をしているにとどまっているのが実情である。戦後に差別的な境遇に置かれ、翻弄されてきた沖縄の人びとが、みずからの存在に歴史的な位置づけを行う時、琉球王国を高く評価する歴史観を生み出そうとするのは当然の成り行きである。その結果、琉球列島の歴史の主要関心事は、琉球王国と琉球文化の形成過程に収斂することとなり、琉球王国の存在がいやが上にも大きく象徴的なものになってしまったとする池田榮史の指摘と重なり合うものであろう（池田、二〇〇五、一）。

五 「琉球王国論」の内面化

1 読者の反応――熱狂と興奮

ちくま学芸文庫版『琉球の時代――大いなる歴史像を求めて』の解説「岬に立つ歴史家」は、ノンフィクション・ライターの与那原恵によるものであるが、この本を手にし、読み終わったあとの興奮を次のように綴っている。

『琉球の時代』をはじめて読んだのは、「ちくまぶっくす」の一冊として刊行（一九八〇年）されてからまもなくだと思う。そのときの驚き、そして、胸のうちにわきあがってきた思いは忘れられない。息もつけずに読み終え、本を閉じたとき、私のまぶたには琉球の朝の海の光景が広がっていた。この海に向かって、いつか私もちいさな船で漕ぎだしてみたい、そんなことを考えたのだった。

「古琉球」、日本に組み込まれる以前の琉球王国の時代、その長い歳月の営みをいきいきと語る本書は、画期的な「琉球史」として鮮やかに登場し、その後の琉球史研究の方向を変えた。琉球という王国を、内側からの視点のみならず、アジアの海原に位置づけ、さまざまなまなざしを交叉させ、ダイナミックなドラマとしてつづられている。

これは「私たちの物語だ」と感じさせたのは、史料を多面的に用い冷静な検証をくわえながらも、わかりやすく伝えることに心がくだかれているためだろう。（中略）『琉球の時代』が、まさに私たちに届く言葉で書かれたことの意義は大きい。

私は本書によって、琉球という国の全体像、そこに生きた琉球人に出会った。語りつがれた物語、彼らの息づかい。激しい攻防。悲しみやよろこびの声。危機に直面したときの苦悩のため息、それに立ち向かうための知性あふれる論議の場面。琉球の風景とともに、それらが手に取るように伝わってきたのだ。

（与那原、二〇一二、三〇八～三〇九）

この文章から『琉球の時代』が多くの人びとを刺激し、興奮させたであろうことを窺い知ることができる。そして『琉球の時代』という本が読者に対して持っている性格を的確に伝えている文章でもあろう。

『琉球の時代』が興奮をもって迎えられたことは、一九八九年にひるぎ社から新版が刊行される際に、高良がその「新版のあとがき」で次のように述べていることからも知ることができる。


一九八〇年十二月、筑摩書房の「ちくまぶっくす」シリーズの一冊として刊行された『琉球の時代』は、沖縄関係図書としては異例の初版七〇〇〇部を刷った。さいわい好評をもって迎えられ、各雑誌・新聞に書評が掲載されたほか、日本史関係の研究書や論文にも引用されるなど、著者の予想を越える反響を得ることができた。一九八一年度沖縄タイムス出版文化賞を受けたことも、忘れがたい光栄である。

数年前から在庫が切れ、本が手に入らないという苦情がしばしばわたしのところに寄せられた。しかし、多忙だったため、そのままにしておいた。その後、苦情が相変わらず寄せられたので、なんとかせねばと思い、筑摩書房に相談した。筑摩書房は、「ちくまぶっくす」の企画見直しをせざるをえない状況下にあり、同シリーズのまま再刊することはできないので、文庫本にして出す方向で検討している、との返事であった。しかし、私は初版の体裁を保持したいと思い、また、『琉球の時代』の再刊は地元沖縄でやりたいと思ったので、この点を筑摩書房の加藤雄弥氏に説明し、理解していただいた。

（高良、一九八九、二六六〜二六七）

2　メディアと「琉球王国論」

「琉球王国論」が研究者のみならず沖縄の人びとに広く浸透した大きな要因は、『琉球の時代』刊行以前の一九七五年の沖縄海洋博における沖縄館における展示によって、それが受容される下地が形成されていたことも重要な点であるが、それとともに高良がメディアと連携し、その歴史観を積極的にアピールしたことにも求められる。裏を返して言えば、メディアもまた研究者と一体になって「琉球王国論」を強く後押ししたのである。

一九七五年の沖縄海洋博後の反動不況の対策として、広告代理店の電通は自治体の要請を受け、「沖縄を売る」「地域を売る」宣伝戦略を打ち出し、「沖縄の歴史と文化」を押し出す観光キャンペーンを張った。多田治は『沖縄イメージを旅する』（中央公論新社、二〇〇八年）の中で次のように述べている。

> 電通は、観光振興には県民全体の協力が必要だとして、観光関係者だけではなく一般の県民への意識づけも図った。ただし「観光立県」と言うと、県民と観光客の間に見えない壁をつくる恐れがある。県民には「沖縄の歴史と文化」を押し出すことで誇りをもたせ、観光客を温かく迎える効果を生もうとした。
>
> 沖縄キャンペーンは、観光客だけに向けられたものではなく、県民に「沖縄県民」としての

意識を促すキャンペーンでもあった。（中略）

電通は、「沖縄の歴史」の開発が必要だと考えた。自然の美しさや南国ムードなら、他の観光地にもある。むしろ、城跡・民謡・祭りなど、沖縄の歴史に関連した観光素材を開発することが効果的だと言った。（多田、二〇〇八、一四二〜一四三）

この観光キャンペーンが、みずからのアイデンティティを独立国として存在していた「琉球王国」に求める心情に強く働きかけたことは十分に予想されることである。

この観光キャンペーンの開始がまた、高良の『琉球の時代』の刊行と軌を一にしている点は見逃すことができない。

高良がこうした動向に無縁ではなかったことは、二〇一二年に『琉球の時代』が文庫化されるにあたって執筆された「「琉球」復権のために――文庫版あとがきにかえて」の中でみずからが語っているところである。

この本が出た後、同志というべき二人の仲間と連携しつつ、私は「琉球プロジェクト」と呼びたい事業に取り組んできた。沖縄タイムス社の多和田真助記者（当時）は、アジア取材を大幅に取り入れた琉球大交易時代キャンペーンを紙面で展開してくれた。優秀なツアーコンダクターであった高橋俊和氏（故人）は、琉球とゆかりのあるアジア各地を訪ねるスタディツアーを頻繁に企画・実施してくれた。この動きに連動して地元放送局は、アジアの中の「琉球」をテーマとする歴史番組を数多く制作し放映してくれた。それらの事業に私は参画し、執筆者として、また同行講師として、あるいはレポーターとしての役割を担ってきた。

琉球王国の象徴である首里城の復元プロジェクトにも没頭してきた。また、復元された首里城を主な舞台とするドラマ、例えばNHKが放映した大河ドラマ「琉球の風」（一九九三年）やBS時代劇「テンペスト」（二〇一一年）などの時代考証もよろこんで引き受けてきた。それもまた、私にとっては「琉球プロジェクト」の一環だった。（高良、二〇一二、三〇六〜三〇七）

高良が言う「琉球プロジェクト」とは、まさに電通の意図した沖縄観光キャンペーンにほかならない。もっとも高良にとっては、沖縄海洋博の展示構想から一貫した流れの中に位置づけられるものであったに違いない。

ここで注目したいのは、沖縄県民、メディアとともに研究者も一体となって推進されてきたという点である。ある研究成果が、多くの人びとの間に流通し、喧伝されると、聞き心地のよい言葉やイメージのみが肥大化し、それが強固な現実として共有されてしまう可能性を否定できなくなるからである。それは研究者間であっても同じである。研究者とメディア、県民の間の相互作用という問題はもちろんのこと、さらには人びとを鼓舞する歴史像が形成され、その歴史像が当然のものとして共有されてしまうと、研究者でさえ疑うことができなくなる。それは研究史を振り返ってみれば、依然として高良が提示した歴史観が大枠において根強く継承されてきたことによく表れている。この観光戦略によって生まれた大きな流れは、さまざまな方面に影響を与え、研究者の思考さえも一定程度規定してきたのではないかと考えられる。

3　内面化する「琉球王国論」

沖縄海洋博における沖縄館の展示、『琉球の時代』の刊行、研究者のみならずメディア、沖縄県民を巻き込んでの「琉球プロジェクト」の展開という流れの中で、「琉球王国論」は多くの人びとのこころの中に内面化していったと考えられる。ここでは沖縄の人びとのアイデンティティという側面から考えることにしたい。

高良が提示した歴史像が強く継承されることになるのは、社会の内部の問題を別にすれば、古琉球が「抑圧史観」（たとえば、島津氏による外部からの国家支配など）から比較的遠い時代であり、主体的に活動する琉球人の活動を描き、未来への可能性を感じさせるものであったことが大きいように思われる。換言すれば、近世以降、島津侵攻、琉球処分、太平洋戦争後の米軍統治という歴史過程を経験し、「われわれはいつから「日本人」なのか、沖縄はいつから「日本」なのか」（高良、一九八〇、二四〇）という、みずからのアイデンティティを問わなければならない沖縄の人びとにとって、そのアイデンティティを確立、維持するための歴史＝「物語」を高良は提供し、それが多くの研究者を含む沖縄の人びとに受容されたということである。ここでいう「物語」とはフィクションの意味ではない。「物語」は実際の歴史学研究の歴史像と一致すべきものだが、必ずしも一致しない場合があることは、あえて例を持ち出すまでもないであろう。[◉46]

この「物語」が受容されたのは沖縄の地域的特殊性も大きな役割を果たしていたと考えられる。沖縄は全国有数の県民意識――「沖縄人《ウチナーンチュ》」意識――の強い地域であること、人間関係において今なお共同体的意識を強く残している地域であることなど（高良、一九八〇、二三九）、いくつかの社会的な特徴がそれである。こうした社会的特徴が「物語」の受容と共有化をいっそう強固なものにしたことは明らかであろう。

高良が、いくつかの留保条件を付しているものの「琉球王国論は、胸を張って堂々と自己主張すべきだ」（高良、一九九三、一九〇）と檄を飛ばした通りに、「琉球王国論」は沖縄の人びとのこころの支えになり、思考・行動の基準点になったのである。

一九九二年には首里城が復元され、二〇〇〇年にはユネスコによって「琉球王国のグスク及び関連遺跡群」が世界遺産（文化遺産）として登録されることになり、「琉球王国論」は絶頂を迎えることになる。

六　仲松・高良論争――琉球王国は存在したか

こうして熱狂をもって迎えられた『琉球の時代』であったが、刊行の翌年に行われたシンポジウムを契機に「仲松・高良論争」（いわゆる「琉球王国論争」）が『沖縄タイムス』紙上で展開され、さらに一般の人びとの関心を呼んだ。今ではほとんど振り返られることのない論争だが、高良の議論に熱狂ばかりではなく、一部から反論（論争の決着はすでについていると言ってよい）もあったことを知ることができるので、ここで取り上げることにしたい。

『琉球の時代』の刊行から一年余り後の一九八一年十月三十一日、沖縄（那覇市労働福祉会館）で「沖縄古代文化をめぐって――沖縄からの文化、沖縄への文化」と題する講演とシンポジウムが開催された。参加者は、大林太良（文化人類学）、谷川健一（民俗学）、高宮廣衛（考古学）、仲松弥秀（地理学）、高良倉吉（歴史学）、森浩一（考古学）の六名であり、司会は高良が務めている。

なお、このシンポジウムの内容は、一九八三年五月に大林太良・谷川健一・森浩一編『シンポジウム　沖縄の古代文化』（小学館）として刊行されている。書籍化にあたって、巻末に「解説　沖縄古代文化の背景」として、嵩元政秀「沖縄のグスク時代」、池宮正治「「おもろ」とは何か」、中本正智「琉球語について――日本語のなかでの位置づけ」、荒野泰典「中世の対馬と宗氏――琉球の理解のために」、生田滋「琉球と東南アジアの諸王国」の各論文が加えられている。

シンポジウムの冒頭の講演で、仲松弥秀が「「琉球国」の名称は、むしろ島津侵攻以後に政策として作られたもので『中山世鑑』や外国の文献にまどわされて以前から「琉球王国」があったと解するのは疑問だ」と、いくつかの根拠をあげて述べたのに対して、高良倉吉が「文化の同一性は認められるが、中世という時代の独自の文化性を見落とす危険がある」と反論した。[47] このシンポジウム終了時に、仲松に対して聴衆のひとりから「沖縄の独自性を否定するものではないか」という厳しい発言が飛び出したという。[48] すでに述べたように、沖縄の地域的な独自性の形成は古琉球時代になされたと考えるのが高良の主張である。

仲松の根拠とは『おもろさうし』に出てくる「ヌブティ（上る）」の語用例、室町時代の足利将軍からの書状、桃山時代に作成された古地図（九州、四国、沖縄が同色で塗られており、同じ国内であることを裏づけている）などである。[49]

一九八一年十一月十一日から十三日にかけて、「琉球王国はあったか」という副題のもとにシンポジウム参加者の発言をまとめた特集が組まれ、十二月三日から十三日までは連日のように仲松と高良の間での論争が『沖縄タイムス』紙上で展開された。その理由は、『沖縄タイムス』の記事によれば、「仲松弥秀氏（元琉球大学教授）の島津侵攻以前の琉球王国否定説と討論の概略は本欄で紹介、反響を呼んだ。沖縄史を教える教育現場をはじめ、各方面からもっと議論を深めてほしいという要望があり、当事者の一人高良倉吉氏（沖縄史料編集所専門員）からは、シンポジウムでは言いつくせぬことがあったから紙上で展開したい旨意思表示があった。仲松氏からも是非を明らかにしてほしいと、あらためて真意を伝える寄稿があった」[50] からだという。

論争はこれで終結したわけではなく、およそ二年後の一九八三年九月三十日から十月八日までの八回にわたって『沖縄タイムス』紙上で高城隆による「古琉球研究の諸問題――仲松弥秀・高良倉吉論争の検討」が連載されたが、これは基本的に仲松弥秀に対する賛意を表明するものであった。

これに対して、高良がさらに同年の十月二十一日と二十二日の二日にわたって「「琉球王国」の評価・再論――高城隆氏の「批判」を読んで　上・下」と題して高城に対して反論を行った。それぞれの見出しは、記者が付けたものであろうが「「論証に欠ける批判」　高めたい王国論、中世国家論　上」、「「研究水準に疑問」　ほしい多角的分析　下」であり、この見出しだけで内容を紹介する必要はないと考えるが、内容は高良の全能感を感じさせる批判となっている。

この琉球王国論争が生産的なものであったとは必ずしも言えず、それは仲松に対する反論の第一回目において、高良が「仲松氏の「問題提起」は、残念ながら、議論ならざる論拠によって成り立ったものであり、学問上の真の問題提起の名に値しないばかりか、その議論の運び方は共に学を談じるに足らないもの、としかいいようがない」と述べていることに端的に表現されている。[51]

確かに仲松の反論の根拠には誤りが多いが、たとえば『おもろさうし』の本土に行くことを「ヌブティ（上る）」と表現することなどは、「琉球王国」の存否の問題にかかわらず、古琉球時代の琉球と日本との交渉（関係）史を考えるうえで重要な論点であろう。特に高良は、古琉球時代の対外交渉史を中国との交渉史を軸に描いており、大和（日本）との交渉史を考えるうえでは欠かせない課題であるように思われる。第一章で論じたように、思紹と尚巴志の出自が本土地域であったと考えられることを踏まえれば、なおのこと重要な論点であろう。

また、この問題は、安良城盛昭が十六世紀以降に見出される王府からの辞令書や『おもろさうし』が平仮名で記述され（辞令書の場合はその形式を含む）、日琉同祖の意識は古琉球（『おもろさうし』巻一は一五三二年の尚清王の時代に編纂）の時代から存在していたのではないかと論じている点と絡んで、平仮名という形式の問題にとどまらず、『おもろさうし』の内容にまで及ぶ重要な論点であると考えられる。

第一尚氏の尚泰久時代の一四五九年に首里城正殿に掛着したとされる「万国津梁の鐘」の銘文を重ね合わせると、琉球の対外交渉史を考えるうえで、この「ヌブティ」をめぐる問題の重要性は、より鮮明になるのではなかろうか。「万国津梁の鐘」の銘文とは「琉球国者南海勝地而鍾三韓秀以大明為輔車以日域為唇歯在此二中湧出蓬萊島也」で始まる銘文である（巻末【補論②】）。

こうした長期にわたる一連の学術的な論争が新聞紙上で展開されること自体、異例なことであり、それは論争の当事者の要求もあったであろうが、一般の読者の需要があることが大きな理由であった。それは「琉球王国はなかった」とする仲松の発言が「その〝意外性〟において、またその〝大胆さ〟において、当日これを聞いた聴衆の方々はもとより、骨子が新聞で報道されるや、センセーショナルな話題として多くの人々の間で取りざたされているようである」と、高良の仲松への反論の第一回目の冒頭に記されていることからわかる。◉52

高良は仲松への反論の最後を次のように結んでいる。

> 最後に今一つ感想を述べさせていただくならば、仲松氏の「問題提起」の波紋の大きかったことである。私にはまことに不思議でならなかったが、その状況の中で、沖縄歴史理解の科学的

フィルターがどのくらい作用したのかが気がかりである。
私としては、確かな議論や主張にしか動じない知的自立性が、この島国で支配的であることを期待するほかはないのだが[53]。

論争の相手、論争に関心を持っている県民（の一部）が非科学的であるとする高良の宣言にほかならない。

高良は仲松の「琉球王国はなかった」とする考えがよほど不思議だったようで、仲松に発言の意図をただしている。ここではシンポジウムをまとめた『シンポジウム　沖縄の古代文化』から引用したい。

仲松さんの示した琉球王国否定論の論拠は、私のみるところまったく論拠になっていない。しかし、そうした論拠の批判よりも、いったい琉球王国を否定してしまったら、あの時代の沖縄の歴史や文化を説明できるのか、私はまったく理解できないと思います。仲松さんがこれを否定した積極的な意図を私は知りたいのですが、これまでの説明では、なんの説明にもなっていないのではないか、とあえて申し上げたいわけです。（大林・谷川・森編、一九八三、一二五）

そのうえで、十四世紀から十六世紀にかけて琉球王国という独自の国家を日本社会の枠外に成立させたが、そこでは明確な国家内容をもった独自な政治的存在が確立されており、琉球王国の登場はそれ以前までの沖縄の歴史や文化のいわば帰結といってよいと述べる（大林・谷川・森編、一九八三、一四九）。

高良は、琉球王国には、土地（領域）、人民、統治組織という前近代国家の三要素が揃っていると述べる。土地はトカラ列島より南の奄美地方から南は与那国島までの琉球弧で、この土地に琉球国王以外の権威が実質的な政治力をおよぼしたことはないこと、人民は日本文化をベースにしながら、一定の独自な文化である「琉球文化」を身にまとっている人びとで、この人民に対しても琉球国王以外の政治権力が統治権を実質的に行使したことはなかったこと、統治組織の面では、国王を頂点とする独自の体制が形成され、王国独自の論理で運動し、国内支配、対外関係ともにその機能を発揮していたことを指摘する。そして、今日に及ぶ沖縄の地域特性を規定づけた歴史的要因として琉球王国の存在がきわめて大きく、またそう考えなければ、その後の沖縄の歴史的展開も説明できないと述べるのである（大林・谷川・森編、一九八三、一四九〜一五〇）。

こうした論争はあったものの、その後の展開は高良の「琉球王国論」が圧倒的な学説史上の意味を持つことになったことはすでに見てきた通りである。

ここで「仲松・高良論争」を取り上げたのは、仲松弥秀や高城隆のように高良倉吉の提示する歴史観に違和感を覚える研究者が存在しており、『琉球の時代』に対する賛意のみで覆い尽くされたわけではなかったことを紹介するためである。また、この論争の中に検討すべき論点があったことを示すためである。前者については、反論を提示した仲松らが日本文化との関係を重視する古い世代であったことが大きいかもしれないが、仲松が根拠としてあげるものが本土との関係を示すものであることを考えれば、中国との関係を重視し、本土とのそれは軽んじられていることへの違和感と無縁ではないように思われる。高良の歴史観が「琉球王国はみずからの手で形成し、繁栄した」とする、あくまでもポジティヴな歴史観であったことも理由であろう。

そして、琉球王国に収斂する研究上の見方に決定的な役割を果たしたのは、その後の展開を考えると高良の『琉球の時代』であった。

もっとも高良自身は、古琉球の琉球王国のアイデンティティを確立するために、伊波普猷らが文字通り血のにじむ努力をしてきて今日にいたるとする。たとえば古琉球時代の琉球は日本の附庸国にすぎず、一六〇九年の島津侵攻も琉球王国が附庸国であることをわきまえない自業自得の結果であり、したがって一八七九年の琉球処分も附庸国を最終的に日本社会に編入するための完全に正当な措置であったとするような主張を乗り越えて、伊波らが新たな歴史像を提示したとする（大林・谷川・森編、一九八三、一五一）。伊波以降、営々として蓄積されてきた研究成果があり、そのうえに高良の議論が構築されているのは確かであるにしても、高良の時代の研究水準においては彼我の差は大きいであろう。その点で、やはり高良の『琉球の時代』は大きな画期になったと言わざるをえないのである。

結びにかえて

本書で論じた内容を簡単に振り返ることによって結びとしたい。

第一章では、グスク時代開始期から琉球国の形成にいたる過程について新たな歴史像を提示することに努めてきた。換言すれば、従来の議論の大前提であった「農耕の開始は農耕社会の成立を意味する」という「農耕社会論」を検討し、そこには多くの難点があることを確認したうえで、視点を「交易社会論」に移せばどのような新たな歴史像が見えてくるかを考える試みを行った。

従来から琉球国の形成にいたる過程において、外部からの移住を含む影響がきわめて低く見積もられており、そうした内的発展論による見方では限界があることについて、これまでもしばしば論じてきたが（吉成、二〇一一／二〇一五／二〇一八、吉成・高梨・池田、二〇一五）、それに加えて本書執筆の決定的な後押しになったのは佐敷上グスクの位置づけの問題であった。第一尚氏を樹立し、三山の統一を成し遂げた思紹《ししょう》、尚巴志《しょうはし》が当初、拠点としていた佐敷上グスクが本土地域にみられる中世城郭の構造を持ち、かれらの出自が本土地域であると推定されるのである。十四世紀後半以降に、中世城郭をつくった「新参者」が、なぜまたたく間に統一国家を樹立することができたかを考えると、軍事的、政治的な拠点とされる大型グスクの構造化（大規模工事による城壁の造営や基壇建物の建造など）の過程にあったとはいえ、三山と呼ばれる勢力の社会の内部は決して十分な内実をともなったものではなく、その社会の戴く「王」もまた同様の存在だったのではないかという結論に行きつくのである。実際、中山の行政機構は中国の行政府を模倣したもので、王相（国相）などの官僚も中国の皇帝が任命しており、また明による多くの優遇策というテコ入れがなければ、三山の各「王」たちは朝貢主体とはなりえなかったのである。こうした事実は、グスク時代開始期以降、農耕社会が着実に内的発展を遂げ、三山が形成され、やがて国家が成立するという定説を根本的に覆すものであると考えられる。

沖縄島は、農耕のゆるやかな進展はあったとしても、一貫して交易を中心にした社会であった。特に十四世紀半ば以降の沖縄島社会では、在地の交易者はもちろんのこと、倭寇的勢力を含む多くの交易者たちの拠点として、私貿易や朝貢貿易の覇権をめぐる利権争いが繰り広げられていたと考えられるのである。そのように考えれば、朝貢主体が山南から同時にふたり現れたり、中山や山南などで朝貢主体があっけなく交代する「王位簒奪」がたびたびみられることの理由も容易に理解できるように思われる。

明が琉球に対して多くの優遇策をもって対応したのは、元末明初の混乱期に中国沿岸で猖獗をきわめた倭寇勢力を、沖縄島に囲い込むことによって朝貢体制の中に位置づけ、正常な交易者として転化させようとしたためであった。その点を踏まえれば、海禁政策によって渡航できなくなった中国商人の穴埋めとして琉球に肩代わりさせたのは確かだとしても、交易国家としての性格は明の琉球を舞台とする倭寇対策の副産物であったと考えられる。

琉球の倭寇勢力として最も重要な人物は、思紹、尚巴志である。本土出身であり、なおかつ朝貢主体になることもなく、中山王武寧《ぶねい》、山北王攀安知《はんあんち》を滅ぼすことができたのは、彼らが倭寇的な存在であったからであろう。第一章で論じたように、中山王と山北王を思紹、尚巴志が滅ぼしたのは一四〇六年のことであり、実質的に三山が統一されたのはこの時であったと考えられる。その後も、山南王汪応祖《おうおうそ》や他魯毎《たるみ》が朝貢を続けていたのは、これらの王たちが、思紹、尚巴志と「身内」（主従の関係など）だったからではないかというのが、本書での考えである。また、攀安知の冊封の時期についても再検討したが、三山の各王の中で、詔書という形式であったものの、最も早く冊封されたのは攀安知であったことはほぼ間違いない。

第二章では、「琉球王国論」がどのようにして成立し、どのように沖縄の人びとの間で受容され、内面化されたかについて検討した。「琉球王国論」とは、古琉球時代の「琉球王国」の存在を必要以上に高く評価する歴史観であり、この歴史観のもとでは多様な史資料が「琉球王国」にいたる直線的な過程に位置づけられてしまい、無効化されてしまう危険がある。佐敷上グスクが本土地域の中世城郭の構造を持つにもかかわらず、琉球型のグスクとの違いが系譜の違いとしてではなく、時代差などに置き換えられて理解されてきたのは、その典型的な例である。また、「琉球王国論」は、琉球の人びとの主体性を過度に重視するために、歴史叙述を内的発展論に強く傾斜させる弊害がある。

本書では「琉球王国論」の画期をなす著作である高良倉吉の『琉球の時代——大いなる歴史像を求めて』を批判的に検討し、ここで描かれている歴史像の大枠が現在にいたるまで継承されている理由を、沖縄海洋博の展示構想、海洋博後の反動不況の対策として電通が打ち出した、沖縄県民を巻き込んだ観光戦略（観光キャンペーン）、『琉球の時代』刊行後にメディアと一体になって展開された「琉球プロジェクト」など、一連の過程を追うことによって明らかにしようとした。

高良倉吉の『琉球の時代』が、沖縄の人びとに、活気に満ち、生き生きとした古琉球の歴史を提示し、かれらを強く勇気づけたことは、疑いもなく確かであろう。しかし、『琉球の時代』の刊行からおよそ四十年が経過し、人びとに憑依した「物語」の呪縛を解放する史資料が準備されているにもかかわらず、十分に生かされていないように思われるのである。

【補論①】 三山の描写の枠組み

三山時代がインド＝ヨーロッパ語族（印欧語族）に固有に認められる「三機能体系」の枠組みによって描写されていることに、早くから気づいていたのは大林太良であり、三山時代が伝説化される段階において、この枠組みが用いられていたとする見解を述べている（大林、一九八四）。

三機能体系とは、世界を階層化された三つの「機能」によって構成されているとみなすものの見方である。その「機能」として、神聖性・主権性（第一機能）、戦闘性・力強さ（第二機能）、生産性・豊饒性（第三機能）があり、第一機能を頂点として階層化されているが、三つの機能が互いに補い合うことによって完全な世界になるとされる（デュメジル、一九八七）。

この三機能体系によるものの見方が中山、北山、南山に関する正史の記事のなかにみられ、それぞれの神器から中山に第一機能、北山に第二機能、南山に第三機能が割り振られているのである（大林、一九八四、四二六〜四三九）。

北山に第二機能（軍事的機能）が割り当てられていることは、勇猛果敢な戦士とされる北山王・

攀安知《はんあんち》の所有していた名刀「千代金丸」の伝説から知ることができる。千代金丸は一四一五年に攀安知が中山に滅ぼされた時に、城下の志慶真川に投ぜられたが、その後夜な夜な妖しい光を放っていた。後世、その刀を伊平屋の人が拾い中山王に献じ、琉球王朝第一宝剣となったとされる。

この千代金丸の鍛えや乱刃《みだれは》の刃文は日本製の同時代刀剣とみてよく、一方、拵えは、柄を金襴で包み鶯茶糸を巻くところは日本の手法だが、鞘全体に金板を張り、柄頭と竹節形鐶を装着し金線を巻く柄の造作はほかに例がなく、琉球で製作された可能性が高いという。柄頭には「大世」の二文字を刻むが、これは尚泰久の神号「大世主」に関連しており、したがって拵えは、尚泰久の時代に調えられたものという[◉54]（久保、二〇一〇、三三二）。

金関丈夫は、千代金丸が「チブガニ」と呼ばれることについて、文字の表記はともあれ、口ではチブガニ、すなわちツムガリに近い名であったことに注目し、「それは蛇剣を意味する朝鮮語であり、期せずしてスサノヲのツムガリと一致したのである。やまとから直接入手したとすると、この名がいかにも古風にすぎる。朝鮮商人が介在したと考えるほうがいいようである」と述べる（金関、一九七五、二六～三一）。この指摘をうけて大林太良は、この剣の名義が蛇剣を意味するとすれば、それは水性の霊剣ということになり、持ち主の攀安知の死とともに水中に没したことや、尚家の宝になってからも、火災の時に火を逃れて無事であったという逸話がうまく理解できるとする（大林、一九八四、四三三）。

南山が第三機能（豊饒性）であることを表現しているのは「屏風」である。すなわち、南山王・

他魯毎《たるみ》は南山の民に豊作をもたらしていた嘉手志川（湧水）を尚巴志《しょうはし》が持っていた金の屏風と交換することによって水を失い、人民は飲料水に困って尚巴志にしたがったと語られていることはすでにみた通りである。

屏風が富を象徴することは次のおもろから明らかである。

巻五—二七三

一おぎやかへともいや　　尚真王様は
あぢ〳〵　せの　このみ　　按司様たちは酒をつくり
みもんみよぶ　　見事な屏風は
かみしもの　とよみ　　国中に名高く
又おぎやかしひつぎや　　尚真王様は

「おぎやかへともい」「おぎやかしひつぎ」とは尚真王のこと。「せの」は酒。古くは酒を所蔵することは富の象徴であった。「みもんみよぶ（見物屏風）」は美しい屏風の意味である。

このおもろでは、屏風は、富の象徴である酒と並び称されている。按司様たちは尚真王のために酒をつくり、尚真王の屏風は国じゅうの評判になっているというのが大意である。他魯毎が持つ屏風とは富（豊饒性）を象徴するものにほかならない。

では、中山の第一機能を象徴するものとは何だろうか。

巻十九―一二九五
　一さしきよりやげのもりに
　　しまよせるつゞみのあるあぢ
　又ねくによりやげのもりに

　　佐敷寄り上げの杜に
　　島寄せる鼓を持つ按司様である
　　根国寄り上げの杜に

「寄り上げの杜」とは杜の美称、「島寄せる鼓」とは「島を支配する霊力を持つ鼓」の意味である。このおもろには鼓が謡われているが、鼓は神器である。このおもろについて、鳥越憲三郎は次のように述べる。

　このおもろは尚巴志が佐敷城主であったころにつくられたもので、文中の按司（城主）とは尚巴志のことである。そしておもろ時代の思想では、鼓を高く打つことによって、霊力の高まりをもたらすことができるものと考えられた。したがって、右のおもろの表現は、この御嶽の神の守護によって、国々を従わせる霊力をもっている城主だという意味である。

（鳥越、一九七〇、二二二）

神女や領主が鼓を打ち鳴らすことによって、霊力を高め、統治の成功を期待するというのである。このように鼓は第一機能（神聖性・主権性）を象徴する。

こうして、北山の最後の王・攀安知の剣、南山の最後の王・他魯毎の屏風、察度王統の最後の王・武寧の神器は不明ながら、中山王位を引き継いだ尚巴志の鼓は、三機能をそれぞれ表現していることになる。三山時代が終わりを告げるのは十五世紀のことである。したがって、三機能体系の枠組みにそって、それを伝説化したのはそれ以降のことであり、その時代にはまだ三機能体系は沖縄において活力をもっていたことになる（大林、一九八四、四二六〜四三九）。

この三機能体系をもつ神話は、印欧語族に属する内陸アジアの馬匹飼育民文化の影響がアルタイ語系の人びとにおよび、朝鮮半島を経由して日本へ導入されたものである。

大林太良の議論で特に重要だと思われるのは、十五世紀以降でも、三機能体系の枠組みは沖縄において活力を持っていたという点である。大林太良が指摘しているように記紀神話において三機能体系は明瞭に認められるが（大林、一九七五など）、その後、十五世紀まで下らなくとも、本土において三機能体系によるものの見方は認められなくなる。中国においては三機能体系の枠組みを見出すことができない。[55] しかし、十二世紀に朝鮮半島において成立した『三国史記』には、まだ三機能体系による見方は生き続けているのである。

たとえば、高句麗のはじめの三人の王は明らかに三機能体系によって描かれている。始祖・東明（朱蒙）は儀礼に用いる楽器である鼓角を獲得し（第一機能）、第二代の琉璃（類利）は剣（第二機能）、そして第三代の大武神王は鼎（第三機能）を獲得している。鼎の説明には「火を待たずして自ら熱し、因て食を作るを得一軍飽く」とあり、豊饒を示す第三機能であることは明らかである。

さらに、大武神王は、この鼎のほかに金の印鑑である「金璽」（第一機能）、「兵物」（第二機能）も獲得したとされる。まとめれば以下のようになる。

東明……第一機能
琉璃……第二機能
大武神王……第三機能、第一機能、第二機能

大武神王がこのように肥大化しているのは、夫余と楽浪を滅ぼした大王であり、そのために「普遍王」としての性格が強調されたためである（大林、一九八四、二六九〜二七四）。

琉球において第一機能を象徴するのは鼓であったが、朝鮮半島においても鼓角（鼓と角笛）とされており、鼓が一致していることに注目したい。

十二世紀には本土において三機能体系はすでに絶え、中国において三機能体系は認められないのに対し、朝鮮半島においては依然として生き続けている。こうした事実は、正史が編纂される時期、あるいはそれ以前の「三山時代」が伝説化される過程で、三機能体系によるものの見方をする人びとが大きな役割を果たしていたこと、そしてそれは朝鮮半島の文化を伝える人びとであったことを

示唆している。

金関丈夫が千代金丸（チブガニ）が朝鮮語の「ツムガリ」に近い音であると指摘していることは、少なくとも北山に因む「チブガニ」の名称が朝鮮半島の人による命名であることの傍証にはなろう。ツムガリからチブガニへの転訛は容易に推定できる。

三山時代にあたる十四世紀代の沖縄島に、朝鮮半島からの渡来者がある程度存在していたことは、浦添グスク、首里城、勝連グスクの「一の郭」に高麗瓦が使用されていることから窺うことができる。十四世紀には高麗瓦の瓦工や、高麗瓦を使用する建築技術者などの職人たちの存在を欠かすことはできないからである。

なお、浦添ようどれから出土する「癸酉年高麗瓦匠造」の銘文を持つ高麗瓦の年代は、考古学的には一三三三年で確定していることが、考古学の研究成果を整理した池田榮史によって指摘されている（池田、二〇一二）。すでに一九八六年には浦添グスク跡の発掘調査をもとに高麗瓦の製作時期は十四世紀中葉に置かれていたが（小渡、一九八六）、その後、グスクの発掘調査が進むと、高麗瓦は基壇建物など限られた建造物に用いられており、その年代は十四世紀前半であることが広く認められるようになったという（山本、一九九九／二〇〇〇）。また、韓国論山郡開泰寺出土の銘文瓦はA～D類に分類されるが、「癸酉年」銘文瓦はA類に含まれ、その年代は十四世紀前半代、すなわち一三三三年であること（清水、一九九八）、琉球においては高麗系瓦と日本系瓦の技術の融合した瓦が出現するが、その出現時期は日本の中世V期（一三三三～一三八〇年）の中の一三四〇～一三六〇年であり、これに先行する高麗瓦技術の琉球の伝来時期は十四世紀前半に位置づけられる（山崎、二〇〇〇）ことなどもわかっている。

瓦に限らず、首里城、浦添グスク、今帰仁グスクなどの大型グスクからは高麗青磁が出土するが、これらは十四世紀以降の製品であり、高麗末期に量産された象嵌青磁であるという（赤司、二〇〇七、一二五）。

以上のことから、朝鮮半島から渡来した人びとによって、その精神文化も伝えられる背景が存在していたことがわかる。

なお、大林は本土地域から三機能体系が伝わり、その上限は七〜八世紀、下限は十二〜十三世紀とするが（大林、一九八四、四三八）、記紀神話の中に三機能体系が認められることから七〜八世紀の可能性はあるが、まだ沖縄社会が漁撈・狩猟・採集を営む時代であったことを考えれば、その時代に本土地域から王朝神話に取り入れられることになる三機能体系がもたらされたとは考えられない。また、十二〜十三世紀では、本土地域では三機能体系が見いだせなくなっていることから、この時代も考えにくいように思われる。

朝鮮との密接な関係を示す事例をもう一点だけあげておきたい。

沖縄諸島南部の東海の洋上に、「神の島」と呼ばれ、琉球王府によって重要な聖地のひとつとされてきた久高島があるが、その久高島で祭りの時に謡われる神歌（ティルル）の中に、次のような一節がある。

そうるからくたりたる世直《よな》わしの赤椀
そうるからくたりたる世直《よな》わしの黒椀

外間守善は、この歌の「そうる」について、琉球では短母音oはなく、まして二重母音の発音は非常に苦しいはずだが、久高島の人たちは、はっきりと「ソウル」と発音していると述べる。赤椀、黒椀とは、祭りの時に、神酒を入れたり、ご飯を盛ったりして神様に捧げる聖なる器のことで、八重山でも宮古でも、どの島においても必ず用いている。それを久高島では、明らかに「ソウルから下ってきた世直しの赤椀（黒碗）」と言っていると外間は指摘する。そして、従来は、朝鮮半島と琉球の間の文化の伝播は非常に弱かったと考えられてきたが、この歌からはっきりわかるように、両地方間の交流は存在しており、その点にも注目すべきことを主張するのである（外間、一九八二）。交流を示す事実が琉球国の聖地であった久高島の神歌の中に出てくることには注意してよい。

【補論②】『おもろさうし』にみる「日本」の位置づけ

仲松弥秀が「琉球王国」が存在しなかったと考える一つの根拠としているのは『おもろさうし』の「ヌブティ」の語用例の問題である。次のようなおもろが存在する。

巻十―五三八

一いしけした　　　　　　　　　（糸満市摩文仁の）伊敷の下は
ようがほう　よせつける　とまり　豊穣を寄せ着ける泊である
又かねしかねどのよ　　　　　　優れた金殿は
又いしへつは　こので　　　　　石槌を作って
又かなへつは　こので　　　　　金槌を作って
又いしけ　よりなおちへ　　　　伊敷を作り直して
又なたら　よりなおちへ　　　　傾斜地を作り直して

又くすぬきは　こので　　楠船を作って
又やまとふね　こので　　大和船を作って
又やまとたび　のぼて　　大和旅に上って
又やしろたび　のぼて　　八代旅に上って
又かはら　かいに　のぼて　　勾玉を買いに上って
又てもち　かいに　のぼて　　手持ち玉を買いに上って
又おもいぐわの　ためす　　思い子のためにこそ
又わりがねが　ためす　　わり金のためにこそ

おもろの表記部分は、外間守善校注『おもろさうし』（岩波文庫、二〇〇〇年）によっている。なお、「やしろ」を外間は京を意味する「山城」としているが、ここでは「八代」にかえている。それは肥後高瀬から沖縄諸島を経由して中国（福建）にいたる南島路の存在や（吉成、二〇一五、一二六～一二七）、折口信夫の議論（折口、一九七六）を考慮してのことである。

仲松はこの「のぼて」を「地方から中央へ行く場合の言い回し方であり、外国へ行くには使用されないはずである」と述べる[56]。

このほかにも、本書第二章にも掲げた次のおもろに注目する。

巻十三—七五三

一しより　おわる　てだこが　　首里におわす太陽子（王）が
うきしまは　げらへて　　浮島を造成して
たう　なばん　よりよう　なはどまり　　唐、南蛮の寄り合う那覇港
又ぐすく　おわる　てだこが　　グスク（首里城）におわす太陽子が

仲松によればこのおもろでは、唐、南蛮が謡われているが、日本が謡われていないという。仲松は「当時那覇港に多く往来していたのは大和船である。にもかかわらず日本の名が謡いに入っていない。ということは大和船は同じ身内（日本）の船であり、外国船ではないとの意識からである」と指摘する。[57]

これら二つのおもろから、いくら大和・沖縄に同族意識があるといっても、おもろは王府の、しかも神歌である以上、かりに日本と琉球が別々の国家を成していたとするならば「上る」と表現するはずはなく、また浮島港には外国船である日本船も謡われたはずと思われ、琉球は日本の内であったと考えたいと述べる。[58]

また、次の二つのおもろも仲松は論拠にあげている。

巻十四—一〇一八

一てどこんの大やこ
たうのみち　あけわちへ
てどこんす
にほんうちに　とよめ
又てどこんのさとぬし

手登根の長老は
中国との交易の道を開け給いて
手登根様こそ
日本中に鳴り轟き給へ
手登根の里主は

仲松は「にほんうち（日本中）」に注目し、沖縄と本土を含む地域を日本国内と解釈する。[59]

巻十六—一一三四

一かつれんのあまわり
たまみしやく　ありよな
きや　かまくら
これど　いちへ　とよま
又きむたかのあまわり

勝連の阿麻和利は
（神酒を注ぐ）玉御柄杓を持っているよ
京、鎌倉にまで
これをぞ言い囃して鳴り轟かせよう
肝高の阿麻和利は

もし、これが外国地名としての京都、鎌倉であるとすれば、いかに親近感があったとしてもあまりにも突飛な表現であると仲松は述べるのである。[60]

このように、おもろの中の表現は、日本と沖縄は一体のものであることを示しているとするのである。

これに対する高良倉吉の反論は、「親近感をいだいたことと国家的存在の当否は関係ない、という論理的飛躍の問題はここではひとまず問わないこととする」としたうえで、「「のぼて」という用語は、『おもろさうし』の中で四十カ所以上にわたって登場する。それらの用語を分析して、その結果として、「のぼて」が仲松氏のいわれるような特定の意味をもつ、ということなら話はそれなりにわかる。しかし、仲松氏の用例を検討していただかねばならないのは当然として、詳細な事例をあげての論証はここではさしひかえて私の結論だけを述べておくと、「のぼて」には、仲松氏のいうような大和との親近感を示すなどという特定の意味はない。いうまでもなく、それが「琉球王国」の存在を否定する論拠の一つになろうはずもない」というものである。[61]

さらに仲松弥秀・高良倉吉論争を検討した高城隆は、この「ヌブティ」の問題について次のように述べる。

仲松は日本が外国であるなら「のぼて」という表現はしないと言っているのであり、問題は親近感にあるのではなく、中国、朝鮮などの国々に行くときも「のぼて」という語を使ったのか、それとも日本についてだけなのかという点にある。「のぼて」は『おもろさうし』の巻十―五三八、巻十三―七九二、巻十六―一一六七、巻十七―一一八六・一二〇七・一二一九・一二二九・一二三〇などに使われているが、これらの用例から御嶽に行くこと、按司たちの居城へ行くこと、首里に行くことなどに使われている。したがって、「やまと」に行くときだけ「のぼて」が使われているのではないが、「やまと」に行くことが御嶽や城という聖なる所に行くことと同じように考えられていたとは言える。「たび」の語は巻十三―八七三にみられるが、離島など遠くへ使者を派遣する時に使ったようである。つまり「やまとたび　のぼて」とは、遠くの聖なる所である「やまと」へ、首里王府から使者を派遣するときに用いられた語ではないかと高城は指摘する。[62]

「やまと」が聖なる所とみなされていたかどうかは難しいが、「中心―周縁」という関係で考えると、御嶽、[63]按司の居城、首里などは中心であり、周縁から中心に行くことを「のぼる」と表現していると考えられる。もし、この考えが正しいならば、なぜ沖縄からみて「やまと」が中心なのかということが当然問題になるはずである。

この意識は、室町将軍と琉球国の世の主の関係を考えると、より明瞭になる。

琉球国形成期にあった一四一四年、一四二〇年の、将軍足利義持と「りうきう国のよのぬし」（琉球国王）の間で交わされた書状が残されている。前者は義持から琉球国王（思紹に比定）宛ての、後者は「代主《よのぬし》」から義持宛ての書状である。これらの書状を検討した村井章介は、将軍と琉球国王が君臣関係であることを了解したうえで、両者の通信が行われていたと指摘した後に、次のように述べる。

冊封関係の文脈では、ともに明の冊封を受けているヤマトと琉球は横ならびのはずだが、実際にはヤマトは琉球を一段下に置き、琉球もそれを受け入れていた。ただしその関係は、冊封体制の視野からははずれ、ヤマト中心の一体感で包まれた私的空間のなかで結ばれていた。往来文書が、ヤマトの年号・文体・礼式を採用し、基本的に私人間を往来する書状形式であったことがそれを証している。（村井、二〇一一、四三）

琉球と本土が、遠く離れてしまい、まったく別個の独自の世界を形成していたとすれば、このような関係にはならなかったはずである。

琉球国が突然に歴史の舞台に登場することになるには中国（明）の存在は欠かすことのできないものであったが、一方では古琉球という時代の長きにわたって「やまと」との関係を重視する必要があることをこれらの事実は示していると考えられる。本書での議論を踏まえるならば、琉球と本土のこのような関係の成立には、思紹、尚巴志が本土の出身であることも深くかかわっているであろう。

おもろの場合、「のぼて」という言葉から、その視点が沖縄にあるのではなく、やまとが中心にあるのではないかという疑問が生じたが、実は視点が沖縄とは別のところにあるのではないかと思わせる事例がほかにもある。それが先に掲げた「万国津梁の鐘」の銘文である。

第一尚氏の尚泰久王時代に「万国津梁の鐘」（藤原国善作）が製作され、首里城正殿に掛着された。銘文（撰文は相国《しょうこく》寺の住持・渓隠安潜《けいいんあんせん》）の冒頭は次のように始まる。

琉球国者南海勝地而鍾三韓之秀以大明為輔車以日域為唇歯在此二中間湧出之蓬萊島也　以舟楫為万国之津梁異産至宝充満十方刹……

（琉球国は南海の勝地にして三韓の秀を鍾《あつ》め、大明を以て輔車《ほしや》となし、日域を以て唇歯《しんし》となして、此の二つの中間にありて湧出せる蓬萊島なり、舟楫《しゆうしゆう》を以て万国の津梁となし、異産至宝は十方刹に充満す）

この銘文では、琉球国は「南海の勝地」であるという。その視点は明らかに沖縄より北にあるのである。沖縄に視点があるのであれば、みずからの場所を「南海」とは言わないであろう。

この銘文のもうひとつの不可解な点は「南海の勝地」に続く「三韓之秀鍾」の箇所であり、「朝鮮のすぐれた物（すぐれた者）をあつめる（があつまる）」とされていることである。そして、「三韓（朝鮮）」が「以大明為輔車以日域為唇歯」の文の前に置かれているように、中国や日本よりも先にきていることも問題になる点である（吉成・福、二〇〇六／村井、二〇一三）。

おもろは沖縄と本土、「万国津梁の鐘」の銘文は琉球と東アジア世界の関係という違いはあるが、これらは、琉球国がどのように成立したのか、日本や朝鮮などの東アジア地域の中で琉球国をどのように位置づけるかを考えるうえで、重要な課題を提起しよう。

◉──注

1──城久遺跡群からは、在地土器である兼久式土器はほとんど出土しない。こうした出土遺物の様相から村井章介は「移植された中央」(村井、二〇一〇、八)と呼ぶ。

2──国家の関与のほかに、弥生・古墳時代以降の琉球弧と九州・本土地域との物質的、文化的交流をつなぐ存在として、南九州の在地勢力が関与していたという考えがある(鈴木、二〇〇七、四一)。国家的な交易のほかに民間交易の存在も想定されているのである。

3──村井章介は、後述する「千竈家文書」の「千竈時家処分状」(一三〇六年)に記載される「わさのしま」の「わさ」が朝鮮語でトカラ列島の「臥蛇島」を指すことを踏まえ、十四世紀初頭に、朝鮮半島とキカイガシマ海域を結ぶ海の道が、島の名前が朝鮮語で呼ばれるほど密接だったこと、この点を踏まえると『海東諸国紀』の地図で可視化された十五世紀後半の「朝鮮─九州西岸─キカイガシマ海域─琉球」を結ぶ海の道を百数十年遡らせうる可能性があること、さらにカムィヤキの成立事情を考えると、「千竈家文書」を媒介に、カムィヤキと『海東諸国紀』の地図をつなげて考えることができ、そこから中世における朝鮮半島とキカイガシマ海域との深いつながりが浮かび上がってくることなどを指摘し、その上で奄美海賊と高麗の連携の可能性を指摘するのである(村井、二〇一三)。

4──カムィヤキの分布は琉球弧の範囲を越え九州南部にまでおよんでいることが明らかになっている(池田、二〇〇五)。

5──ここで「出自にかかわる人びと」と表現しているのは、すでに繰り返して論じており改めて述べることは省略するが、南九州など本土地域の商人、高麗商人を中心とする高麗の人びとなど、城久遺跡群の

〝多民族性〟を構成する人びとの系譜を考えている（吉成、二〇一一／吉成・高梨・池田、二〇一五／吉成、二〇一八）。

6――この分析に用いられた人骨の中には近世初期のものも含まれているが、集落自体が中世から続いているので、遺伝的な特徴はこの島に暮らした中世人が持っていたものを引き継いでいると考えてよかろうと篠田は述べている（篠田、二〇一八、八一）。

7――高宮は、沖縄諸島ではアワを中心とする農耕であるにもかかわらず、奄美群島ではそのような傾向はないという事実を指摘している（高宮、二〇一八、一五八）。さきに掲げた炭素14年代のリストには反映されていないが、屋部前田原遺跡ではアワ（三四％）、イネ（二〇％）、ウガンヒラー北方遺跡ではアワ（六〇％）、コムギ（一五％）、小堀原遺跡ではアワ（七五％）、他の栽培植物では一〇％以下であった（高宮、二〇一八、一五六）。この点については推測するよりほかないが、かつて沖縄島において焼畑で連作が行われる場合、初年度には旧暦二、三月頃にサトイモ類（あるいはヤマノイモ類）を植え付け、旧暦七～十月頃に収穫し、二年目には十二月から粟の冬作を行っていたこと（佐々木、一九七三、一〇四～一〇六）など、焼畑と常畑の違いに関係があるのかもしれない。いずれにしろ、奄美群島にしろ、沖縄諸島にしろ、イネの出土量が多くないことを考えれば、イネは水田耕作とともに導入されたのではなく、常畑栽培の品種（陸稲）として導入されたように思われる。

8――沖縄島には、毎日発熱するため「毎日フリー」と呼ばれるマラリアが存在しており、この名称から仲松弥秀は、これは熱帯性マラリアが存在していたことを示すのではないかと推測している（仲松、一九四二、五二）。

9――家禄を離れた士族を救済するために開拓を奨励し、現在、森林は全然なく、士族の散村を形成し、甘蔗、甘薯、蔬菜の名産地になっているという（仲松、一九四二、五四）。

10——農林水産省の統計によれば、平成三十年の米の県別反収は全国平均で五三二キログラムであるのに対し、沖縄県は三〇九キログラムである。農林水産省ホームページのプレスリリース「「平成30年産水稲の10a当たり平年収量」について」（平成三十年三月三十日）による。

11——近世末期のことになるが、名越左源太の『南島雑話』の中にも、奄美では焼き畑にダイジョを植えていたことを知ることができる記述がある（名越、一九八四、一七～二二）。

12——熱帯系ヤムイモと温帯系のサトイモ類が琉球弧で交錯した時に、ヤムイモの総称である「ウビ」「ウフィ」がサトイモ類の名称に援用されたのではないかと推定したことがある（吉成・庄武、二〇〇〇）。

13——シンポジウムにおける大林太良の発言。

14——シンポジウムにおける大林太良の発言。

15——シンポジウムにおける大林太良の発言。

16——滑石製石鍋は完形で搬入されたものは少なく、破片で搬入されたものが多い。土器に混ぜ込んだ滑石混入土器や、石鍋のかたちをした石鍋模倣土器が作られる。

17——『中山世鑑』によれば「尊敦」は幼名、「舜天」が王名であり、『球陽』などでは「尊敦」は「舜天」の神号であるとしている。

18——その理由は以下の通りである。①正史には舜天王統の三代にかかわる事績は、尊敦が天孫氏二十五世の時に主君を討った利勇を自害に追い込み、王位に就いたこと以外に記述がない。さしたる事績を伴わずに王名のみが伝承されている点で、舜天（尊敦）の実在には疑いを持つ。②『中山世鑑』（一六五〇年）では、天孫氏二十五代と系譜的に結ばれているのは舜天王統ではなく、その次の英祖王統である。つまり、英祖王は天孫氏の末裔である恵祖《えそ》の世の主の嫡子とされており（義本王即位の項）、舜天王統は、天孫氏と英祖王統の間に意図的に挿入された王統と考えられる。③舜天の幼名あるいは神名とされる尊敦の名称は、奄美群島でネリヤ・カナヤの主神、あるいはアガリ（東）の主神、すなわち太陽神を意味する「スントウ」として神歌などで謡われている。また、『おもろさうし』の巻十四―一〇四一には、「てるしの」（太陽神）の対語として「ソントノ」が用いられており、「ソントノ」は太陽神を意味すると考えられる。以上の点を踏まえて小島瓔禮は、ソントンはアガリ（東方）の主神であり、空間的な遠さを時間的な古さに置き換えて初代王の尊敦としたとしている（小島、二〇〇〇、一六五～一六六）。この考えにしたがえば尊敦は虚構の存在ということになる。④舜天、尊敦の語源説として「首里天」に由来するという考えがあるが、十二世紀代に「首里天」という言葉はなく、同時代的に付けられた名前ではないことになる。また、アガリの主神である太陽が神格化された存在（太陽神）に、現世の国王を意味する「首里天」という名称を付けることも考えられない。太陽神の名称に国王の名称を付けることは考えられないということである。逆に国王の名称に太陽神の名称が付けられることはありうる。ただし語源説を否定することが、舜天の実在を否定することにはならない。

19――「鶴翁字銘幷序」で為朝渡来伝説を記した月舟寿桂は京都五山の禅僧であり、また琉球の初代の王を舜天（尊敦）とする尚真王代、尚清王代の「国王頌徳碑」の碑文を起草したのも円覚寺の仙岩と檀渓という禅僧であった。仙岩も檀渓も日本と琉球を往来していた禅僧であり、「鶴翁字銘幷序」の作者である月舟寿桂とかかわりのある人物である。ことに、仙岩は月舟寿桂に琉球情報を提供した鶴翁智仙の師に当たる人物である（矢野、二〇一〇）。とすれば、仙岩や檀渓は為朝の琉球渡来伝説を知ったうえで、舜天を歴代王統の起点においた可能性がある。

20――『中山世鑑』において舜天と為朝伝説が結びついた理由として、島津も幕府も源氏の末裔であること、琉球が島津氏の附庸であることを琉球みずから正当化する意味があったとする見方がある。琉球側にとっては、これはこれで正しいが、京都五山や琉球の禅僧の間ではすでに琉球も日本も源氏の出自であり、したがって琉球は日本の附庸国とする認識が、遅くとも十五世紀前半にはあった。

21――至正年間とは元の順帝時代の一三四一～一三七〇年。ただし、一三六八年に大都（北京）を追われてからは北元の元号として使用される。

22――村上恭子によれば、青花の技法が中国で始まるのは十四世紀前半頃であり、それからわずか数十年の間にほぼ完成された「至正様式」に達したという（村上、二〇〇〇、五七）。

23――基壇建物に高麗瓦が用いられているのは、浦添グスク、首里城、勝連グスクの「一の郭」である。

24――ちなみに、那覇から中国・福州、韓国・釜山への直線距離はほぼ同じである。

25――この論文の付表をみると、今帰仁タイプ、ビロースクタイプⅠの沖縄諸島における出土は、発掘調査の数の問題もあり、今帰仁城址、今帰仁ムラ跡遺跡が圧倒的に多い。それ以外の、出土数が単純に五以上の遺跡をあげると、伊波城址十二点（うるま市）、屋良グスク六点（嘉手納町）、伊佐前原遺跡八点（宜野湾市）、嘉数トゥンヤマ遺跡二十一点（宜野湾市）、拝山遺跡六点（浦添市）であり、西原町や那覇市以南（首里城跡を含む）では存在しない。ちなみに、今帰仁城址の主郭では三十八点、志慶真門郭部分では三十点、今帰仁ムラ跡の全体では二十五点である（宮城・新里、二〇〇九、八六）。

26――なお、南海物産のひとつであるヤコウガイが元に輸出されたことも考えられるが、この場合は、琉球の交易者が中国と交易し、しかも交易が琉球弧の中で完結することになる。しかし、元代には厚貝螺鈿から薄貝螺鈿へと転換しており（荒川、一九九八、七）、螺鈿の材料としてヤコウガイが中国へ輸出されたとは考えにくいように思われる。なお、福建産粗製白磁を入手する際の交換財は日本産品が考えやすいのではなかろうか。

27――今帰仁タイプ、ビロースクタイプⅠ・Ⅱが沖縄諸島～八重山諸島に受容されていた頃の交易のあり方を知ることのできる史料はほとんどない。田畑幸嗣によれば『温州府志』の一三一七年の記事に、婆羅

（保良）公下の宮古人（密牙古人）がマレー半島沿岸地域を目指したが、温州に漂着し、泉州に来ていた交易船に便乗して本国に帰ったとあり、十四世紀初頭には泉州と琉球、少なくとも宮古島の間には往来があったことがわかるという（田畑、二〇〇〇、四四）。こうした先島諸島の人びとの活動も視野に入れなければならないが、果たして福建との交易が恒常的なものであったかという点に疑問を残す。

28――三上次男は、沖縄諸島で発見される十四～十五世紀初期の青磁の輪花形の小碗、皿とまったく同じものが九州、特に熊本県の諸遺跡から出土しているとする（三上、一九八七）。これは一例に過ぎないが、沖縄諸島で受容した陶磁器がさらに九州に流通していることを知ることができる。

29――十四世紀代の半ばに、博多（陸路）～肥後高瀬～薩摩～琉球～福建の交通路が頻繁に利用されることになるのは、元末内乱のさきがけになる方国珍の乱が一三四八年に台州黄巌県で勃発し、海上で大いに活動したばかりか、博多からの主要交通路であった明州が一三五五年に方国珍によって一時的に制圧されたことによるという（榎本、二〇一〇）。

30――カムィヤキは、器壁が厚く、焼成が堅緻で外器面には叩き痕、内器面には格子目文様の当て具痕を残すA群と、焼成が軟質で外器面の叩き文様はナデ、ケズリによって消去され、内器面には細い平行線文の当て具痕が残るB群に分けられるという（新里、二〇〇七、一三六）。そして琉球弧における各遺跡の共伴遺物を検討した結果、A群は十一世紀後半代の中国陶磁器と共伴し、十二世紀後半代から十三世紀前半代にはA群とB群が混在して検出され、十三世紀中頃から十四世紀代にはB群が独占的に出土することが明らかになっている（新里、二〇〇七、一三八）。この年代から考えると、徳之島が千竈氏の所領になるのがいつの頃かは明確ではないが、十二世紀後半以降にB群がA群とともに流通しはじめ十三世紀中頃からB群のみになるという変化は、千竈氏の所領に入ることと関係しているのではなかろうか。

31――林賢、胡惟庸事件の概略は以下のとおりである。胡惟庸が明に対する謀叛を企図し、そのために日本から助力を得る計画を思いつく。明州の指揮官である林賢と共謀し、林賢に罪ありと上奏し、日本に流す。林賢に日本の君臣と交わらせたうえで、林賢の復職を願って上奏し、明に帰らせる。「日本国王」である懐良親王は、胡惟庸の願いを受入れ、僧如瑶に命じて入貢を目的に兵卒「四百余人」を率いさせ、「火薬」「刀剣」を巨燭に隠し持たせる。しかし、渡航して明に着いたところ、陰謀は発覚し、一味は誅殺されており、謀叛の計画は結局、未遂に終わってしまった（太田、二〇〇二、二八九～二九〇）。

32——孫薇は「察度は「中国に従わない」琉球を一変させ、一三七二（洪武五）年に琉球からはじめて中国に使いを送った人物」（孫、二〇一六、二五）だと述べる。「中国に従わない」を括弧内に入れ、引用であることを示しているのだが、何からの引用であるか不明である。

33——「按司の娘に一目惚れさせるほどの外見をもっていた察度は、おそらく外来人であろう」「彼女（勝連按司の娘——筆者注）が引きつけられたのも、おそらく察度の外貌のみならず、外の世界に関する豊富な情報もあったのであろう」（孫、二〇一六、一五五・一五七）とする見方もあながち荒唐無稽な憶測とばかりは言えないであろう。

34——孫薇は「山南王弟」として徐葆光に知られているのは汪英紫氏であるから、この汪英紫氏の居城は豊見城グスクのことであろうとしているが（孫、二〇一六、五七）、「王弟」名義で朝貢しているのは汪応祖の方であり、誤りでないかと思う。

35——中世城郭である佐敷上グスクが、「マキ」＝牧の分布の延長線上にあたる沖縄島の東海岸の南部に孤立的に存在しているという事実は、牧と中世城郭の関連を考えるうえで重要な示唆を与えるかもしれない。

36——第二尚氏の尚円（金丸）もまた伊是名島の出身と語られるが、この金丸もまた外来者であったと考えられる。金丸には鍛冶の伝承が結びついている。

37——この名前は「汪英紫」と表記されるのが一般的であるが、『明実録』では「汪英紫氏」と表記されており、こちらの表記が正しいと考える。朝貢者に「……氏」を付ける例はほかにない。

38――『琉球の時代』旧版では「「完寧」が文字通りだとすれば武寧の世子だったことになり」となっているが(六八)、この文章はおかしいので、ひるぎ社の新版(高良、一九八九、七〇)から引用した。

39――高良は『琉球の時代』では「倭寇」を「和寇」と表記する。引用では高良の表記にしたがうが、本文では「倭寇」と表記する。

40――中国への朝貢の旅は「唐旅」と呼ぶ。

41――一四三一年段階では、琉球から朝鮮への通交の制覇権は倭寇・九州海商によって握られ、尚巴志の遣使・夏礼久《かれく》は朝鮮側に対して「倭人が貴国との通交を阻隔している」と述べている。また、一四三〇年代からは琉球は朝鮮に直接、船を出さず、那覇に交易にくる九州商人の船舶に使臣を搭乗させて派遣し、また九州商人そのものを琉球使節として派遣するようになったという(一〇二)。

42――この仲松の聖域説に対して、考古学側から集落説、按司居城説など諸説が提起された。考古学で聖域説を採る研究者もおり、国分直一は清められた神骨を埋葬した聖地であるとする(国分、一九七六、四八六~四八七)。同じ葬所であっても、仲松は単葬の葬所、国分は複葬の改葬後の埋葬地を考えている点で違いがある。

43――『おもろさうし』全二十二巻のうち、島津侵攻以前の古琉球に編纂されたものは巻一のみである。

44――この文章に続けて高良は、「NHK調査の示すようなそれなりの個性・特質を有するのはいわば当然である。戦後が終わってしばらくの間、沖縄の人々の間に一種の〝反日感情〟が広がり、〝琉球独立論〟までが政治的に真剣に議論されたそうであるが、他地域でならともかく沖縄では少しも気違い沙汰にならないところに沖縄の特質のもつ一端が示されているように思う。また、沖縄と「日本」との間にはぬきさしならない否定すべくもない深い「差意識」が厳然として横たわっているのだという主張が登場してくるのも、以上の理解を念頭におくならば当然のことだと私は思う」（二四一）と述べている。

45——高良との対談の中で安良城盛昭は「抑圧史観」について次のように述べる。「たとえば、沖縄の民衆が抑圧されてきたことから沖縄の様々な問題——そのかかえている欠陥・弱点——をもっぱら外的な理由つまり、日本の抑圧・差別だけから説明して、「何が彼女をそうさせたか」という次元で議論する場合がありますね。この有名な藤森成吉のプロレタリア小説のあら筋は、ある貧しい女性が、女中奉公したブルジョアの主人の家に、放火してしまうのだが、そういうふうになるまでに彼女を追いつめたものは一体何か、を世に訴えたものですが、「何が彼女をそうさせたか」、これは放火した本人のいう言葉ではなく、クールな第三者の眼でその客観的状況を捉えた時にはじめて提起しえた言葉なんです。ですから、「何が沖縄をそうさせたか」を沖縄の人間自身の言葉として語られる場合は、多くは、感性的なレベルで、一面的にならざるをえないのです。だからね、「何が彼女をそうさせたか」について彼女自身が語る式の発想ではちっとも彼女自身の主体性は出てこない。こういう発想は事態の安易な解釈に陥りがちで、伊波さんの中にもこういった式の発想が出てきている」（安良城、一九八〇、四三三〜四三四）。

46——ただし、「物語」が実際の歴史と異なるとしても、歴史を創造していく原動力、行動の規範になるという点で、決して無視できないものであることは指摘したことがあるが（吉成、二〇〇七）、言うまでもなく、歴史像が更新されるごとに「物語」もまた修正されるべきであろう。

47——『沖縄タイムス』一九八一年十一月一日。

48——『沖縄タイムス』一九八一年十一月十三日。

49——仲松は高良との紙上論争の第一回目に次のように述べている。島津氏侵攻以降の沖縄史については深く広く、すぐれた成果をあげているが、それ以前の歴史については首里王府編集書、中国流漢文刻書、外国文書にもとづいて考察がなされ、そうした文書にもとづけば「島津入り」以前からだれでも「琉球王国」が存在したと思わざるをえない。本土に残ってきた文書や沖縄における平仮名文にはあまり注意がなされてこなかった。（浅薄な考え方かも知れぬが）中国系と中国留学系双方のいわゆる中国派が王府を支配し、陰に陽に琉球を日本体内から抜き取り、中国一辺倒の方向へ持って行くように計らったのではないか（『沖縄タイムス』一九八一年十二月四日）。

50――『沖縄タイムス』一九八一年十二月四日。

51――『沖縄タイムス』一九八一年十二月九日。

52――『沖縄タイムス』一九八一年十二月九日。

53――『沖縄タイムス』一九八一年十二十三日。

54――那覇市歴史博物館の「デジタルミュージアム」の「金装宝剣拵（号　千代金丸）」（二〇一八年十一月六日閲覧）によると、刀身の製作年代は十六世紀とされており、本文での引用（久保、二〇一〇）とは異なる。しかし、十六世紀に製作した刀であったとしても、攀安知の伝承や「チブガニ」の名称が後に与えられたと考えられ、その限りでは本書での議論に支障は生じない。

55――神話学者・吉田敦彦氏のご教示による。

56――『沖縄タイムス』一九八一年十二月八日。

57――『沖縄タイムス』一九八一年十二月八日。

58――『沖縄タイムス』一九八一年十二月八日。

59――『沖縄タイムス』一九八一年十二月八日。

60――『沖縄タイムス』一九八一年十二月八日。

61――『沖縄タイムス』一九八一年十二月十日。

62――『沖縄タイムス』一九八三年十月一日。

63――『中山世鑑』などの正史で、アマミキヨが御嶽などの聖地をはじめにつくったとされるのは、聖地造営こそが国土創世であり、聖地とは始原世界に立ち帰る場所であって、そこを起点にして世界が構築され、世界が拡大されるという思想があったためと考えられる（吉成・福、二〇〇六）。その意味では聖地は世界の中心ということになる。

●——引用・参考文献

赤司善彦「高麗時代の陶磁器と九州および南島」（『東アジアの古代文化』一三〇）、二〇〇七年。

赤嶺守『琉球王国——東アジアのコーナーストーン』講談社、二〇〇四年。

秋山謙蔵『日支交渉史研究』岩波書店、一九三九年。

安里進「大型グスクの時代」（安里進・高良倉吉・田名真之・豊見山和行・西里嘉行・真栄平房昭『県史47 沖縄県の歴史』山川出版社）、二〇〇四年。

愛宕松男・寺田隆信『モンゴルと大明帝国』講談社学術文庫、一九九八年。

奄美市教育委員会『鹿児島県奄美市 史跡赤木名城跡保存管理計画書』奄美市教育委員会、二〇一五年。

荒川浩和「正倉院の螺鈿——漆藝史上の意義」（『正倉院紀要』二〇）、一九九八年。

安良城盛昭『新・沖縄史論』沖縄タイムス社、一九八〇年。

五十嵐陽介「琉球語を排除した「日本語派」なる系統群は果たして成立するのか?——「九州・琉球語派」と「中央日本語派」の提唱」（国際日本文化研究センター共同研究会「日本語の起源はどのように論じられてきたか——日本言語史の光と影」第三回共同研究会）、二〇一六年八月三〇日。

五十嵐陽介「九州・琉球同源語調査票」（一橋大学大学院・五十嵐陽介ゼミ「終日ゼミ」発表原稿）、二〇一七年九月一二日。

五十嵐陽介「九州語と琉球語からなる「南日本語派」は成立するか? 共通改新としての九州・琉球同源語に焦点を置いた系統樹構築」（平成三〇年度琉球大学学長PIプロジェクト「琉球諸語における「動的」言語系統樹システムの構築をめざして」鹿児島大学公開共同シンポジウム「九州—沖縄におけるコトバとヒト・モ

ノの移動」)、二〇一八年一一月三日。

池田榮史「類須恵器と貝塚時代後期」(高宮廣衛・知念勇編『考古学資料大観』一二、小学館)、二〇〇四年。

池田榮史『南島出土類須恵器の出自と分布に関する研究』(平成一四～一六年度科学研究費補助金基盤研究(B)(2)研究成果報告書)、二〇〇五年。

池田榮史「琉球国成立以前——奄美群島の位置付けをめぐって」(平成一四～一七年度科学研究費補助金研究成果報告書『前近代の東アジア海域における唐物と南蛮物の交易とその意義』国立歴史民俗博物館)、二〇〇六年a。

池田榮史「古代末～中世の奄美群島」(『吉岡康暢先生古希記念論集　陶磁器の社会史』桂書房)、二〇〇六年b。

池田榮史「沖縄における高麗瓦研究と今後の展望」(プロジェクト韓国班〔リーダー・法文学部津波高志〕編『人の移動と21世紀のグローバル社会』琉球大学)、二〇一一年。

池田榮史「琉球国以前——琉球・沖縄におけるグスク社会の評価をめぐって」(鈴木靖民編『日本古代の地域社会と終焉』吉川弘文館)、二〇一二年。

池田榮史「沖縄におけるグスクの構造化」(吉成直樹・高梨修・池田榮史『琉球史を問い直す——古琉球時代論』森話社)、二〇一五年。

池端耕一「考古資料から見た古代の奄美諸島と南九州」(『渡辺誠先生還暦記念論集　列島の考古学』渡辺誠先生還暦記念論集刊行会)、一九九八年。

石井龍太『島瓦の考古学——琉球と瓦の物語』新典社、二〇一〇年。

石上英一「奄美群島編年史料集稿七」(『南日本文化』三〇)、一九九七年。

伊波普猷「阿麻和利考」(『伊波普猷全集』一、平凡社)、一九七四(一九〇五)年。

伊波普猷「南山王の朝鮮亡命」(『伊波普猷全集』七、平凡社)、一九七五(一九三一)年。

上間篤『中世の今帰仁とその勢力の風貌――元朝に仕えたアラン人と攀安知』ボーダーインク、二〇一八年。

榎本渉『僧侶と海商たちの東シナ海』講談社、二〇一〇年。

大城喜信「土壌と農業」（木崎甲子郎・目崎茂和編『琉球の風水土』築地書館）、一九八四年。

太田弘毅『倭寇――商業・軍事史的研究』春秋社、二〇〇二年。

大林太良「琉球神話と周囲諸民族神話の比較」（日本民族学会編『沖縄の民族学的研究――民俗社会と世界像』日本民族学振興会）、一九七二年。

大林太良『東アジアの王権神話』弘文堂、一九八四年。

大林太良『日本神話の構造』弘文堂、一九八五年。

大林太良『北の神々　南の英雄』小学館、一九九五年。

大林太良・谷川健一・森浩一編『シンポジウム　沖縄の古代文化』小学館、一九八三年。

大堀皓平「沖縄に持ち込まれた石」（『企画展　沖縄いしの考古学』沖縄県立埋蔵文化財センター）、二〇一一年。

岡本弘道「琉球王国における貢納制の展開と交易――〈琉球弧〉域内統合と交易システム」（加藤雄三・大西秀之・佐々木史郎編『東アジア内海世界の交流史』人文書院）、二〇〇八年。

岡本弘道『琉球王国海上交渉史研究』榕樹書林、二〇一〇年。

沖縄県佐敷町教育委員会『佐敷上グスク――平成十二年度〜平成十四年度範囲確認調査概要』沖縄県佐敷町教育委員会、二〇〇三年。

小渡清孝「浦添の古瓦」（浦添市史編集委員会『浦添市史』六〈資料編五〉、浦添市教育委員会）、一九八六年。

小野重朗『神々の原郷――南島の基層文化』法政大学出版会、一九七七年。

折口信夫「琉球国王の出自」（『折口信夫全集』一六〈民俗学篇二〉、中公文庫）、一九七六（一九三七）年。

藤木原洋「洪武帝期の対外政策考――済州島に焦点を当てて」（『東洋史訪』四）、一九九八年。

鹿児島県『鹿児島県の地質』鹿児島県地質図編集委員会、一九九〇年。

嘉手納宗徳「山南王の系譜」(『新沖縄文学』三六)、一九七七年。

金関丈夫『発掘から推理する』朝日新聞社、一九七五年。

金関丈夫『琉球民俗誌』法政大学出版局、一九七八年。

上村清「蚊媒介性感染症はなぜ日本で減ったのか?」(『Pest Control Tokyo』七一、東京都ペストコントロール協会)、二〇一六年。

神谷正弘「新羅王陵・大伽耶国王陵出土の夜光貝杓子(貝匙)」(『古文化談叢』六六)、二〇一一年。

亀井明徳『日本貿易陶磁史の研究』同朋社、一九八六年。

亀井明徳「南西諸島における貿易陶磁の流通経路」(『上智アジア学』一一)、一九九三年。

亀井明徳「首里城京の内出土陶瓷器——十五世紀前半代の標識資料」(『特別企画展　首里城京の内展——貿易陶磁からみる大交易時代』沖縄県埋蔵文化財センター)、二〇〇一年。

喜界町教育委員会『城久遺跡群——総括報告書』喜界町教育委員会、二〇一五年。

金武正紀「ビロースクタイプの白磁碗について」(『貿易陶磁研究』八)、一九八八年。

金武正紀「今帰仁タイプとビロースクタイプ——設定の経緯・定義・分類」(『十三~十四世紀の琉球と福建』平成17~20年度科学研究費補助金基盤研究(A)(2)研究成果報告書「13~14世紀海上貿易からみた琉球国成立要因の実証的研究——中国福建省を中心に」研究代表者・木下尚子)、二〇〇九年a。

金武正紀「今帰仁タイプとビロースクタイプの年代的位置付けと貿易港」(『十三~十四世紀の琉球と福建』平成17~20年度科学研究費補助金基盤研究(A)(2)研究成果報告書「13~14世紀海上貿易からみた琉球国成立要因の実証的研究——中国福建省を中心に」研究代表者・木下尚子)、二〇〇九年b。

具志川村教育委員会編『具志川村の遺跡——詳細遺跡分布調査報告書』具志川村教育委員会、一九九四年。

久保康智『琉球の金工』（日本の美術五三三）、ぎょうせい、二〇一〇年。

久米島自然文化センター編『久米島考古速報展』久米島自然文化センター、二〇〇九年。

栗林文夫「【島津氏の宗教政策】中世以来、修験道・真言密教に慣れ親しんできた島津氏」（新名一仁編『中世島津氏研究の最前線――ここまでわかった「名門大名」の実像』祥伝社）、二〇一八年。

来間泰男『グスクと按司』上、日本経済評論社、二〇一三年a。

来間泰男『グスクと按司』下、日本経済評論社、二〇一三年b。

来間泰男『琉球王国の成立』上、日本経済評論社、二〇一四年a。

来間泰男『琉球王国の成立』下、日本経済評論社、二〇一四年b。

高正龍「沖縄出土「癸酉年高麗瓦匠造」銘瓦の製作年代――魚骨文の消滅時期に関連して」（『田辺昭三先生　古希記念論文集』真陽社）、二〇〇二年。

国分直一『環シナ海民族文化考』慶友社、一九七六年。

国分直一『海上の道――倭と倭的世界の摸索』福武書店、一九八六年。

国分直一『日本文化の古層』第一書房、一九九二年。

狭川真一「城久遺跡群の中世墓」（池田榮史編『古代中世の境界領域――キカイガシマの世界』高志書院）、二〇〇八年。

佐々木高明「沖縄本島における伝統的畑作農耕技術――その特色と原型の探究」（『人類科学』二五、九学会連合）、一九七三年。

篠田謙一「ＤＮＡからみた南西諸島集団の成立」（高宮広土編『奄美・沖縄諸島先史学の最前線』南方新社）、二〇一八年。

清水信行「韓国論山郡開泰寺出土銘文瓦についての一考察」（『日本考古学』五―五）、一九九八年。

新里亮人「カムィ焼とカムィ焼古窯跡群」（『東アジアの古代文化』一三〇）、二〇〇七年。

新里亮人「琉球列島出土の滑石製石鍋とその意義」（谷川健一編『日琉交易の黎明』森話社）、二〇〇八年。

新里亮人「九州・琉球列島における14世紀前後の中国陶磁と福建産白磁」（『13～14世紀の琉球と福建』平成一七～二〇年度科学研究費補助金基盤研究（A）（2）研究成果報告書「13～14世紀海上貿易からみた琉球国成立要因の実証的研究――中国福建省を中心に」研究代表者・木下尚子）、二〇〇九年。

新里亮人「グスク文化開始年代をめぐる諸問題」（財団法人沖縄県文化振興会史料編集室編『沖縄県史』各論編・第三巻〈古琉球〉、沖縄県教育委員会）、二〇一〇年。

新里貴之「南西諸島の様相からみた喜界島」（ヨーゼフ クライナー・吉成直樹・小口雅史編『古代末期・日本の境界――城久遺跡群と石江遺跡群』森話社）、二〇一〇年。

新里貴之「貝塚時代後I期の土器文化」（高宮広土編『奄美・沖縄諸島先史学の最前線』南方新社）、二〇一八年。

杉山正明『クビライの挑戦――モンゴルによる世界史の大転換』講談社学術文庫、二〇一〇（一九九五）年。

鈴木靖民「古代喜界島の社会と歴史的展開」（『東アジアの古代文化』一三〇）、二〇〇七年。

鈴木康之「滑石製石鍋の流通と琉球列島」（池田榮史編『古代中世の境界領域』高志書院）、二〇〇八年。

孫薇『中国から見た古琉球の世界』琉球新報社、二〇一六年。

高梨修『ヤコウガイの考古学』同成社、二〇〇五年。

高梨修「琉球弧をめぐる歴史認識と考古学研究――「奄美諸島史」の位相を中心に」（吉成直樹編『琉球弧・重なり合う歴史認識』森話社）、二〇〇七年。

高梨修「ヤコウガイ交易――琉球弧と古代国家」（谷川健一編『日琉交易の黎明』森話社）、二〇〇八年。

高梨修「土器動態から考える「日本文化の南漸」」（高梨修・阿部美菜子・中本謙・吉成直樹『沖縄文化はどこから来たか――グスク時代という画期』森話社）、二〇〇九年。

高梨修「中世奄美の城郭遺跡」（吉成直樹・高梨修・池田榮史『琉球史を問い直す――古琉球時代論』森話社）、二〇一五年。

高宮広土『島の先史学――パラダイスではなかった沖縄諸島の先史時代』ボーダーインク、二〇〇五年。

高宮広土「喜界島城久遺跡群の意義――琉球列島における農耕のはじまり」（第三〇回国民文化祭・かごしま二〇一五喜界町実行委員会『シンポジウム「境界領域のダイナミズム in 喜界島」資料集』）、二〇一五年。

高宮広土「先史時代の人々は何を食べたか――植物食編　最前線」（高宮広土編『奄美・沖縄諸島先史学の最前線』南方新社）、二〇一八年。

高良倉吉『琉球の時代――大いなる歴史像を求めて』筑摩書房、一九八〇年。

高良倉吉『琉球王国の構造』吉川弘文館、一九八七年。

高良倉吉『新版　琉球の時代――大いなる歴史像を求めて』ひるぎ社、一九八九年。

高良倉吉『琉球王国』岩波新書、一九九三年。

高良倉吉『アジアの中の琉球王国』吉川弘文館、一九九八年。

高良倉吉「琉球の形成と環東シナ海」（大石直正・高良倉吉・高橋公明『日本の歴史14　周縁から見た中世日本』講談社学術文庫）、二〇〇九（二〇〇一）年。

高良倉吉『琉球の時代――大いなる歴史像を求めて』ちくま学芸文庫、二〇一二年。

高良倉吉・田名真之編『図説琉球王国』河出書房新社、一九九三年。

嵩元政秀「〈グシク〉についての試論」（『琉大史学』創刊号）、一九六九年。

多田治『沖縄イメージの誕生――青い海のカルチュラル・スタディーズ』東洋経済新報社、二〇〇四年。

多田治『沖縄イメージを旅する』中央公論新社、二〇〇八年。

田中克子「生産と流通」（『13～14世紀の琉球と福建』平成一七～二〇年度科学研究費補助金基盤研究（A）

（２）研究成果報告書「13～14世紀海上貿易からみた琉球国成立要因の実証的研究――中国福建省を中心に」研究代表者・木下尚子）、二〇〇九年。
田中健夫『中世対外関係史』東京大学出版会、一九七五年。

田中史生「九～十一世紀東アジアの交易世界と奄美群島」（『東アジアの古代文化』一三〇）、二〇〇七年。

谷川健一『甦る海上の道・日本と琉球』中央公論社、二〇〇七年。

田畑幸嗣「琉球列島における貿易陶磁の受容に関して」（『人類史研究』一二）、二〇〇〇年。

知念勇「勝連城出土の元染付片について（資料紹介）」（『沖縄県立博物館紀要』六）、一九八〇年。

鶴田啓『対馬からみた日朝関係』山川出版社、二〇〇六年。

デュメジル・G（村松一男訳）『神々の構造――印欧語族三区分イデオロギー』国文社、一九八七（一九五八）年。

當眞嗣一「いわゆる「土より成るグスク」について――沖縄本島北部のグスクを中心に」（『沖縄県立博物館紀要』二三）、一九九七年。

冨島壮英「久米村」（那覇市企画部文化振興課編『那覇市史』通史編・第一巻〈前近代史〉、那覇市）、一九八五年。

豊見山和行「上からの農業化」（豊見山和行編『琉球・沖縄の歴史』吉川弘文館）、二〇〇三年。

鳥越憲三郎『沖縄の神話と民俗』太平出版社、一九七〇年。

張良澤・上野恵司編『FORMOSA 台湾原住民の風俗』白帝社、一九八五年。

名嘉正八郎「沖縄（琉球）のグスク（城）研究略史」（今帰仁村教育委員会『グスク文化を考える――東アジアの城郭遺跡を比較して　資料編』今帰仁村教育委員会）、二〇〇四年。

名嘉正八郎・知念勇「沖縄の初期のグスク」（『山本弘文博士還暦記念論集　琉球の歴史と文化』本邦書籍）、一九八五年。

中川毅『人類と気候の10万年史』講談社、二〇一七年。

中島楽章「十四～十六世紀、東アジア貿易秩序の変容と再編――朝貢体制から一五七〇年システムへ」（『社会経済史学』七六―四）、二〇一一年a。

中島楽章「銃筒から仏郎機銃へ――十四～十六世紀の東アジア海域と火器」（『史淵』一四八）、二〇一一年b。

仲原善忠・外間守善『おもろさうし　辞典・総索引』角川書店、一九七八年。

仲松弥秀「琉球列島に於ける熱帯マラリアの地理学的研究」（『地理学評論』一八―四）、一九四二年。

仲松弥秀『神と村』（新版）、梟社、一九九〇年。

永松敦「島津貴久の宗教政策――修験道を中心として」（『九州史学』一〇六）、一九九三年。

中本謙「琉球方言p音は文献以前の姿か」（高梨修・阿部美菜子・中本謙・吉成直樹『沖縄文化はどこから来たか――グスク時代という画期』森話社）、二〇〇九年。

永山修一「文献から見るキカイガシマと城久遺跡群」（『東アジアの古代文化』一三〇）、二〇〇七年。

永山修一「文献から見たキカイガシマ」（池田榮史編『古代中世の境界領域』高志書院）、二〇〇八年。

名越佐源太（国分直一・恵良宏校注）『南島雑話2　幕末奄美民俗誌』平凡社、一九八四年。

名瀬市教育委員会『奄美大島名瀬市グスク詳細分布調査報告書』名瀬市教育委員会、二〇〇一年。

奈良県立博物館『特別展　高麗　李朝の螺鈿』奈良県立博物館、一九八六年。

野原三義「琉球方言と九州諸方言との比較（Ⅳ）」（『沖縄国際大学文学部紀要　国文学篇』九―一）、一九八一年。

橋本雄『〝日本国王〟と勘合貿易』（『NHKさかのぼり日本史』外交編7・室町）NHK出版、二〇一三年。

林大五郎「沖縄島中・北部」（木崎甲子郎編『琉球弧の地質誌』沖縄タイムス社）、一九八五年。

原田禹雄訳注『陳侃　使琉球録』榕樹社、一九九五年。

原田禹雄訳注『蔡鐸本 中山世譜』榕樹書林、一九九八年。

朴天秀『加耶と倭――韓半島と日本列島の考古学』講談社、二〇〇七年。

比嘉春潮『沖縄の歴史』(『比嘉春潮全集』一〔歴史編Ⅰ〕、沖縄タイムス社)、一九七一(一九五七)年。

東恩納寛惇『黎明期の海外交通史』琉球新報社、一九六九(一九四一)年。

東恩納寛惇「三十六姓移民の渡来」(『東恩納寛惇全集』三、第一書房)、一九七九(一九三七)年。

平田守「琉明貿易における琉球の馬」(『南島史学』二八)、一九八六年。

外間数男「土からみたグスク時代1――沖縄島に分布する土壌の種類と性質」(『沖縄農業』四七―一)、二〇一五年。

外間守善「問題討論Ⅱ 垂直と水平の世界観」(『∞無限大』五六、日本アイ・ビー・エム社)、一九八二年。

外間守善『おもろさうし』上・下、岩波文庫、二〇〇〇年。

真栄平房昭「琉球=東南アジア貿易の展開と華僑社会」(『九州史学』七六)、一九八三年。

三上次男『陶磁貿易史研究』上、中央公論美術出版、一九八七年。

三木靖「中世城郭」(三木靖編『鹿児島の歴史――縄文期、戦国期、藩政期を中心に』鹿児島城西ロータリークラブ)、一九九七年。

三木靖「奄美の中世城郭について」(『南九州城郭研究』創刊号、南九州城郭談話会)、一九九九年。

三木靖「奄美群島の中世城壁研究からみた史跡赤木名城跡」(奄美市教育委員会『鹿児島県奄美市 史跡赤木名城跡保存管理計画書』奄美市教育委員会)、二〇一五年。

水野俊平(李景珉監修)『韓国の歴史』河出書房新社、二〇〇七年。

宮城弘樹・新里亮人「琉球列島における出土状況」(『13~14世紀の琉球と福建』平成一七~二〇年度科学研究費補助金基盤研究(A)(2)研究成果報告書「13~14世紀海上貿易からみた琉球国成立要因の実証的研究

──中国福建省を中心に」研究代表者・木下尚子)、二〇〇九年。

宮本延人『台湾の原住民族──回想・私の民族学調査』六興出版、一九八五年。

村井章介『アジアのなかの中世日本』校倉書房、一九八八年。

村井章介「古代末期の北と南」(ヨーゼフ・クライナー・吉成直樹・小口雅史編『古代末期・日本の境界──城久遺跡群と石江遺跡群』森話社)、二〇一〇年。

村井章介「古琉球をめぐる冊封関係と国際交流」(村井章介・三谷博編『琉球からみた世界史』山川出版社)、二〇一一年。

村井章介『日本中世境界史論』岩波書店、二〇一三年。

村井章介「明代「冊封」の古文書学的検討──日中関係史の画期はいつか」(『史學雑誌』一二七―二)、二〇一八年。

村井章介『古琉球　海洋アジアの輝ける王国』KADOKAWA、二〇一九年。

村上恭子「元時代景徳鎮における技法と文様の関係について──青花、釉裏紅を中心に」(『デザイン理論』三九)、二〇〇〇年。

村上恭通「南西諸島の鉄と喜界島の役割」(第三〇回国民文化祭・かごしま二〇一五喜界町実行委員会『シンポジウム「境界領域のダイナミズムin喜界島」資料集』)、二〇一五年。

村山七郎「日本語のオーストロネシア要素を証明する方法」(『国分直一博士古希記念論集　日本民族文化とその周辺──歴史・民族編』新日本図書)、一九八〇年。

目崎茂和『琉球弧をさぐる』沖縄あき書房、一九八四年。

森本朝子「東南アジアにおける十四世紀前後の福建陶磁──インドネシア・マレーシア・フィリピンの遺跡の出土遺物」(『13〜14世紀の琉球と福建』平成一七〜二〇年度科学研究費補助金基盤研究(A)(2)研究成果

報告書「13～14世紀海上貿易からみた琉球国成立要因の実証的研究――中国福建省を中心に」研究代表者・木下尚子)、二〇〇九年。

諸見友重訳注『訳注 中山世鑑』榕樹書林、二〇一一年。

矢野美沙子「為朝伝説と中山王統」(『沖縄文化研究』三六)、二〇一〇年。

山内晋次『日宋貿易と「硫黄の道」』山川出版社、二〇〇九年。

山崎信二「沖縄における瓦生産」(『中世瓦の研究』奈良国立文化財研究所)、二〇〇〇年。

山里純一『古代日本と南島の交流』吉川弘文館、一九九九年。

山本正昭「グスク時代の石積み囲いについての一考察(上)」(『南島考古学』一八)、一九九九年。

山本正昭「グスク時代の石積み囲いについての一考察(下)」(『南島考古学』一九)、二〇〇〇年。

吉成直樹『マレビトの文化史――琉球列島文化多元構成論』第一書房、一九九五年。

吉成直樹「関係性の中の琉球・琉球の中の関係性」(吉成直樹編『琉球弧・重なり合う歴史認識』森話社)、二〇〇七年。

吉成直樹『琉球の成立――移住と交易の歴史』南方新社、二〇一一年。

吉成直樹「本論」(吉成直樹・高梨修・池田榮史『琉球史を問い直す――古琉球時代論』森話社)、二〇一五年。

吉成直樹『琉球王権と太陽の王』七月社、二〇一八年。

吉成直樹・庄武憲子「南西諸島における根栽農耕文化の諸相」(『沖縄文化研究』二六)、二〇〇〇年。

吉成直樹・福寛美『琉球王国と倭寇――おもろの語る歴史』森話社、二〇〇六年。

吉成直樹・福寛美『琉球王国誕生』森話社、二〇〇七年。

吉成直樹・高梨修・池田榮史『琉球史を問い直す――古琉球時代論』森話社、二〇一五年。

与那原恵「解説　岬に立つ歴史家」(高良倉吉『琉球の時代――大いなる歴史像を求めて』ちくま学芸文庫)、二〇一二年。

琉球大学法文学部考古学研究室『志戸桶七城遺跡Ⅰ』琉球大学法文学部考古学研究室、二〇〇九年。

和田久徳「琉球国の三山統一についての新考察」（『琉球王国の形成――三山統一とその前後』榕樹書林）、二〇〇六（一九七五）年a。

和田久徳「琉球国の三山統一再論」（『琉球王国の形成――三山統一とその前後』榕樹書林）、二〇〇六（一九八七）年b。

Pearbook 編集部『台湾の先住民　AI color seriese』（kindle 版）、Pearbook、二〇一八年。

あとがき

振り返ってみると、ここ十年余り、グスク時代開始期から琉球国までの歴史過程ばかりを書いてきたように思う。はじめて沖縄の概説的な本を読んだ時に、三山時代の各王を山北王、中山王、山南王と呼ぶ、自称とは考えがたい「国名」(+王)の名乗りの裏にはいったいどんな事実があるのだろうかと、疑問を持ったことがそもそものはじまりである。本格的に取り組むようになった契機は、二〇〇〇年代以降に喜界島の城久遺跡群が発見され、琉球国成立前史とも言うべき時代の琉球史の見直しが劇的に進んだことである。

はじめて疑問を抱いた時から四十年近くが経ち、本書がその解答になっているなどとは思っていないが、試行錯誤を経て自分なりの一応の結論を得たと考えている。また、この課題にかかわって、当初からの持論である琉球国が「倭寇(的勢力)」によって形成された国家であるとする考えについても、新たな史資料を追加しながら、議論を整理して改めて主張した。

人間の持ち時間は、知るべきことの多さに比べてあまりにも短い。たとえささやかであっても、新たな見方を手に入れることが研究の快楽であるとすれば、その高みを目指してこれからも作業を続けていきたいと思う。

本書を刊行するにあたって、おふたりの方に大変お世話になった。

退職してしばらく経ち、ほとんどの時間をパソコンに向かっての原稿執筆に費やすことができるようになった。どうやらそこに盲点があったらしい。生活にメリハリが乏しくなったのに応じて、文章にも同じことが起こったのである。その点を薄々感じながらも、本書の版元の社長であり、編集者でもある西村篤さんに原稿を渡したら、構成を変えてほしいという。よほど弛緩した原稿だったのだと思う。まだまだ不十分な点があることをおそれながら、いつも丁寧に校正してくださる西村さんに感謝の言葉を申し述べたい。

いまひとりは、奄美市立奄美博物館館長である高梨修さんである。

思紹、尚巴志が当初拠点としたとされる佐敷上グスクが、本土・九州地域にみられる中世城郭の構造を持っていることを知り、その事実から議論を展開したが、本当かどうか不安になり、その確認をお願いしたのが高梨さんであった。本書での議論の要になる事実である。また、沖縄諸島北部から奄美群島にかけての中世城郭跡についても貴重なご助言をいただいた。御礼申し上げる。そこから展開した議論が誤りであったとしても、すべての責任は著者にあることは言うまでもない。

二〇一九年十一月

吉成直樹

◉人名索引

◉地名索引

◉事項索引

[著者略歴]
吉成直樹（よしなり・なおき）
1955年生。秋田市出身。元法政大学教授。理学博士（東京大学）。地理学、民俗学。
『琉球の成立——移住と交易の歴史』（南方新社、2011年）、『琉球王権と太陽の王』（七月社、2018年）、『琉球王国と倭寇——おもろの語る歴史』（共著、森話社、2006年）、『琉球史を問い直す——古琉球時代論』（共著、森話社、2015年）

琉球王国《りゅうきゅうおうこく》は誰《だれ》がつくったのか——倭寇《わこう》と交易《こうえき》の時代《じだい》

2020年1月27日　初版第1刷発行
2020年5月11日　初版第2刷発行

著　者……………………吉成直樹
発行者……………………西村　篤
発行所……………………株式会社七月社
〒182-0015　東京都調布市八雲台2-24-6
電話　042-455-1385
印　刷……………………株式会社厚徳社
製　本……………………榎本製本株式会社

Printed in Japan　ISBN 978-4-909544-06-3　C0021

七月社の本

沖縄芸能のダイナミズム
——創造・表象・越境

◉

久万田晋・三島わかな編

喜怒哀楽が歌になり踊りになる

琉球の島々で育まれた「民俗芸能」、王朝で生まれた「宮廷芸能」、近代メディアによって広まった「大衆芸能」など、多彩でゆたかな芸能の数々。伝統と変容の間でゆらぎ、時代の変化に翻弄され、それでも人々のアイデンティティであり続けた沖縄芸能の300年を、さまざまなトピックから描き出す。

四六判並製／384頁
ISBN 978-4-909544-07-0
本体2800円＋税
2020年4月刊

［主要目次］